SCHAU MIR IN DIE AUGEN, KLEINER

SERIE PIPER

Zu diesem Buch

Nicht genug, daß die Frau ihre Existenz der Rippe des Mannes verdankt, nein, sie soll ihm auch untertan sein und außerdem friedvoll, bescheiden und brav. Gegen Gerüchte dieser und ähnlicher Art, die hartnäckig den Nimbus des Weiblichen umkreisen, zog schon Katharina von Bora zu Felde, als sie ihrem Martin Luther die Leviten las. Sie befände sich heute in bester Gesellschaft. Alissa Walser, Dorris Dörrie, Keto von Waberer, Irene Dische, Doris Lessing, Margaret Atwood, Dorothy Parker, Dacia Maraini, Franziska Stalmann und andere erzählen von eigensinnigen und nachgiebigen Frauen, von listigen und naiven, von rachsüchtigen und sanftmütigen, von starken, die schwach, und von schwachen, die stark werden. Alle diese Frauen haben eines gemeinsam: Sie lieben die Männer. Trotz allem.

Irene Nießen, geboren 1957 in Frilinghoven, ist freie Lektorin und Übersetzerin. Sie lebt in Weinheim.

SCHAU MIR IN DIE AUGEN, KLEINER

LIEBESGESCHICHTEN

Herausgegeben von
Irene Nießen

Piper München Zürich

Originalausgabe
1. Auflage Mai 1995
2. Auflage April 1996

Umschlag: Büro Hamburg
Simone Leitenberger, Susanne Schmitt, Andrea Lühr
Umschlagabbildung: Martin Haake
Gesamtherstellung: Clausen & Bosse, Leck
Printed in Germany ISBN 3-492-22267-6

Inhalt

Vorbemerkung

Sie drehen den Spieß einfach um. Sie ziehen alle Register der Verführung, machen sich geschickt die Regeln der männlichen Busineßwelt zunutze und engagieren einen schnuckeligen süßen Begleiter für ihre Geschäftsreisen und die einsamen Stunden danach. Sie lesen ihren Männern die Leviten, auch wenn jene bibelfest sind, sie nehmen kein Blatt vor den Mund, auch wenn ihr Schweigen dem Angetrauten Gold bringen würde, sie büffeln sich durch Abendkurse, um dem treulosen Ehemann einen Virus in sein Computernest zu legen und ihn damit zu ruinieren. Sie tischen dem Gatten Götterspeise und Lügengeschichten auf, derweil der Lover den Hinterausgang nimmt, sie brauchen, wenn er nicht willig ist, Gewalt, und sie befördern den Alten zur Not auch ins Jenseits. Sie jagen ihn zum Teufel und empfangen ihn mit offenen Armen, sie sind getroffen und verlassen die Arena erhobenen Hauptes, sie setzen ein Pokerface auf, auch wenn der Einsatz längst verspielt ist, und sie klammern sich an ein Leinenlaken, wenn es um den letzten Zipfel Würde geht. Sie erfüllen ihm seinen letzten Wunsch erst, nachdem er tot ist, sie versüßen ihm den Tag seiner Hochzeit mit manueller Geschicklichkeit, sie haben nichts Schlechtes im Sinn, wenn sie über Vergewaltigung phantasieren, und sie stürzen sich Hals über Kopf in immer neue Liebesabenteuer, wenngleich sie wissen, daß nichts von Dauer ist. Und manchmal, an Tagen des Erfolgs, sind sie ganz einfach glücklich.

»Sie«, wer sind denn »sie«? Die Heldinnen dieser Liebesgeschichten.

I. N.

Helke Sander

Vier Frauen und ein Mann

Eine war Biologin, eine Politikerin, eine Chefsekretärin und eine Sängerin. Alle waren auf ihren jeweiligen Gebieten Spitzenkräfte. Jede von ihnen hatte sich irgendwann in einer nachdenklichen Stunde vorgenommen, das Patriarchat, die Männergesellschaft, den Rest vom Schützenfest oder wie sie ihre Gesellschaft jeweils nannten, so gut es ging und wo immer sie konnten zu schädigen. Dabei hatten sie sich teils zufällig, teils gezielt kennen- und schätzengelernt. Sie hatten sich gewissermaßen gegenseitig gerochen und erkannt. Die wenigen Frauen in Toppositionen registrieren auch Kolleginnen auf ihnen fremden Gebieten und merken sie sich. Alle vier kannten auch die schrägen Touren und scheuten sich nicht, sie gegebenenfalls anzuwenden.

An einem schönen Freitagabend trafen sich die vier in einem Grandhotel im Aosta-Tal, in dem gleichzeitig ein größerer Kongreß und verschiedene kleinere Tagungen stattfanden. Daß sie dort alle vier zusammenkamen, war zunächst eine zufällige Koinzidenz für die Biologin und die Chefsekretärin. Die Politikerin hatte nachgeholfen, einen Termin dorthin zu verlegen, und die Sängerin war auf Vermittlung der Chefsekretärin zur Gestaltung des exklusiven Abendprogrammes eingeflogen worden. Die Frauen mußten sich unbedingt wegen eines Problems gründlich besprechen, und Termine waren bei allen knapp.

Später lernten sie im Hotel noch eine fünfte Frau kennen, die sich darauf spezialisiert hatte, reich zu heiraten und sich bei der folgenden Scheidung hoch abfinden zu lassen. Mit diesen Summen trat sie als geheimnisvolle und unbekannt bleibende Mäzenatin verschiedener Projekte auf, die, wie die Politikerin herausgefunden hatte, immer von Frauen initiiert, wenn auch nicht immer durchgeführt wurden und die immer im Ergebnis wieder anderen Frauen den Weg in neue Einflußzonen öffneten. Für die vier stand fest, daß sie diese Frau nach Erledigung ihres eigenen

Problems stärker in ihre Gesellschaft einbeziehen würden. Zur Umgangsform der vier gehörte im übrigen, daß sie über ihre Einzelunternehmungen nicht sprachen. Nur bisweilen entdeckten sie auf ihren krummen Wegen Querverbindungen, die auf eine der anderen hinzuweisen schienen. Das gab ihnen jeweils ein Gefühl der Befriedigung. Die Biologin beispielsweise sorgte dafür, daß Details der Genforschung nicht geheim blieben, sondern der öffentlichen Kontrolle unterworfen werden konnten, ohne daß ihr Name bisher damit in Zusammenhang gebracht werden konnte. Die Politikerin pflegte über ein drittes Land private Kontakte mit einer Ostblockpolitikerin in hoher Position, die der Vorbereitung geheimer, blockübergreifender Verhandlungen zwischen Politikerinnen über die Fragen patriarchaler Herrschaft und Hochrüstung dienen sollten und in der Planung einen ebenso hohen Stellenwert besaßen wie die Genfer Abrüstungsverhandlungen.

Die Chefsekretärin war sehr geschickt, unbefriedigte Unternehmersgattinnen in gewisse Machenschaften ihrer Gatten einzuweihen gegen Informationen. Die Machenschaften erweckten das private Interesse der Gattinnen, die Informationen dienten der Klärung gewisser multinationaler Wirtschaftsbeziehungen und damit verbundener Skandale. Die Sängerin, die viel herumkam und alle diese Leute, die die anderen auf beruflicher Basis trafen, auch privat kennenlernte, konnte beiläufig viele nützliche Tips geben. Der Käse wurde löchrig, der schon so lange stank. Keinem der Herren, die mit ihren vom Konzern für den Kongreß gestifteten garantiert echten Ledertaschen und den Plastikschildern am Hemd – es war warm, die Kleidung war eher salopp – gewichtig hin und her eilten, wäre es eingefallen, daß der Ort dieses Treffens von langer Hand vorbereitet und von den vier Frauen, die am Swimmingpool Cocktails tranken, ausgewählt worden war.

Einzeln wunderten sich die Frauen immer wieder darüber – gemeinsam erörterten sie das nie –, daß sie ihren Tätigkeiten doch vergleichsweise offen nachgehen konnten. Natürlich waren sie vorsichtig, denn es war klar, daß sie unter Beobachtung verschiedener Dienste standen und gefährdet waren. Vermutlich kam ihnen niemand auf die Schliche, weil es keine Männermethoden waren, die sie anwandten bei ihren Sabotageakten. Zwei auf die Politikerin angesetzte Frauen vom Geheimdienst waren so offensichtlich von Männern geschult, daß sie sofort von ihr erkannt wurden. Die Politikerin spielte ein bißchen mit ihnen herum und drehte sie dann um. Eine arbeitete dann noch eine Zeitlang als Doppelagentin, die andere schied aus dem Beruf ganz aus.

Vier ausgebuffte Profis saßen also in ihren teuren Liegestühlen, ließen sich bunte Drinks einschenken, winkten ihren Kollegen und Aufsichtsräten und Direktoren zu, die ihnen zu gerne Gesellschaft geleistet hätten, scheuchten liebenswürdig-frech ein paar Fotografen weg, nachdem sie wohlwollend einen stattlichen Kamera-Assistenten betrachtet hatten, der darüber rot geworden war.

Sie pflegten ihr Image, sexy, intelligent und ein bißchen vertrottelt auszusehen, was ihren Charme erhöhte und sie gleichzeitig harmloser erscheinen ließ.

Sie wandten sich wieder dem Problem zu, das sie hier zusammengeführt hatte.

Sie hatten nämlich einen Makel, der sie verband. Sie waren als Frauen so hoch in der Hierarchie, daß ihnen die Begleiter ausgingen. Das hieß, sie erschienen bei ihren zahlreichen offiziellen Auftritten zu oft allein. Wollten sie jedoch weiterhin erfolgreich arbeiten, und das wollten sie, durften sie nicht den Eindruck von Einsamkeit machen. So ein Eindruck zeichnet Frauen wie ein Ausschlag. Das Problem war, daß entweder die Männer Angst vor ihrem Erfolg hatten oder sich minderwertig fühlten, oder die Liebesgeschichten der Frauen waren derart, daß sie sich öffentlich nicht vorzeigen ließen. Die Chefsekretärin wurde schon mal diskret darauf hingewiesen, daß ihr Liebesleben zwar ihre Privatangelegenheit sei, man sei ja inzwischen auch liberaler, aber ob sie denn nicht ein wenig mehr auf Positionen achten könne? Damit wurde auf den peinlichen Vorfall angespielt, als plötzlich der Direktor des Konzerns auf einer Ebene mit einem Aushilfsboten auf einem Abendempfang stand. Die Chefsekretärin konterte zwar geschickt, sie sagte, daß dieser Bote auch gleichzeitig Student sei und von der Pike auf lernen wolle, aber sie konnte sich das nur einmal leisten, das war klar. Die Direktoren bewegten sich in ihrem Liebesleben zwar noch in ganz anderen Kreisen, aber die brachten sie auch nicht mit auf einen Firmenempfang. Dafür hatten sie eben die begleitenden Ehefrauen, an Pendants mangelte es den vieren.

Sie mußten den Zustand ihrer Solo-Auftritte verändern, aber wie? Geld spielte bei allen nicht die entscheidende Rolle. Sie konnten auch mal etwas in ein Experiment investieren. Mut hatten sie auch. Die Sängerin kam auf die Idee, einen jungen Mann als gelegentliche Begleitung für alle vier zu engagieren. Zuerst wurde der Gedanke belacht, dann freundeten sich alle damit an. Sie erwogen die praktischen Vorteile. Keine brauchte ihn jeden Tag. Alle hatten so verschiedene Bereiche, daß sie sich nicht gegenseitig in die Quere kommen würden. Einem bezahlten Begleiter müßten sie nicht jeden Tag das Ego aufpolieren. (Hoffentlich, sagte die Sängerin.)

Die Chefsekretärin kalkulierte die Kosten. Der junge Mann sollte gut bezahlt und ausstaffiert werden. Um die Kosten für die einzelne Frau zu senken – zu Buche schlugen vor allem die vielen Flüge –, schlug die Chefsekretärin vor, daß der junge Mann in jedem Fall auf Firmen- bzw. Staatskosten fliegen solle. Irgendwie müsse er steuerlich abzusetzen sein. Die Politikerin hatte Skrupel. Darüber entspann sich ein längerer Disput. Die anderen aber meinten, diese Ausgaben seien den Steuerzahlern durchaus zuzumuten. Es sei kein Betrug. Denn sie alle machten eine friedenspolitisch wichtige Arbeit. Um sie weiter ausüben zu können, bräuchten sie diese Begleitung. Gemessen an den Milliarden, die ja auch von den Steuerzahlern für die Rüstung ausgegeben würden – ohne daß das Einverständnis der Steuerzahler dazu eingeholt worden sei –, seien diese Ausgaben für den jungen Mann geradezu lächerlich und verantwortbar. Außerdem sei es für Männer selbstverständlich, in Begleitung zu reisen, und ein Mann in ihrer Position könne allemal seine Frau mitnehmen und sie absetzen. Mit diesen Argumenten war auch die Politikerin zu überzeugen, und so beschlossen sie, den jungen Mann – irgendwie war es selbstverständlich, daß es ein junger Mann sein mußte – in jedem Fall auf Firmen- oder Staatskosten fliegen zu lassen, sogar kurze Strecken.

Grundsätzlich sollte jede einmal pro Woche Anspruch auf ihn haben. Sie holten ihre Kalender und verteilten die begehrten Wochenenden und die anderen Tage gerecht. Sie einigten sich bei Überschneidungen. Bei derart prominenten Damen standen die Termine natürlich lange vorher fest, und so war der Mann im Handumdrehen für die nächsten drei Monate eingeteilt. Die Frauen klappten ihre Bücher befriedigt zu, sie hatten rote Ohren vor Begeisterung. Dann mußten sie auf den Boden der Realität zurück, denn den Mann hatten sie noch nicht.

Er lief der Sängerin am nächsten Tag beim Spaziergang geradewegs vor die Füße. Er joggte ihr entgegen und hielt abrupt inne, weil er sie erkannte. Er sah hinreißend aus, hatte eine große erotische Ausstrahlung, verbunden mit einer gewissen altmodischen Unschuld, und war Ende Zwanzig. Die Sängerin forderte ihn auf, sich zu ihr ins Gras zu setzen. Er erzählte ihr, daß er verpflichtet sei, mehrmals in der Woche für eine Mineralwasserfirma Reklame zu laufen und sich auch an Jogger-Wettkämpfen zu beteiligen. Er hatte eine gewisse Verpflichtung, zu gewinnen, und das tat er auch oft, was jedesmal hoch prämiert wurde. Inzwischen war ihm diese Tätigkeit jedoch einigermaßen langweilig geworden. Er sprach mehrere Sprachen, war ausgebildeter Lehrer, was er aber zur Zeit nicht sein wollte, hatte höfliche Umgangsformen und war politisch ein liebenswürdiger Anarchist.

Die anderen besichtigten ihn diskret und gaben sehr erfreut ihr O. K. Die Frauen hatten beschlossen, daß es besser sei, ihn nicht gemeinsam an diesem Ort zu treffen. Privates ging ihn nichts an, und sie verabredeten zögernd untereinander, nachdem sie ihn gesehen hatten, daß sie möglichst vermeiden sollten, mit ihm zu schlafen, um ihre gegenseitige Freundschaft nicht zu gefährden. Kontaktperson war die Sängerin, die ihm von den gewünschten Aufgaben erzählte und den Job sehr sachlich schilderte. Der junge Mann ließ sich gerne engagieren. Er behielt für sich, daß er die Politikerin schon zusammen mit der Sängerin gesehen hatte.

Die Frauen hatte dieses Engagement äußerst beschwingt, und sie machten ihre Arbeit wieder gern. Denn trotz aller beruflichen

Erfolge waren sie doch oft sehr verzweifelt. Als sie mit ihren subversiven Tätigkeiten anfingen, waren sie noch relativ optimistisch, was die Effekte ihrer Arbeit betraf. Nach einigen Arbeitsjahren hatte sich dieser Optimismus gelegt. Da sie aufgrund ihrer Kenntnisse auf verschiedenen Gebieten um ein Vielfaches besser informiert waren als der Rest der Bevölkerung, glaubten sie nicht mehr daran, daß sie durch Aufklärung noch irgend etwas zum Besseren wenden oder wirklich eine Katastrophe aufhalten könnten. Jede für sich glaubte sogar, daß ihnen eines Tages die Macht, die sie jetzt stellvertretend für ihr Geschlecht noch zu erringen suchten, sogar nachgeschmissen werden könnte, wenn es sich herumgesprochen haben würde, daß bald nur noch Trümmer zu verwalten seien. Dann wären die Frauen plötzlich die einzige Rettung, aber es würde nichts mehr zu retten geben. Trotzdem hatten alle immer weitergemacht. Sie betrieben ihre Sabotage ohne Illusionen. Es war harte Arbeit. Der junge Mann brachte Frische in die Sache.

Er erwies sich auf Anhieb als ausnehmend netter und intelligenter Mensch, um dessen Begleitung die jeweils mit ihm ausgehende Frau beneidet wurde. Anders als die vier geplant hatten, fiel er mehr auf als beabsichtigt. Die Kreise der einzelnen Frauen überschnitten sich zwar nicht, aber die Fotografen bemerkten ihn als Augenweide, und sie registrierten bald, daß er regelmäßig an der Seite von verschiedenen Frauen auftauchte. Dies bemerkten auch Frauen, die kein berufliches Interesse an ihm hatten. Er konnte sich vor Einladungen, die ihm persönlich galten, kaum retten. Die vier sahen es mit gemischten Gefühlen, aber sie hielten sich zurück. Sie wollten auch sein Fortkommen nicht stören.

Natürlich hatte der junge Mann auch eine Freundin, und die verstand keinen Spaß:

Die Wochenenden war er praktisch nie mehr da. Er war in halb Europa unterwegs und manchmal auch in den USA. Er versprach der Freundin Aufklärung, bat sie aber, sich noch etwas zu gedulden. Zwar erzählte er ihr in groben Zügen von seinen Aufgaben, aber die Freundin war noch so jung, daß die Geschichten für sie wirr und ohne Logik blieben. Schlau wie sie war, kriegte sie einen Termin heraus, zu dem er fahren mußte. Per Autostop fuhr sie ihm hinterher. Sie bekam auch eine Karte für eine entsetzlich langweilige Opernaufführung. Sie konnte ihn vom Rang herunter vorne im Parkett in der zweiten Reihe neben einer ihr aus der Presse bekannten Politikerin sehen und neben ein paar anderen Leuten, die ihr ebenfalls bekannt vorkamen. Sie konnte sehen, wie er einmal die Hand der Frau nahm. Auch andere Leute, die hinter den beiden saßen, konnten es sehen, denn eine Frau machte ihren Mann darauf mit einer Kopfbewegung aufmerksam. Der Freundin brach eine Welt zusammen.

In der Pause im Foyer sah er sie, als sie gerade ihn entdeckte und auf ihn zustürzte. Er kannte ihre Wutanfälle und wollte sich zu beiden Frauen loyal verhalten. Er packte den Arm seiner Freundin, noch bevor sie etwas sagen konnte und wußte dann nicht weiter. Die Politikerin erfaßte die Situation mit einem Blick und packte ihren anderen Arm. In der Schnelligkeit entschied sie sich für eine Schockbehandlung, um die Freundin dadurch ruhigzustellen und sprachlos zu machen.

– Wenn du keinen Mucks sagst und nicht schreist, dann kommt er wieder. Was er hier an meiner Seite macht, dumme Gans, das wirst du auch noch verstehen.

Die Freundin war beeindruckt und eingeschüchtert von der Frau an der Seite ihres Liebsten. Sie war soviel älter und selbstbewußter als sie selbst. Plötzlich hatte sie Minderwertigkeitsgefühle. Vor allem begriff sie nichts.

– Dein Unschuldsengel kommt ja wieder, sagte die Politikerin noch einmal. Dann wirst du mehr Freude an ihm haben, als du je hattest.

Da schwemmte wieder Eifersucht über die junge Frau. Ihr Gefühl trog sie nicht. Trotz bester Vorsätze hatte er schon mit zweien der vier Frauen oder auch: zwei der vier hatten schon mit ihm geschlafen. Er war anfangs kein guter Liebhaber, aber er lernte schnell, und die junge Freundin begriff diesen Satz sofort.

Die Frauen brachen das Experiment nach diesem Vorfall ab. Die drei Monate waren fast um, als Begleitung war er ein Erfolg gewesen, der Makel der Frauen war wieder einmal beseitigt, aber die Affären, von denen die beiden anderen etwas ahnten, verschlechterten das Klima zwischen den Frauen. Das wollten sie aber vermeiden.

So war und blieb es bei einer schönen Episode. Der Gerechtigkeit halber und zum Abschied schliefen auch die beiden anderen noch mit ihm. Der junge Mann heiratete die Freundin, und alle vier Frauen kamen zur Hochzeit. Später wurden sie die Paten der bald erscheinenden Zwillinge. Selber waren die Frauen wieder alleine, er aber hatte Freundinnen fürs Leben.

Christine Brückner

Bist du sicher, Martinus?

Die Tischreden der Katharina Luther, geborene von Bora

Du hast heute bei Tisch gesagt, Martinus, wenn du noch mal freien würdest, dann wolltest du dir ein Weib aus Stein hauen, sonst müßtest du am Gehorsam aller Weiber verzweifeln. Hatte es mit den Gelübden nicht ein Ende, als ich das Kloster verließ? Armut. Gehorsam. Keuschheit. Der Reihe nach.

Für Armut ist gesorgt. Zähl die Häupter an deinem Tisch! Ich zähle jedesmal, wenn wir uns setzen, die Mäuler, die alle zu essen haben wollen. Elf verwaiste Kinder aus der Verwandtschaft, dazu unsere eigenen fünf, macht sechzehn Kinder, drei Witwen und die Scholaren, die sich bei uns durchessen, und dazu das Gesinde, da läßt sich Armut jeden Tag aufs neue herstellen. Du redest mich mit Domina an! Als ob ich dieses Haus wie eine Äbtissin regierte! Zwanzig brave Nönnlein, die wenig essen und viel beten, wären eine Kleinigkeit! Statt dessen sorge ich für vierzig und fünfzig Leute, als hätten wir eine ›Herberge zum geduldigen Lamm‹ im alten Augustinerkloster zu Wittenberg. Hier ist gut und billig wohnen, und eine Ehre ist es außerdem.

Was nun den Gehorsam angeht! Bist du mein Abt? Bist du mein Beichtvater? Oder bist du mein Mann? Warum sagst du immer: ›Das Weib sei dem Manne gehorsam!‹ Dich erfrischt ein kräftiger Zorn? Mich auch! ›Zürnet und sündiget nicht! Lasset die Sonne nicht über eurem Zorn untergehen!‹ steht Epheser vier. Die Sonne geht in wenigen Minuten unter, Martinus. Ich brauche eine weitere Bitte im Vaterunser. Ich bete jeden Morgen, meinen täglichen guten Willen gib mir heute! Aber er reicht nicht an jedem Tag bis zum Abend. Warum muß nicht auch der Mann der Frau gehorchen? Steht im Epheserbrief nicht auch, daß eines dem anderen dienen solle? In deiner Übersetzung heißt es anders, ich weiß. Gehorchen wir denn nicht auch den Kindern, indem wir ihre Wünsche erfüllen? Haben mich die Kinder denn nicht erzogen? Habe ich sie nicht an die Brust gelegt, wenn sie es verlangten? Habe ich sie nicht in den Armen gewiegt, wenn sie weinten? Ich habe ihnen gehorcht. So dient doch alles einander. Zuerst bin ich es, die hinter dem Küchlein herläuft, aber am Ende dient das Huhn uns und macht uns satt, wenn es gebraten auf dem Tisch steht. Wenn du Geduld brauchst, um mit mir zu leben, ich brauche ebenfalls Geduld, um mit dir zu leben. Ich lebe mit dem Prediger Luther zusammen. Und ich wollte, es gäbe nicht nur die Lehren des weisen Predigers Salomo, sondern auch die Anweisungen seiner Frau, nach denen ich mich richten könnte.

Und jetzt komme ich zum Gelübde Keuschheit. Du bist ein Mönch geblieben, und ich bin eine Nonne geblieben. Wir sind von gleicher Herkunft, Martin. Bei jedem Beischlaf hast du gesagt: ›Sie sollen sein ein Fleisch!‹ Aber geglaubt hast du es nicht, und ich habe es auch nicht geglaubt. Unsere Lust haben wir nicht aneinander gehabt, und wenn sie in uns aufgestiegen ist, haben wir uns geschämt wie Adam und Eva nach der Vertreibung aus dem Paradies. Ich weiß so gut wie du, was noch im Epheserbrief steht: ›Ein jeglicher habe lieb sein Weib als sich selbst, das Weib aber fürchte den Mann.‹ Aber ich will und werde mich nicht vor meinem eigenen Mann fürchten, auch wenn er der berühmte Martin Luther ist. Es ist schwer genug, dich immer zu lieben, und es wird dir schwer genug, mich zu lieben und zu ertragen, aber verlange nicht auch noch Gehorsam! Ich tue meine Sache, so gut wie ich's vermag, und du tust deine Sache, und dann haben wir noch eine gemeinsame Sache, und das ist Gottes Sache. Ihm bin ich gehorsam und ihn fürchte ich. Wenn Gott mir gnädig sein wird dermaleinst, wirst du es jetzt auch sein können!

Nun ist es heraus. Nun ist mir wohler. Ich hole uns einen Krug Bier, und den werden wir in unserer Schlafkammer trinken, und keiner wird aufschreiben, was wir uns vorm Einschlafen noch sagen. Und morgen früh wirst du mich, so Gott will, wieder deinen lieben Morgenstern nennen und wirst dich nicht wundern und nicht schämen, daß zwei schwarze Zöpfe neben dir auf dem Kissen liegen.

Bist du sicher, Martinus? Wieso sollten wir Frieden nicht schon zu Lebzeiten finden, sondern erst im Grabe? Kann man denn Frieden finden, wie man Pilze im Wald findet und wilde Beeren oder einen verlorenen Schuh? Frieden muß man machen, so wie wir beide das an jedem Abend tun. Machen und halten. Um Frieden muß man kämpfen und ringen! Stiften muß man den Frieden! Wenn Frieden in jedem einzelnen Haus ist, ist Frieden im ganzen Land. Aber das ist das Schlimme: Nichts ist ein für allemal. Jeden Morgen fangen wir neu an mit unseren guten Vorsätzen, und dann reichen sie doch wieder nicht bis zum Abend.

Nun, da Ihr das Dankgebet gesprochen habt, Martinus, melde ich mich zu Wort. Du hast vor Tisch gebetet: ›Komm, Herr Jesus, sei du unser Gast, und segne, was du uns bescheret hast!‹ Wir haben heute am Ende des Tisches aber einen Ungläubigen sitzen, der im ganzen Land verbreiten wird, wie es im Hause des Doktor Luther zu Wittenberg hergeht. Er hat eifrig mitgeschrieben, was Ihr gesagt habt. Du hättest das Tischgebet abwandeln sollen und für diesmal bitten: ›Und segne, den du uns bescheret hast!‹ Und wenn ich das Dankgebet gesprochen hätte, dann hätte ich nicht nur Gott gedankt, sondern ich hätte auch dem Hannes gedankt, der das Holz geschlagen hat, damit wir feuern konnten, und dem Mariechen, das mir beim Krauthobeln geholfen hat, und dem Bauern Pflock, der geschlachtet und uns einen Eimer mit Wurstsuppe ins Haus gebracht hat, und vielleicht hättest du auch einmal deiner Katharina danken können, daß sie heute wie an jedem Tag dafür gesorgt hat, daß alle satt werden!

Was hast du da nun wieder vor achtzig offenen Ohren behauptet, Doctorus? Ich hätte einen frommen Mann, ich sei eine Kaiserin und solle Gott dafür danken? Und ich sage: Du hast eine fromme Frau, Martinus, du bist ein Kaiser, danke Gott dafür! Und jetzt lachen deine Studiosi und notieren nur, daß ich einen Kaiser zum Mann habe. So geht es zu im Hause Luther!

Ich habe keine Wahl gehabt, Martinus. Du warst der erste und bist der beste erst geworden. Eine entlaufene Nonne, schon vierundzwanzig Jahre alt, keine Schönheit, arm war ich auch. Die einzige kleine Mitgift hatte das Kloster bekommen, und eine tüchtige Hausfrau war ich damals ebenfalls noch nicht. Du hast ein gutes Werk an mir getan. Das weiß ich. Aber habe ich nicht im Laufe der Jahre auch manch gutes Werk an dir getan? Auf einem Strohsack hast du geschlafen, der nur einmal im Jahr aufgeschüttelt wurde. Und du hast gesagt, daß die Begierde wie Flöhe und Läuse über dich gekommen sei, und nun lebst du doch schon manches Jahr in häuslicher Ordnung. Ich versuche, ein Gott wohlgefälliges Leben zu führen, aber manchmal scheint mir das leichter zu sein, als ein dir wohlgefälliges Leben zu führen. Ich bin eine helle Sächsin, das hast du gewußt, und ich bin nicht auf den Mund gefallen. Aber halte ich nicht immer zu dir? Aus unserer Schlafkammer dringt nichts nach draußen. In all diesen Ehejahren habe ich etwas gelernt: Wenn du kleinmütig bist, kann ich deine wahre Größe erkennen, aber wenn du ins Übermenschliche hinauswächst, dann kann ich dich auch wieder verkleinern. Ich habe nicht das Maß aller Dinge in mir, aber ich habe das Maß für Martin Luther in mir.

Und nun sieh dir an, wie Cranach uns gemalt hat! Dich hat er größer und mächtiger gemalt, als du bist, und mich hat er dürftiger gemalt, als ich bin. Da sieht man es wieder, werden später die Leute sagen, in einer Ehe kann immer nur einer gedeihen, und bei Luthers in Wittenberg ist er schwer und feist geworden, und sie ist ein abgerackertes Weib. So schräg stehen meine Augen nicht, und so hoch sind meine Backenknochen nicht, und mein Haar ist nicht mehr so schwarz, wie er's gemalt hat. Statt daß sich die Leute nun selbst ein Bild von uns machen, sehen sie uns, wie dieser Cranach uns gesehen hat.

Ihr seid unlustig, Martinus! Es ist noch nicht eine Woche her, da habt Ihr uns bei Tisch erklärt, daß nach dem Gesetz des Moses die Traurigen nicht zum Altar und zum Opfer zugelassen würden. Ich habe Euch einen Tee zubereitet, der ist gut gegen die Unlust. Achillea Millefolium, die gemeine Schafgarbe, sie wächst im alten Graben hinter der Mauer, ich habe sie in Rotwein gesiedet, und nun trink, solange der Trunk warm ist, damit deine Unlust uns nicht alle ansteckt. Die schlimmste Krankheit ist die Unlust, und ich dulde sie nicht unter unserem Dach. Da schreibst du nun deine Kirchenlieder: ›Nun freut euch, lieben Christengmein, und laßt uns fröhlich springen...‹ Trink! Freu dich! Spring fröhlich! Du wirst dick, du frißt zuviel in dich hinein. Alle deine Plagen schiebst du auf den Teufel, aber heute mittag hast du einfach zuviel vom Kohl gegessen! Muß ich dich an deinen eigenen Sermon erinnern? Hast du uns nicht neulich erst eines deiner schönen Gleichnisse bei Tisch erzählt, wo ein alter weiser Mann einem jungen Mann sagt: ›Du kannst nicht wehren, daß die Vögel hin und her in der Luft fliegen, aber daß sie dir im Haare nisten, das kannst du ihnen wohl verwehren.‹ Ich mag's nicht leiden, daß mein Gemahl was anderes lebt, als er schreibt. Der Widersacher des Teufels ist die Freude und die Zuversicht. Den Teufel treibt man mit Lachen aus dem Haus. Trink, Martinus! Und nun hadere nicht länger mit deinem Gott! Er ist es gewohnt, daß man mit ihm hadert, Hauptsache, er hadert nicht mit dir!

Merkst du überhaupt, was du da zu dir nimmst, Martinus? Ich stelle einen Topf Gänseklein vor dich hin, und während du löffelst, sagst du, daß der Esel, dem man Rosmarin zum Fressen vorgeworfen habe, glaubt, er fresse Heu! Was glaubst du denn, das du ißt? Grütze? Und dann hast du außerdem behauptet, daß die Bösen die Güter unseres Herrgotts am besten genössen, denn die Tyrannen hätten die Gewalt, die Bauern hätten Käse, Eier, Butter, Korn, Gerste und noch manches mehr, nur die Christen müßten im Turm sitzen, und nicht der Mond und nicht die Sonne schienen auf sie. Blick aus dem Fenster! Scheint die Sonne nicht auf uns? Haben wir nicht unsere Gerste auf dem Teller? Hast du nicht mehr, als du begehrst? Hast du nicht, was anderen mangelt? Deinen Glauben und deinen Trost dazu? Klag nicht, Martinus! Mach die Leute nicht unzufriedener, als sie sind. Neidest du der Obrigkeit die Gewalt? Hast du nicht mehr Gewalt, als du je haben wolltest? Tun die Leute nicht, als müßten sie die Gebote des Doktor Martin Luther aus Wittenberg erfüllen? Stöhnen die Schulkinder denn nicht, weil sie deinen Katechismus auswendig lernen müssen? Du bist selbst ein Stück Obrigkeit, und wenn in den Kirchen für die Obrigkeit gebetet wird, weil ihr Stand ihnen höhere Pflichten auferlegt als den Untergebenen, die nur gehorchen müssen, dann wird der eine oder andere vielleicht auch dich in sein Gebet einschließen, und etwas Besseres gibt es doch nicht, als daß ein anderer für einen betet!

Ach, Doctorus, was bist du doch für ein weiser Mann! Der Mensch sei von Natur aus ein Nachbedenker und kein Vorbedenker, sagst du. Wir würden nur durch Schaden klug und müßten viel Lehrgeld geben. Du hast ›Mensch‹ gesagt, aber du hast ›Mann‹ gemeint. Frauen sind anders. Sie blicken voraus und weniger zurück. Gott hat uns die Augen vorn angebracht, damit wir nach vorn blicken und nicht nach hinten. Du wirst aus Schaden klüger und ich aus Vorsicht. Was sind wir beide doch für kluge Leute!

Das war das Liebste und Beste, Martinus, was du je über unsere Ehe gesagt hast. Sie sei keusch und stehe über jedem Zölibat. Wir kennen beides: wenn man allein mit seinen Begierden in der Zelle liegt und wenn man nebeneinander liegt und Begierde sich in Liebe wandelt. Aber was du bei der Suppe gesagt hast, das war so nicht richtig. Eine Ehebrecherin bringe einen fremden Erben ins Haus, hast du gesagt. Du siehst die Sache nur juristisch. Auch der Bankert ist ein Kind Gottes und darf für die Sünde, die seine Mutter begangen hat, nicht bestraft werden. Die Leute richten sich nach dem, was du sagst, und sie richten sich nach dem, was wir ihnen vorleben. Und wenn sie morgen aus deinem Munde hören, was ich heute zu dir gesagt habe, dann soll es mich nicht kränken. Sind wir ein Fleisch, dann wollen wir auch ein Geist sein.

Ich nehme Euch beim Wort, Martinus! Ihr habt gerade eine Stelle aus Jesus Sirach zitiert: ›Wer den Kopf verschmäht, dem wird das Huhn nicht zuteil.‹ Hier habt Ihr den Kopf, und nun verschmäht ihn auch nicht! Das Weiße von der Brust bekommen heute die Herren Studiosi, weil sie so fleißig mitgeschrieben haben, was der berühmte Doktor Luther bei Tisch wieder alles gesagt hat. Zum Beispiel: Gott habe den Menschen zur Geselligkeit und nicht zur Einsamkeit geschaffen. Deshalb gäbe es

Männlein und Weiblein. Aber dann säßen Martinus und Katharina Luther allein an Eurem Tische. Und wie viele sind es heute? Ich zähle siebenunddreißig. An ›meinem‹ Tisch, habt Ihr gesagt, aber ist es denn nicht in Wahrheit ›unser‹ Tisch, an dem wir uns zusammensetzen und essen? Ihr habt auch ›mein‹ Söhnchen gesagt, aber ist es denn nicht auch mein Sohn? Müßtet Ihr nicht ›unser‹ Sohn sagen? Vorhin habt Ihr wieder ›mein‹ Gott gesagt, Ihr habt einen persönlichen Gott, das sei Euch zugestanden, aber hier, an diesem Tisch, da ist es unser aller Gott, und es ist unser aller Herr Jesus Christus, den wir einladen, an unserem Tisch Platz zu nehmen. Es ist nun aber nicht so, als ob Ihr nicht auch einmal ›wir‹ sagtet. Käthe, wir müssen mal wieder Bier brauen! Käthe, wir müssen das Dach ausbessern! Wir müssen, das soll heißen: Tu du's, Katharina, sorg dich, Katharina, brau das Bier, laß das Dach flicken! Und jetzt lacht Ihr, Martinus, und jetzt legst du deine Hand auf meine Hand, und unsere beiden Hände liegen auf unserem Tisch!

Habt ihr das alles notiert, ihr Scholaren? Oder könnt ihr nur die lateinische Schnellschrift? Und könnt das Sächsische nicht so schnell schreiben, wie ich's sprechen kann? Wird also niemand davon erfahren, wie es mit den besitzanzeigenden Fürwörtern im Hause des Doktor Martin Luther zuging? Da schreibt ihr euch nun die Finger wund und schreibt Wort für Wort auf, was der große Reformator bei Tische sagt. Nächstens schleicht ihr euch auch noch in unsere Schlafkammer, und dann wird er in seiner Gutmütigkeit sagen: ›Legen wir uns ein wenig enger, Katharina, dann haben alle Platz auf unserem Lager!‹

Er redet nämlich mit mir, bevor er einschläft, und wenn er träumt, dann redet er sogar mit dem Teufel. Mit Gott redet er am Tage. Und wenn er schwere Träume hat und stöhnt, daß das Gebälk erzittert, dann packe ich ihn bei den Schultern und rüttle ihn und stehe ihm bei in seinem Kampf. Und wenn wir erwachen, dann reden wir ebenfalls miteinander.

Was ist? Notiert ihr nicht, was Katharina von Bora sagt? Sie war einige Jahre lang eine Braut Christi, sie fühlte sich wie eine der klugen Jungfrauen, die auf den Bräutigam warten, und sie wäre heute wohl Äbtissin bei den Zisterzienserinnen.

Jetzt starrt ihr mich an! Wenn ihr nicht schreibt, dann eßt! Greift zu! Eßt euch noch einmal satt. Heute steht das letzte Huhn auf dem Tisch. Die Fässer mit dem Geselchten sind leer. Es ist gut eingerichtet, daß die Fastenzeit ins frühe Jahr fällt, wo nichts im Garten wächst. Wenn die Würste gegessen sind. Im Sommer und Herbst, wenn alles reift und geerntet wird, da hätte keiner von euch das Fasten eingehalten. Vor leeren Tischen ist gut fasten. Und Ostern legen die Hennen ja auch wieder, da sprießt der Kohl noch mal, da werden die Zicklein geboren. Bis dahin – kein Bier! Ab morgen trinken wir Kräutertee, der wird bis Ostern reichen und euch Leib und Seele reinigen und nüchtern halten.

Mit der Linken eßt ihr, was ich mit den Mägden gekocht habe, und mit der Rechten schreibt ihr auf, was Doktor Luther an Weisheiten von sich gibt, und dann lauft ihr zu den Verlegern und zu den Druckern und macht zu Geld, was doch von Luther stammt, und er selber nimmt keinen Heller Honorar für seine Bücher und Schriften. Ist es dann nicht recht und billig, daß ihr ein kleines Kostgeld zahlt, wenn ihr euch doppelt an unserem Tische nährt? Von Luthers theologischen Künsten und von meinen Kochkünsten?

Warum eßt Ihr nicht, Martinus? Warum redet Ihr ohne Unterlaß? Die Herren Studiosi und Scholaren sehen und schmecken nicht, was ich auf den Tisch bringe. Sie hängen dir am Maul!

Seht ihn euch an, den großen Reformator! Jetzt hält er die Hand vors Gesicht und spreizt die Finger. Damit läßt er mich wissen: Regieren heißt, durch die Finger sehen, wer das nicht kann, der weiß nicht zu regieren. Das soll bedeuten: Sei nachsichtig mit ihnen, Katharina! Aber das muß nun aus mir raus: Die Wittenberger wollen den Ruhm und die Ehre haben, die Lutherstadt zu heißen, aber wert ist es ihnen nichts. Und eines Tages werden wir auch noch den letzten Silberbecher verpfänden müssen. Vom Ruhm wird keiner satt. Meint ihr denn, es käme mir nicht vor Augen, was ihr so schreibt? Katharina Luther wäre die ›Regentin im Himmel und auf Erden‹, habt ihr die Leute wissen lassen. Wenn Doctorus Luther und seine Frau einmal uneins waren, dann haben es alle erfahren. Aber in unserer Bettstatt, da sind wir eins. Da sei Gott vor!

Und nun sprich das Dankgebet, Martinus, damit ich die Tafel aufheben kann.

Sieh dir bloß diese ungläubigen Gesichter an, Martinus! Jetzt hast du ihnen zum fünftenmal gesagt, daß das Geld eine unfruchtbare Sache sei. Warum nimmst du nicht eine Handvoll Münzen und gehst in den Garten und steckst alle in die Erde? Dann werden sie sehen, was aufgeht und was nicht aufgeht.

Sie sind wie die Kinder! Kaum hast du ihnen den Psalter übersetzt, wollen sie Jesus Sirach übersetzt haben. Alle vier Wochen einen neuen Sermon.

Martinus! Jetzt gehen sie hin und verkaufen, was du da in deinem Mißmut gesagt hast. Wir wären fürwahr arme Leute, darum wär's am allerbesten, wenn wir bald stürben und eingescharrt würden. Du hast vergessen, von der Auferstehung zu reden! Und wenn du heute nicht an die Auferstehung glaubst, dann hättest du doch ans Jüngste Gericht glauben müssen und davor Angst haben! Aber vielleicht ist es gut so, daß sie hören: Auch der Reformator hat seine Nöte und Zweifel und scheut sich nicht, davon zu reden. Glauben ist ein schweres Handwerk, das meinst du doch, und du zeigst es ihnen, und ich bin wohl die Kleinmütige, die meint, wenn Luther zweifelt, nimmt Gottes Sache Schaden. Was beklagst du dich, Martinus! Auch du lebst von den Fehlern, die die Leute machen. Von ihren Sünden. Im Grunde leben doch alle von den Fehlern ihrer Mitmenschen. Der Schuster davon, daß wir uns die Sohlen ablaufen, der Schneider davon, daß wir unsere Röcke zerreißen, die Juristen vom Unrecht der Leute, die Ärzte von den Krankheiten und der Totengräber von unserem Tod. So ist es auch mit dem Pfarrer, er lebt davon, daß die Leute sündigen. Glaubst du wirklich, daß sich daran etwas ändern wird, auch wenn sie nun alle deinen kleinen Katechismus auswendig lernen?

Die Wittenberger reden mich mit Frau Doktor an, aber nicht, weil ich deine Frau bin, sondern weil ich sie kuriere. Trink das,

Martinus! Pferdemist, in Wein gekocht, ist gut gegen den Husten. Ich habe es bei der Stute ausprobiert und bei dem Hund. Und wenn du es nicht trinken willst, dann huste auch nicht! Schweinemist stillt das Blut, das streiche ich den Kindern auf die aufgeschlagenen Knie. Also, warum nicht Pferdemist? Ob der Rotwein gut ist für die Gicht, weiß ich nicht, aber er ist gut für deine Laune und darum gut für uns alle.

Und wenn alle Wittenberger vor der Pest davonlaufen, dann bleiben wir hier, wenn du es willst. Furcht macht krank, da gebe ich dir recht, weglaufen nutzt nichts.

Heute hast du bei Tisch gesagt, unser Herrgott selber sei die größte Ursache zum Sündigen. Warum hat er's so geschaffen? Von Dieberei hast du gesprochen. Ehebrecherei und Räuberei. Im Kloster hat uns die Mutter Oberin, wenn wir ein Stücklein vom Lamm auf dem Teller liegen hatten, aus den Schriften der heiligen Katharina zitiert: ›Wenn Rebhuhn, dann Rebhuhn, wenn Buße, dann Buße!‹ Da denke ich mir nun, es müßten fröhliche Sünder sein, aus denen dann tapfere Büßer würden. Wenn sie doch wenigstens die Sünde genießen möchten! Vielleicht hat Gott es so gedacht, als er die Welt mit allen ihren Verlockungen eingerichtet hat. Ich seh's doch, daß deine Blicke unserer Magd folgen, wenn sie vor dir die Stiege hinaufgeht. Aber du freust dich nicht daran, du schämst dich. Und Scham, Martinus, das ist ein kleines Gefühl, das paßt nicht zu dir. Unser Herrgott hat die Hechte groß und fett werden lassen, und den guten Rheinwein hat er zu deiner Freude wachsen lassen, da wird er doch auch die runden Beine und Arme, und was sonst noch alles an der Magd rund ist, geschaffen haben, daß du dich daran erfreust!

Laß mich doch weinen, Martinus! Weinen ist besser als hadern. Gott hat uns dieses Kindlein gegeben und hat es uns wieder genommen. Du betest mehrmals täglich: ›Herr, dein Wille geschehe!‹ Nun laß ihn auch geschehen! Es war doch mehr mein Kind als deines. Nicht jede Pflanze gedeiht, nicht jedes Tierlein wächst auf. Ein Kind ist ein Geschöpf der Natur. Du wirst eines Nachts wieder deinen Samen in mich legen, und Gott wird mich fruchtbar machen und meinen Leib segnen. ER hat uns Tränen gegeben, in denen löst sich der Hader. Ich beuge mich, und ich richte mich auch wieder auf. Wenn nur der Kummer, den ich im Herbst eingrabe, mir nicht im Frühling aufgeht!

Eigentlich hast du ja eine der Schwestern Schönfeld haben wollen, aber du hast zu lange gezögert, da hat sie ein anderer bekommen. Und jetzt sehe ich zu, wie ich es dir recht mache und Gott recht mache. Was unter diesem Dach geschieht, das gilt bei den Leuten. Sie werden sagen: Der große Reformator hadert mit seinem Gott, weil dieser sein Kind wieder zu sich genommen hat. In Wahrheit haderst du aber mit der Natur. Nicht alles, was sie hervorbringt, ist lebensfähig. Du willst immer alles verstehen, aber wir müssen auch hinnehmen. Das lernt man in der Natur. Aber du gehst nicht zu den Bäumen, du bleibst in deiner Studierstube sitzen und suchst in den Büchern, was man draußen von den Blättern ablesen kann. Du fragst zuviel, Martinus! Die meisten deiner Fragen hat Gott in seiner Schöpfung längst beantwortet. Ich laufe hinter jedem Entenküken her, das beim Regen naß geworden ist, ich wärme es in meiner Schürze und ziehe es auf, und ich hacke die Kohlpflänzchen, und am Ende tue ich das Huhn in den Topf und den Kohl in den Topf und vernichte, was ich herangezogen habe. Und wenn mir wieder ein Kind geboren wird, sorge ich mich und ziehe es auf und weiß doch, daß es dahin muß, früher oder später, Martinus! Wir vertrauen dieses kleine Geschöpf der Erde und dem Himmel an und dem, der alles geschaffen hat.

Sorget nicht für den morgigen Tag! Das sind so tapfere Männerworte. Wenn man stirbt, soll man sich nicht um Weib und Kinder sorgen.

Aber Frauen und Kinder sind keine Vögel unter dem Himmel! Und ein bißchen sorgen solltest du dich ruhig. Ein Stuhl und ein Rocken stehn der Witwe nach dem Gesetz zu. Soll sie spinnen! Soll die alte Frau spinnen, bis ihr die Finger bluten! Unser Haus ist eine ständige Baustelle, und ich weiß nicht, wie ich die Handwerker zahlen und das Gesinde satt bekommen soll. Die Wittenberger wollen sich in Luthers Licht sonnen, aber zahlen wollen sie nichts dafür. Und jetzt siehst du mich wieder an, als wolltest du sagen: Beten mußt du, Katharina!

Du hast gesagt, Martinus, ich fuhrwerkte herum, statt die Bibel zu lesen. Fünfzig Gulden wolltest du geben, wenn ich sie bis Ostern zu Ende gelesen hätte. Ich habe im Kloster lange genug in der Bibel gelesen, jetzt muß ich erst einmal tun, was ich gelesen habe. Bete du nur! Bete für mich, und ich arbeite für dich. ›Ora et labora‹, wie wir's gelernt haben, du in deinem Kloster, ich in dem meinen. So ein Gänsekiel wiegt leicht. Ich nehme Hacke und Schaufel in die Hand. Aber ich sorge auch dafür, daß du immer einen Vorrat an Gänsekielen hast. Wenn ich im Mai eine Erbse in den frisch gegrabenen und geharkten Boden lege, dann ist das ein Gebet, dann vertraue ich die Erbse der Erde an und dem Regen, den Gott schicken, und der Sonne, die er scheinen lassen wird, damit aus dieser einen Erbse eine Mahlzeit für uns alle werden kann. Was ich tue, ist wie beten. Wenn ich grabe, wenn ich säe, wenn ich ernte. Und wenn ich ein Zicklein schlachte, dann ist das auch beten. Und wenn ich einer Glucke Eier unterlege, dann ist das bitten. Und wenn ich ein Ei aufschlage und in den Kuchenteig gebe, dann ist das danken für die Gabe. Was redest du immer in Gleichnissen? Von den guten Bäumen, die gute Früchte tragen! Ich sorge dafür, daß es gute Früchte sind. Ich muß den Bäumen Leimringe gegen das Ungeziefer anlegen, ich muß ihren Wurzeln Luft verschaffen, ich muß sie zurückschneiden. Du tust, als sei ich eine leibhaftige Martha und als fehle diesem Haus eine Maria, die dir zu Füßen sitzt. Aber ich bin Martha und Maria zugleich! Wenn ich am Herd stehe und die Soße rühre, habe ich meine besten Gedanken. Und wenn man auf das Wort des Herrn hören will, muß man nicht auf der Kirchenbank sitzen, zu mir spricht er auch in der Küche. Und ich nehme die Maria vor der Martha in Schutz und die Martha vor der Maria. Vorhin hast du für den kranken Nachbarn Pflock gebetet. Gut, tu das! Aber der alte Mann braucht eine kräftige Suppe und jemanden, der frische Luft in seine Stube läßt.

Und mische dich nicht ein, wenn ich Gott um Regen bitte! Für die Suppe kann ich sorgen, für Regen nicht. Ich bete um das, was ich nicht selber tun kann. Vielleicht geht ja morgen die Welt unter, deine Stimmung ist danach. Wie wäre es, wenn du in den Garten gingest und dieses Apfelbäumchen eigenhändig pflanztest, von dem soviel geredet wird? Ich pflanze Apfelbäumchen und Pflaumenbäumchen und Birnbäumchen, ob die Welt nun untergeht oder nicht. Und darauf vertraust du. Deine Käthe wird's schon pflanzen, und Gott wird die Welt schon nicht untergehen lassen, damit du an deinem Luthertisch sitzen bleiben und deine Gleichnisse schreiben kannst.

Wäre das nicht ein Gleichnis für dich, Martinus? Reden ist Silber, Schweigen ist Gold? Immer hältst du uns vor: Das Weib schweige in der Gemeinde! Dann wäre unser Schweigen also Gold? Die meiste Zeit trage ich mein Schweigen wie einen Klumpen Gold mit mir herum und versuche, es in die kleine Münze des täglichen Tuns umzusetzen. Du sagst, der Geist muß täglich durch Lesen und Beten genährt werden, weil er immer wieder vergißt. Das ist wie bei der leiblichen Nahrung, man nährt sich und scheidet aus, einiges verbraucht man, und der Rest wird zu Speck. Das Wort allein ist zu wenig, und die Tat allein ist zu wenig, darum leben Mann und Frau beieinander, damit eines den anderen ergänze! Und wenn ich nicht am Morgen den Vorhang aufzöge und sagte: Martinus, es wird Frühling! Du würdest es nicht einmal merken. Hörst du mir eigentlich zu, Martinus?

Gott segne deinen Schlaf!

Irene Dische

Nanny Jackies Passion

I.

Nanny Jackie war die letzte in einer langen Reihe gelernter Pflegerinnen, die den Dichter versorgten, als sich sonst keiner mehr fand. Des Dichters Exfrau hatte sie wegen ihres strahlenden runden Gesichts auf einem Foto engagiert. »Ein fröhliches Mädchen«, wurde Nanny Jackie von der britischen Agentur genannt, die das Foto schickte, »25 Jahre alt, aus britischer Dienstbotentradition, ehrlich, katholisch, zuverlässig, schlank.« Die Agentur vergaß zu erwähnen, daß Nanny Jackie aus einer Belfaster Familie kam, bei der die Bezeichnung »zu Bruch gegangen« sich auch auf die Arme und Nasen der von einem handfesten Vater regierten Familienmitglieder beziehen konnte.

Die Agentur hatte Nanny Jackie nicht gefragt, ob es ihr Freude machen werde, für einen Mann zu arbeiten. Es machte ihr keine, obwohl sie durchaus davon träumte, eines Tages vor den Traualtar zu treten. Die Agentur hatte sich nicht erkundigt, ob Nanny Jackie die Menschheit liebte. Sie liebte sie nicht. Sie sah die meisten Menschen auf der Minusseite dessen, was das Leben ihr zu bieten hatte. Ebenfalls auf der Minusseite standen ihr spärliches braunes Haar, ihre im Sommer ungleichmäßige Bräune, ihre »Schlankheit«, weil sie nur das obere Körperdrittel betraf, und der Freund, den sie nie gehabt hatte. Auf der Plusseite: Sie wollte gar keinen Freund, und ihre Gaben – Fröhlichkeit und Fleiß – gehörten zu den Eigenschaften, die mit einem festen Einkommen belohnt wurden; ein Plus war außerdem, daß die Abhängigkeit von Nanny, in die eine Herrschaft leicht geriet, immer unerwidert blieb.

Bevor Nanny Jackie zu dem Dichter nach New York kam, hatte sie ihre Unabhängigkeit schon in Nordengland bei mehreren berufstätigen Müttern zu ihrer eigenen Zufriedenheit demonstriert. Sie hatte mit Genuß ein Maximum an gegenseitiger Abneigung geschürt, um dann genau im ungelegensten Moment zu gehen. In Wahrheit hatte Nanny Jackie ihre professionelle Fröhlichkeit nicht ganz in der Gewalt: Diese ließ sie einmal monatlich im Stich. Dann wurde Nanny Jackie knurrig. Da starke Gefühlsschwankungen ihr sonst erspart blieben, erlebte sie ihre schlechte Laune sehr bewußt und ließ ihr freien Lauf. Eine ehemalige Arbeitgeberin hatte dazu knapp und klar angemerkt: »Ihre prämenstruelle Gereiztheit könnte die Russen aus Afghanistan verjagen.«

Die Agentur hatte diese Referenz diskret aus ihrer Akte entfernt. Zum Ausgleich hatte sie auch Nanny Jackie nicht viel über ihre neue Stelle gesagt, nur daß es ein wenig außerhalb des Üblichen sei, einen hochbetagten berühmten Dichter in New York City zu betreuen. Man hatte sie nicht darauf aufmerksam gemacht, daß den Dichter außer ihrer physischen Anwesenheit rein gar nichts an ihr interessieren würde, nicht einmal so viel, daß es zum Entstehen einer gegenseitigen Abneigung gereicht hätte. Der Dichter war viel zu sehr mit sich selbst beschäftigt. Er war schon zweiundneunzig, als Nanny Jackie in sein Leben trat, und seine Behinderungen (Gebrechen konnte man sie noch nicht nennen) machten ihn abwechselnd rasend und schläfrig. Wenn er rasend war, schleppte er sich auf seinem Stock durch die Fünfzimmerwohnung, die ihm nach der Scheidung geblieben war, und wütete gegen die Herrschaft des Todes. Nanny Jackie unterschrieb einen Einjahresvertrag, den sie nicht als bindend betrachtete, zog bei ihm ein und begann sofort im Kopf das Für und Wider ihrer neuen Stellung aufzurechnen, denn nur so konnte sie feststellen, ob der Arbeitgeber und die Situation schlechthin ihr behagten.

Die Nörgeleien eines alten Mannes setzte sie auf die Plusseite, denn sie fand sie recht erheiternd. Sie brachte ihn immer ganz leicht wieder zur Raison, wenn er sich zu sehr erregte, indem sie seinen humpelnden Schritt mit einer offenen Pralinenschachtel stoppte – ein alter Trick, den sie bei Vorschulkindern gelernt hatte. Pralinen wurden zu ihrer Waffe, denn sie besänftigten den Dichter, je klebriger, desto besser. Er nahm seine Zähne heraus, um sie richtig genießen zu können. Daß er sich wieder völlig beruhigt hatte, merkte sie daran, daß er die Schachtel aus den Augen ließ. Dann bediente sie sich selbst. Auch sie liebte nämlich Pralinen, und es war ein weiterer Posten auf der Plusseite, daß sie vom Haushaltsgeld die besten Schweizer Marken kaufen konnte, ohne daß jemand Einspruch erhob; wenn man Kindern Süßigkeiten kaufte, zog man sich oft den Zorn der Herrschaft zu.

Dennoch wurde die Minusspalte schnell länger als die Plusspalte. Der Dichter bekam keinen Besuch, höchstens von seiner jungen, kühl beobachtenden Exfrau, und das hieß, daß es für Nanny Jackie mit der Geselligkeit nicht weit her war. An ihren freien Tagen konnte sie mit der U-Bahn zu Macy's fahren und sich zur Aufmunterung Postkarten kaufen. Ihre Arbeit ließ ihr Zeit genug, diese Karten zu schreiben, aber sonst war sie öde und eintönig – einem verschrobenen alten Mann beim Waschen zu helfen, ihm zuzusehen, wie er sich beim Rasieren die Haut zerfetzte, ihm Pflaster ins Gesicht zu kleben, auf allen vieren nach seinem Gebiß zu suchen, ihm seinen besten schwarzen Anzug zugunsten eines pflegeleichteren Tweeds auszureden, den Fernseher ein- und auszuschalten, wenn er rief, und »die üblichen Haushaltspflichten« zu erledigen, zu denen es auch gehörte, unter seinem kritischen Blick seine Gedichtbände abzustauben, einen Stockgänger einmal am Tag auszuführen, ihm seine Rechnungen zu zeigen, ihn über die Rechnungen schimpfen zu hören, einem schnaubenden alten Mann beim Bezahlen seiner Rechnungen zu helfen und ihn endlich zu beruhigen, wenn es Nacht wurde und die Angst vor dem Sterben aus dem Kopfkissen kroch. Die Nacht brachte die schlimmsten Augenblicke ihrer Arbeit. Seit dem allerersten Abend hatte er immer nur dieses eine im Sinn: daß sie sich zu ihm aufs Bett setzen sollte, oder besser noch, ins Bett. Er sprach es aus wie einen Befehl, grimmig wie ein General: Es sei ihre Aufgabe, neben ihm zu sitzen und ihm die Hand zu halten. Sonst könne er nicht schlafen, und er brauche seinen Schlaf, sonst könne er anderntags nicht denken. Sie tat, als verstände sie seinen neuenglischen Akzent nicht, schüttelte ihm das Kissen auf und murmelte beruhigende Nichtigkeiten. Sie konnte beruhigt schlafen, weil sie wußte, daß er ohne seinen

Stock nicht aufstehen konnte, und den hatte sie vorsichtshalber für die Nacht versteckt.

Auf der Plusseite standen ihr Gehalt, das für britische Verhältnisse üppig war, das eigene Zimmer in einer schönen Wohnung und der Hin- und Rückflug, den die Familie des Dichters bezahlte. New York war ein Aufstieg, wie früher Manchester, weil es nicht Belfast war, und es war der unerfüllte Traum ihrer Schwester Isabelle, einmal Macy's zu sehen.

Auf der Minusseite stand, daß man als Nanny nicht soviel mit Leuten zusammenkam wie als Polizistin, und das war seit jenem Silvesterabend, an dem britische Soldaten ihren Vater bewußtlos geschlagen hatten, weil er ihnen mit einem Besen schweinische Gesten gemacht hatte, stets ihr Traumberuf gewesen. Nanny Jackie hatte diese Bilanz ihrer Eindrücke wie immer schon nach dem ersten Arbeitsmonat fertig. Und fett als erster Posten auf der Minusseite stand, daß sie den Dichter haßte und das Gefühl hatte, mit ihm verheiratet zu sein.

II.

Es dauerte nur ein paar Monate, da war der Dichter so hinfällig, daß seine Exfrau es überhaupt nicht mehr nötig fand, ihn zu besuchen. Gehen konnte er jetzt nur noch mit zwei Stöcken, einem in jeder Hand; es dauerte Stunden, ihm beim Anziehen zu helfen, und sein hilflos-glasiger Blick folgte jeder von Nanny Jackies Bewegungen. Seine Ohren folgten ihr, so gut es ging, überallhin. Wenn sie eine Besorgung machte, ohne ihn mitzunehmen, stellte sie einen Stuhl an die Tür, damit er dort sitzen und auf ihre Rückkehr warten konnte. Insofern sie das freundlich meinte, führte sie es auf ihre gute Stimmung des Augenblicks oder Monats zurück und fand, daß er diese Annehmlichkeit überbewertete. Wenn er höflich war, nannte er sie »Dear« oder »Darling«, weil er sich an ihren Namen nicht erinnerte. Wenn er unhöflich war, nannte er sie »Else«, wie seine Exfrau, oder »Myra«, denn so hieß seine verstorbene Schwester. Ihre Aufrechnung über das Plus und Minus dieser Arbeitsstelle war auf der Minusseite noch länger geworden: Geht an zwei Stöcken. Fast blind. Fast taub. Statt gegen den Tod zu wüten, rief er sie beim falschen Namen. Die unaufhörlichen schlaflosen Nächte, in denen er sie anbettelte, sich zu ihm aufs Bett zu setzen, dann zu ihm unter die Decke zu kommen. Und keine Aussicht auf Besuch.

In regelmäßigen Abständen verging ihr die gute Laune. New York war so langweilig wie Belfast, der Dichter nicht mehr wert als ihr Vater. Aufgeplustert wie eine kranke Taube saß sie vor dem Fernseher, zu apathisch, um auch nur den Sender zu wechseln. Ihr Gesicht wurde immer aufgedunsener, die Haare hingen ihr in Zotteln um die Schultern. Dann bekam sie die Wut, und sie sagte dem Dichter, daß sie unpäßlich sei, worauf er überhaupt nicht reagierte. Daraufhin haßte sie ihn, weil er sie nicht ernst nahm, die Waage neigte sich stark nach Minus, und sie beschloß zu kündigen. Aber nicht sofort. »Unsere Jackie wird mal was aus sich machen«, hatte ihr Vater immer vor ihrer Mutter und ihrer ältesten Schwester geprahlt. »Hab ein Auge auf sie, Isabelle, die wird dich noch mal übertrumpfen. Ich weiß nicht, wieso, aber sie hat eine Zukunft, das weiß ich.« Und als sie die Stelle in Amerika bekam, betrank er sich zur Feier des Tages, torkelte durch die Straßen und brüllte: »Unsere Jackie hat's geschafft!« Deshalb konnte Nanny Jackie nicht gleich aufgeben.

Sie suchte Mittel und Wege, den Dichter an ihrem Elend teilhaben zu lassen: Sie sagte ihm, sie werde ihn verlassen und bei der Polizei arbeiten. Er wurde hysterisch. Sie holte die Pralinen. Dann weigerte sie sich, ihn zu seinem täglichen Spaziergang auszuführen, weil es auf der Straße so stinke, daß ihr davon schlecht werde, sagte sie. Er entschuldigte sich nicht für den Gestank auf den Straßen, aber er wehrte sich auch nicht dagegen, im Haus bleiben zu müssen. Drei Tage lang war sie unausstehlich, am vierten war sie dann erschöpft, aber sanftmütig und richtig froh, es hinter sich zu haben. Anschließend war sie wieder wie immer: fröhlich, robust und abweisend, und sie ertrug ihr hartes, aber finanziell lohnendes Dasein.

So lebten sie ungefähr sechs Monate lang.

Ohne ihn ein einziges Mal öfter zu berühren, als die Pflicht es verlangte, wurde sie mit ihm vertraut: Sie kannte sein Gewicht, seinen Geruch und die Geräusche, die er von sich gab. Sie kannte die Beschaffenheit seiner Haare, seines Gesichts, seiner langen Nase, seiner dünnen Unterarme. Sie wußte, wie seine Beine in der zu weiten Hose schlenkerten, wenn der Stuhl zu hoch war. Sie kannte seinen schlaffen, zahnlosen Mund. Sie kannte den Blick in seinen Augen, wenn er fernsah und die Langeweile ihn sanft in den Schlaf hievte.

Hin und wieder raffte sie ihre Gedanken zusammen und fragte sich, warum sie ihre Situation bei diesen vielen Minus nicht über alle Maßen schrecklich fand. Dann erinnerte sie sich, wie sie in Belfast einmal ins Wohnzimmer gekommen war und ihren Vater mit ihrer Schwester in einer merkwürdigen starren Umarmung gesehen hatte. Ihr Vater stand, mit dem Rücken zu Jackie, über seine älteste Tochter gebeugt und küßte ihre kindliche Brust. Nanny Jackie erinnerte sich an Isabelles Gesicht, wie sie es über seinem geschäftigen Kahlkopf gesehen hatte. Zärtlichkeit war peinlich. Jetzt war Isabelle verheiratet und hatte vier Söhne. Von Männern umstellt, würde sie Macy's nie zu sehen bekommen.

III.

Gerade als Nanny Jackie sich bei Macy's zu langweilen anfing, was ein schwerer Schlag für die Plusseite war, bekam der Dichter doch wahrhaftig Besuch. Es war ein normaler Tag gewesen, in einer normalen Woche, in einem normalen Monat. Nanny Jackie nahm gerade ab. Da ihre Verköstigung im Gehalt inbegriffen war, hatte Nanny Jackie sich in ihren ersten New Yorker Monaten reichlich Zulagen genehmigt. Aber das Bedürfnis, ihren Arbeitgeber auszuplündern, hatte in letzter Zeit nachgelassen, und sie hatte sich Diät verordnet, wie ihre Mutter es immer tat: etwas Wiederkehrendes wie die trockene Jahreszeit auf dem Torfmoor, die man erst bemerkt, wenn sie schon endet, und bald wieder vergessen hat.

Am Tag des Besuchs standen Kartoffelbrei und Apfelmus auf ihrem Programm, was auch den Bedürfnissen des Dichters entgegenkam. Sie sah ihm beim Essen zu und tupfte ihm bei Bedarf das Kinn ab. Er aß immer lustlos, ohne Interesse, und nahm keinen Bissen zu sich, wenn sie nicht neben ihm saß und ihn drängte. Hinterher half sie ihm ins Bett. Er ließ sein Hinterteil wie ein schweres Gewicht hinuntersinken, und sie wuchtete seine Beine hoch. Dann lag er mit geschlossenen Augen da und ächzte. Gräßlich. Jeden Tag ging das so; er nannte es Ausruhen. Das behauptete er zu brauchen, um bei klarem Verstand zu bleiben. Als ob er – dachte sie, und so weiter.

Er lag also im Bett, und sie blätterte in einer Illustrierten, als es klingelte. Jenseits des Gucklochs stand etwas mit langem schwarzem Haar und rotem Mantel, das sich als Miss Paul vorstellte, eine Freundin der Exfrau des Dichters. Sie entpuppte sich als eine lebhafte, hübsche Frau, nicht viel älter als Nanny Jackie, und vom ersten Augenblick an war es offensichtlich, daß sie vor dem Dichter Respekt hatte. Sie entschuldigte sich für die Störung und behauptete, zufällig in der Gegend zu sein, ein ganz spontaner Besuch. Dabei schwenkte sie einen mitgebrachten Kuchen. Nanny Jackie meinte, daß niemand bei einem Invaliden einfach so mal reinschaute.

Die Besucherin hatte offenbar schon von Nanny Jackie gehört und erkundigte sich gar nicht erst nach ihrem Namen. Sie trat ein. Wie geht es ihm? Ich habe ihn so lange nicht mehr gesehen. Sie rauschte an Nanny Jackie vorbei und zielsicher ins Zimmer des Dichters. Konfuse Freudenäußerungen von seiten des Dichters. Nanny Jackie auf Miss Pauls Fährte.

Man vernahm weitere Gesprächsfetzen. Nanny Jackie war es nicht gewöhnt. Fragen drangen an ihr Ohr: Wie wär's mit Kaffee und Kuchen? Es folgte eins aufs andere: Komm, setz dich mal auf, recht so, du kannst dich ruhig auf mich stützen.

Miss Paul führte den Dichter ins Eßzimmer und half ihm in den Harvardstuhl, den Nanny Jackie viel zu niedrig für ihn fand; dann rannte der Besuch auch noch in die Küche und setzte Wasser auf. Nanny Jackie legte hastig drei Gedecke auf. Miss Paul strahlte sie an, und sie setzten sich.

Das Gespräch war angeregt. Miss Paul kannte alle Bücher des Dichters und plagte sich tapfer durch die ganze Skala seiner verworrenen Interessen, fragte ihn nach seiner Vergangenheit und

Gegenwart aus und wagte sich sogar zu erkundigen, woran er zur Zeit arbeite; gut, wenn er nicht arbeite, woran er denke?

Und immerzu fütterte der Dichter ihre groteske Neugier mit Antworten. Anscheinend machte er sich dauernd Gedanken über die unwahrscheinlichsten Dinge: Natur, Zeit, Zivilisation. Nicht über so etwas Simples wie die Nachbarschaft, auf die Miss Paul zuletzt zu sprechen kam: Die Gegend habe sich verändert, ja? Seinen schlechten Ohren zuliebe schrie sie ihre Fragen, wobei ihre Augen und ihr roter Lippenstift funkelten. Aber dann hörte er auf zu reden, schaute mit leerem Blick um sich und sagte: »In letzter Zeit habe ich mir Gedanken über das Jenseits gemacht. Und über meine Eltern und meinen Bruder, die dort auf mich warten.«

Miss Paul schossen die Tränen in die Augen. Sie kippte rasch ihren Kaffee hinunter. Dann stellte sie ihm keine Fragen mehr.

Aber das mußte sie auch nicht. Der Dichter brabbelte unentwegt weiter: über seine Gedichte, den Einfluß seiner Mutter, Wordsworths, der Symbolisten. Er schlürfte seinen Kaffee und schlang seinen Kuchen. Du solltest wieder einmal ein Gedicht schreiben, sagte sie, über das Altsein. Noch eines, pflichtete er ihr bei, bevor ich nicht mehr kann.

Plötzlich stand er auf. Nanny Jackie eilte, seine zwei Stöcke zu holen, aber es war zu spät für Stöcke, der Dichter stakste auf eigenen Beinen im Zimmer umher. Auf einmal blieb er stehen, drehte den großen weißen Kopf nach der glitzernden Miss Paul um und sagte: »Das Alter ist nicht lustig!«

Miss Paul rührte sich nicht, und Nanny Jackie ergriff ihre Chance, sprang an des Dichters Seite und half ihm ins Bett. Er würde jetzt lange ruhen müssen, nach dieser Strapaze. Ein merkwürdiges Gefühl überkam sie, als ihre Hand seinen Arm berührte. Irgendwie, irgendwo in sich fühlte sie, gleich einem stummen Drängen, Zärtlichkeit für seine dünnen weißen Arme, seinen gebrechlichen Körper, sein Profil, das ihr so vertraut war in seiner Agonie. Sein Ruhm war ihr schnuppe. Sie sandte einen tödlichen Blick zu Miss Paul.

IV.

In seinem letzten Monat hatte der Dichter es gut. Nanny Jackie vergötterte ihn und wußte nicht, warum. Seine Glieder waren jetzt so weich und schlaff, daß er sie nicht mehr aus eigener Kraft bewegen konnte. Haare wuchsen ihm unbotmäßig aus Nase und Ohren, und das hatte so etwas Ehrfurchtgebietendes, daß sie nichts dagegen unternahm. Sie versorgte ihn, wusch ihn und zog ihm sein bestes schwarzes Jackett an. Wozu es noch schonen?

Die Zeit verging jetzt langsam. Sie vergaß, ihre freien Tage zu nehmen; sie verdrängte oder vergaß ihre monatlichen Launen. Sie redeten kaum noch miteinander. Nanny Jackie behielt ihn stets im Auge und wußte immer genau, wann er etwas brauchte, bevor er darum bitten mußte. Aber nein, sie legte sich nicht zu ihm, worum er immer noch bat, wenn die Angst vor dem Tod in ihm wühlte und er nach ihrer Hand griff. Sie ließ ihm ihre Hand. Manchmal griff sie auch nach der seinen.

Eines Abends saß Nanny Jackie in einem Sessel am Bett des Dichters und las in einer Illustrierten. Auf einmal hob und senkte sich seine Brust mehrere Male, dann war er tot.

Nun endlich tat sie, worum er so oft gefleht hatte. Sie setzte sich zu ihm aufs Bett, und nach einer Weile legte sie sich zu ihm unter die Decke. Er war warm, angenehm warm, genau die richtige Temperatur, und seine Haut war so weich, und sein Haar roch angenehm, ganz nach ihm persönlich. Da schlang sie ihre Arme um ihn, legte den Kopf auf seine Schulter und lag bei ihm so die ganze Nacht.

ALISSA WALSER

Seine Hochzeit

Entweder mein Geliebter hat etwas getan, was er nicht wollte, oder ich kenne ihn schlecht. Unsere Blicke treffen sich, aber in dem Moment ist er wirklich nur der Bräutigam einer jungen türkischen Frau; sie sitzt an seiner Seite. Er sieht mich an, wie er die anderen zweihundert Menschen ansieht, keine Sekunde lang. Zwei Verbrecher, denen der Prozeß gemacht wird, so sitzen er und seine Braut an dem kleinen Tisch. Alle Gäste im Saal sehen auf das Paar, und das Paar sieht zu Boden. Nicht viel hätte gefehlt, und ich wäre es, die neben ihm, im weißen Kleid; ich bin nicht sicher, ob die Braut das weiß. Ein Jahr lang habe ich jeden seiner Anträge abgelehnt. Es ist nicht geglückt, mich in einer fremden Familie zu verstecken.

Zum letzten Mal haben seine Angehörigen mir heute einen Platz an ihrem Tisch angeboten. Ich sitze an der Grenze der Verwandtschaft ersten Grades zur Verwandtschaft zweiten Grades. An dieser Stelle stoßen zwei Tische zusammen. Wo die gerundeten Kanten sich treffen, entsteht ein Spalt. Alle Tische sind mit Tischdecken aus Papier bedeckt. Allmählich gebe ich die Hoffnung auf, meinen Geliebten unter vier Augen zu sehen. Ich zeichne auf die glatte Fläche. Ich zeichne schnell, ohne den Stift abzusetzen, wie immer, wenn ich aufgeregt bin. Das Paar, das Paar, das Paar. Die Zeichnung leuchtet keinem ein. Für mich ist jeder Strich Beschwörung.

Der Stuhl, auf dem ich sitze, ist nachträglich in die Tischrunde eingefügt worden. Ich muß mich entscheiden, auf welche Seite der beiden Tischbeine ich meine Füße stellen soll, nach rechts zu den Schwestern, die ohnehin schon gedrängt sitzen, oder nach links zum Onkel, der aus Adana angereist ist. Er versteht kein Wort Deutsch. Natürlich entscheide ich mich für die Schwestern.

Schon den ganzen Tag habe ich mit ihnen verbracht. Sie be-

dienten mich und sprachen mit mir wie mit einer Freundin. Kurz nach meiner Ankunft am Morgen verglichen wir unsere Abendkleider, und sie zeigten mir ihren Schmuck. Sie bedauerten mich, weil ich keinen Schmuck besaß, und liehen mir eine Kette. Es gab so viel zu besprechen. Kaum fiel der Name meines Geliebten, verstummten die Schwestern oder lenkten das Gespräch auf ein anderes Thema. Vor unerwarteten Fragen schienen sie sich zu fürchten. Die Eltern meines Geliebten haben nie viel mit mir gesprochen. Nie haben sie sich nach meiner Familie erkundigt, auch nicht nach meinem Beruf. Sie sagten mir guten Tag und auf Wiedersehen, dazwischen sprachen sie ihre eigene Sprache. Sie waren es, die diese Hochzeit eingefädelt haben.

Am Kopfende der Tafel sitzt der Vater. Er läßt mir ein Glas Whisky bringen. Es ist bis oben gefüllt. Der Vater hebt den Arm und prostet mir zu, ohne mich anzusehen. Ich habe keine Wahl. Die Frau des Vaters, die Mutter meines Geliebten – sie hat mir den Whisky gebracht –, flüstert mit den Schwestern; zwischendurch fordert sie mich zum Trinken auf. Dann erwähnt sie, das Bett für das Paar sei nicht rechtzeitig geliefert worden, und ich denke wieder an die bevorstehende Nacht. Neben der Mutter steht, geschmückt, die schweigende Tante. Alle nennen sie so, weil sie nie spricht. Mein Geliebter behauptet, er habe sie in seinem Leben dreimal sprechen hören. Beim letzten Mal habe sie ihn gebeten, sich zu verloben.

Im November hat mein Geliebter mir mitgeteilt, er werde

heiraten, aber da waren wir von der Zeit noch nicht besiegt. Und die Zeit der Braut war noch nicht angebrochen.

Heute morgen schickte mein Geliebter mich mit seinen Schwestern zum Friseur. Man sollte uns das bevorstehende Fest ansehen. Vor einem runden Spiegel saß die Braut. Sie betrachtete sich, als sei sie allein auf der Welt. Sie war bleich, und ihr Gesicht zeigte nur, daß sie ihre Sache gut machen wollte. Sie ertrug den Anlaß, wie sie jeden anderen auch ertragen hätte. Eine Friseuse brannte Wellen in ihr kindliches Haar. Es war der modernste Salon im Ort. Neben der Kasse wartete eine weitere Braut. Sie saß aufrecht und ließ den Inhaber des Salons, der eine der Schwestern frisierte, nicht aus den Augen. Auf ihrem Schoß hielt sie Schleier und Kranz bereit. Mit kleinen Zeichen versuchte der Inhaber, sie zu beruhigen. Aber die Zeit aller Bräute ist knapp. Während die Friseuse mir eine Frisur auf den Kopf baute, trat mein Geliebter durch die Tür. Er sah seine Braut an, ein Blick, von dem ich immer geglaubt hatte, ich allein könne ihn auslösen. Die Braut stieg von ihrem Stuhl herab, und mein Geliebter verschwand mit ihr Arm in Arm. Kaum tauchten die beiden irgendwo auf, riß ein neuer Termin sie schon wieder fort. Das Bild des flüchtigen Paars beherrschte den Tag bis zum Abend. Den anreisenden Gästen gab es das Gefühl, man könnte sich nie satt sehen an diesem Paar; so ist die Gespanntheit auf das Fest gewachsen.

Mein Haar wölbt sich über die Stirn. Es fühlt sich an wie Puppenhaar. Ferne Verwandte bleiben stehen und loben meine Frisur, statt daß sie mich loben. Wahrscheinlich weiß niemand, warum ich hier bin. Ich weiß es. Ich dachte, ein Blick auf das Paar und ich würde begreifen, wie es um uns drei steht. Vor öffentlichen Zärtlichkeiten zwischen den beiden fürchte ich mich noch immer, doch bis jetzt sind sie ausgeblieben. Bei der Trauung bin ich nicht dabeigewesen. Der Iman kam ins Haus, während ich mit den Schwestern den Saal schmückte. Ein gewöhnlicher Gemeindesaal, irgendwo auf dem Land. Alles ist verboten in diesem Saal. Die Fenster dürfen nicht geöffnet werden, die Lichter nicht gedämpft, die Heizkörper nicht aufgedreht werden. Es ist ein eisiger Vorweihnachtstag. Wir mußten Girlanden und Luftballons mit Klebestreifen anbringen, es dürfen keine Nägel in die Wand geschlagen werden. Auf den Tisch für das Paar habe ich ein großes Papierherz geklebt.

Danach haben mir die Schwestern die neue Wohnung des Bräutigams gezeigt. In der Familie meines Geliebten scheint es für Küchen nur ein einziges Möbelstück zu geben, die Eckbank; und nur ein einziges Möbelstück auf der Welt paßt im Wohnzimmer hinter die Couch, der Wandschrank; im Schlafzimmer, wo das einzige Möbelstück der Welt das Ehebett ist, war es in diesem Fall die überbreite Matratze. In allen Räumen Teppiche auf weißen Kacheln. Durch die Gardinen schimmerten die Fenster des Nachbarhauses. Es war, als stände überall in der Wohnung ein Wort an der Wand, das jeder kannte, aber keiner aussprach: Blut. Hier würde sie bluten. Und plötzlich wollte ich zu ihm.

Die Schwestern wichen nicht von meiner Seite. Wir zogen uns um. Das Fest begann. Durch ein Spalier aus Paaren kamen die frisch Vermählten in den Saal.

Schon rennen die Kinder zwischen bunten Papierfetzen umher. Immer mehr Dekorationen lösen sich von der Decke und schweben auf die Gäste herab. Die Kinder sammeln die Stücke und streiten darum. Ihre Eltern reihen sich in einer langen Schlange vor dem Brautpaar, um die Geschenke abzugeben. Der Bruder meines Geliebten bedankt sich durch ein Mikrofon. Er nennt den Namen des Schenkenden und den Inhalt des Päckchens. Cay servisi (Teeservice) scheint mir das häufigste Wort. Seine Stimme erinnert an einen Lokalpolitiker auf der Wahlreise. Ich bleibe allein am Familientisch zurück. Mein Geliebter ist mir so nah, daß es mir nicht in den Sinn gekommen ist, ihm ein Geschenk zu machen. Ich hätte ihm eine Zeichnung schenken können. Aber das Stück, das ich dann aus der Tischdecke herausreiße, wirkt armselig. Und mein Geliebter schätzt Dinge, die nach etwas aussehen, Uhren, Dokumentenkoffer.

Bald hängen den Brautleuten lange Bahnen angesteckter Geldscheine über die Brust, als hätten sie sich gemeinsam an den Rest der Gesellschaft verkauft. Ich hätte ihn warnen müssen. Bestimmt weiß mein Geliebter nicht, wie gefährlich Rituale sind.

Einem Ritual folgt immer ein nächstes, und am Schluß wird man beerdigt.

Wie ernst dagegen die Bewegung, mit der er seinen Schwanz zwischen meine Lippen schob.

Hinter dem Paar wächst die Mauer aus Geschenken immer höher. Ich verlasse den Saal. Was jetzt noch kommt, ist Kuchen, Musik und Bauchtanz der Gäste, also die Hüften meines Geliebten aus der Ferne (nie habe ich herausgefunden, wo diese Bewegung, die aussieht, als flössen seine Hüften davon, tatsächlich beginnt. Ich sah ihm zu, ich filmte ihn, ich legte meine Hände auf seinen Bauch, aber ich habe ihren Ursprung nicht gefunden). Eine der Schwestern winkt mich in die Küche. Hundertsechzig Obstkuchen, Käsekuchen und Sahnetorten müssen geschnitten werden. Die Messer sind stumpf, Tortenreste kleben daran und lassen sich nur mit den Fingern abstreifen. Obwohl ich meine Finger immer wieder ablecke, kleben sie. Jedes Stück Haut, meine Kleider, alles ist klebrig und kalt. Ich drehe mich um und sehe meinen Geliebten im Kühlraum für die Getränke verschwinden. Als ich die Tür öffne, steht er mit dem Rücken zu mir. Erkälte dich nicht, sagt er. Ich trete ein. Es wird nicht lange dauern. Ohne meine Arme anzuheben, lege ich sie um seinen Bauch. Er erwartet mich. Ich nehme seine Spitze zwischen zwei Finger – eine dunkle Beere, die ich drücke. Das genügt. Beim Hinausgehen mache ich eine Faust. In der Küche fällt es nicht weiter auf. Jedem tropft etwas aus der Hand.

Eine Stunde später fährt der Bruder meines Geliebten mich zum Hotel, in dem mein Geliebter ein Zimmer für mich bezahlt hat. Obwohl ich unzählige Hände geschüttelt habe, kleben meine Finger noch immer. Vor uns fährt das Brautpaar. Über den Straßen hängen Weihnachtssterne, wie ein letzter Versuch, das Ende des Fests hinauszuschieben; ich sehe nur ihren Brautschleier, der die gesamte hintere Fensterbank einnimmt. Habe ich ihr etwas genommen? Jetzt hupt der Wagen – winkende Hände, zwei Gesichter im Rückfenster –, und schon biegen sie in eine Seitenstraße ab.

Ich bin müde und traurig. Die Braut ersetzt mich nicht. Noch oft kann ich die Arme um meinen Geliebten legen. Er würde mich auch heute nicht von sich weisen. Nur den Verlust der Familie finde ich bedrückend. Nie wieder werde ich, beachtet und doch nicht bedrängt, in ihrer Mitte sitzen.

Mein Hotelzimmer ist geräumig. Alle Gegenstände haben dieselbe Farbe. Ich mache sofort das Licht aus. Ich liege im Bett und bin unruhig. Außer meinen Eltern gibt es in den nächsten Tagen niemanden, der das Recht hat, an mich zu denken.

María Esther de Miguel

Eins rechts, zwei links

Jetzt, da ihr Mann gestorben ist, tut die arme Frau Recaredo nichts anderes mehr als den ganzen Tag stricken, eins rechts, zwei links, eine überheben, unbeirrbar, das ganze Leben konzentriert in ihren Händen, in diesem Verweben von Wolle und Minuten, wie bei jemandem, der eine wichtige Strategie verfolgt, die seine Tage aufzehrt, und auch viele seiner einsamen Nächte. Mit den Jahren schlafe ich weniger, sagt sie, und seit der Alte nicht mehr da ist, bekomme ich zudem noch kalte Füße. Fleißig aus Neigung, also von Natur aus, hatte sie das Leben gemeistert wie ein Krieger seine Eroberungspläne, in einer längst vergangenen Zeit, als sie leuchtende Farben trug und ihre Augen funkelten. Heute ist alles tiefe Trauer, sie ist allein, und selbst ihr Blick ist matt geworden. Eine Frau ohne Ehemann ist verloschenes Feuer, was wollen Sie, es bleibt einem nur, sich auf diese Weise zu beschäftigen, eins rechts, zwei links, die tüchtige Felicinda Recaredo; wie eingelegte Lanzen führt sie ihre Nadeln; sie heben und senken sich; so viele Jahre wie Falten in ihrem Gesicht sitzt sie da, im Hof dieses Hauses Mario Bravo, Ecke Soler, umgeben von Pflanzen, die sie kaum anschaut; als ihr Mann starb, hat sie sich geschworen, auf zwei Dinge zu verzichten, die sie sehr liebte, auf Pflanzen (sie hatte so viele, eine herrlicher als die andere) und auf Süßspeisen, die ihr so wunderbar gelangen, himmlisch, wirklich hausgemacht, ganz zu schweigen von ihrem Milchkaramel; aber mit etwas mußte sie sich bestrafen, weinen konnten ihre ausgetrockneten Augen nicht mehr über das große Unglück dieses Verlustes: den Tod Armindo Recaredos, ihres Ehemannes, Gott hab ihn selig.

Zwei rechts, eins links, in dieser Reihe ändert sie den Rhythmus der Maschen, aber nicht den ihrer Gedanken; reiner Kummer, sagen die Nachbarn, die von ihrer Arbeit zurückkommen und über den gefliesten Hof zu den hinteren Wohnungen gehen, zwischen Euphorbien und Farnen; man kann es ja auch verstehen, meinen sie: sie waren so eins miteinander, ein ganzes Leben zusammen, es ist wirklich nicht recht, wenn in der Ehe einer stirbt, müßten beide gehen; die arme Frau, denkt sie, und es wird ihr eng ums Herz, der Lita, die schon zur Arbeit geht, vierzig Jahre alt, blond und immer gepudert und geschminkt, eine Frau, die nie einen Mann bekommen hat, weil sie so viele gehabt hat; wie ungleich es doch die Menschen trifft, denkt sie noch, denn wenn sie auch ein leichtfertiges Leben führt, philosophiert sie doch gern, und heute, wie seltsam, gelingt es ihr, mit der Witwe ins Gespräch zu kommen. Sie, die fast nie einen Ton sagt und nur mit ihren blauen Kinderaugen und dem Klackklack ihrer unaufhörlich arbeitenden aufgerichteten Stricknadeln antwortet (zwei links, eine überheben, eine fallen lassen, eine aufnehmen), sie sagt ihr nun: Was nützt es mir, daß wir so eins miteinander waren, sagen Sie doch; ich bin allein wie eine arme Seele.

Mit dem Mate-Tee reicht ihr die Lita einen tröstenden Satz: Wenigstens haben Sie die Liebe eines Gefährten kennengelernt, sagt sie ihr. Unsereins dagegen... Na ja, hart ist das Leben, das stimmt schon, wem sagen Sie das, sagt die Lita, immer noch philosophierend, das Gesicht der Witwe Recaredo, geborene Felicinda Martínez, nach einer Antwort erforschend, aber sie, die Witwe, gibt den Mate zurück und fährt fort, eins rechts, eins links, sieben abstricken, denn sie ist beim Abnehmen des Ausschnitts und muß sich konzentrieren. Auf den Pullover und auf diese Erinnerungen, an denen sie strickt. Nun, da sie ihr Leben geordnet hat, kann sie die Zeit ruhig verschwenden und sich melancholischen Träumereien hingeben.

Sie wollte zu ihm, weil sie es leid war, den Vater zu ertragen, leid auch, sich mit so vielen Geschwistern zu zanken, und bereit, sich in die Liebe zu verlieben. Wer wäre das nicht, sagen Sie mir, mit achtzehn Jahren? Es hätte ein anderer sein können, aber er war es, ein Fremder, der sich in der Rolle des stattlichen Kerls und einfühlsamen Menschen gefiel. Groß, fast ein Bär, war er der Mittelpunkt auf den Tanzveranstaltungen und in den Träumen der heiratsfähigen Mädchen jenes Dorfes in der Provinz Buenos Aires, in dem sie geboren und er ein attraktiver Fremder war, eben angekommen in einem Ford, der, wie man später erfuhr, ihm nicht gehörte, sondern geliehen war. Natürlich mußte sie um ihn kämpfen. Aber sie tat es mit Lust: denn Recaredo gefiel ihr, und wie schön würde es sein, ein ganzes Leben lang das eigene Heim in Ordnung zu halten, für beide etwas Feines zu kochen, die Pflanzen im Garten zu gießen und dann auf ihn zu warten und währenddessen um fünf Uhr das Hörspiel im Radio zu hören und einen Pullover zu stricken, für ihn, für Recaredo. Zwar war sie noch keine große Strickerin, aber daß sie geschickte Hände hatte, konnte man schon sehen.

Sie hatte ihn beim Spazierengehen kennengelernt, als er – bezeichnend für seinen Charakter – laut mit den Absätzen knallend vorüberging, sie sah und mit einer sanften, liebkosenden Stimme, die ganz und gar nicht zu seinem rauhen Äußeren paßte, zu ihr sagte: »Ach Mädel, warum hat dich Mamachen nur so lecker gemacht.« Sie antwortete nicht, aber zwei dicke Rosen erblühten auf ihren Wangen vor Vergnügen, denn wenn sie auch bei aller Bescheidenheit wußte, daß sie nicht häßlich war, sondern eher ansehnlich bis hübsch, so hatte ihr doch nie zuvor jemand so etwas gesagt. Zunächst blieb es dabei. Aber dann wurde die Sache ernst, einmal bei einem Karnevalsfest, zu dem Felicinda Martínez als »Nachtfee« verkleidet und jungfräulich gekommen und mit einem gar nicht mehr prachtvollen Kleid und zum Heulen elend, denn ach, wenn das mein Vater wüßte, nach Hause gegangen war. (So ist das im Karneval. Und bei Armindo, der heftig und von stürmischem Blut war.)

Und da der Vater es erfuhr, mußten sie heiraten, ohne weitere Umschweife. Damit das unschuldige Kind Gottes nicht unehelich zur Welt käme, sagte Papa, der ihn im Anzug, mit eisgekühltem Bier und sehr ernst empfing, den fremden Schürzenjäger, der kam, um ihn um die Hand seiner Tochter zu bitten. Wenn ich sie nicht heirate, macht der Alte Kleinholz aus mir, dachte sich Armindo zunächst wütend, dann eher resigniert, denn ihn, den mit allen Wassern Gewaschenen, traf diese Wendung der Dinge vollkommen unvorbereitet. Ich heirate, weil ich verliebt bin, dachte sich Felicinda.

Und für eine Weile glaubte sie sich wirklich im Himmel, auch wenn es keine weiße Hochzeit war, und ohne Orgel (wegen des Kleinen, das unterwegs war). Eine intensive, aber kurze Zeit: Sie merkte sehr bald, daß das Schicksal es nicht gut mit ihr meinte: Verdruß die erste Woche, Verdruß den ersten Monat, Verdruß das ganze Leben – sagen Sie, wer hält das aus?

Eins rechts, zwei links, eine überheben, armes Mädchen, bedauert die Witwe Recaredo die Felicinda von damals, vor fünfzig Jahren, als sie entdeckte, daß der Mann, den sie geheiratet hatte, wenig Lust zur Arbeit verspürte, statt dessen ständig Händel suchte und maßlos jähzornig war. Einmal fragte sie ihn: Liebst du mich nicht mehr, Armindo? Er sagte: Ach was, lieben, lieben, das ist doch sentimentales Geschwätz, schlug die Tür hinter sich zu und ließ sie mit den Kindern allein; Zwillinge waren es geworden, mit wenig Lust zu leben: Sie starben sehr früh an einem Fieber; das jedenfalls war die Diagnose des Arztes, obwohl sie immer die Tracht Prügel im Verdacht hatte, die sie einmal während der Schwangerschaft von Armindo bezogen hatte; grün und blau hatte er sie geschlagen. Dann kamen die anderen Kinder, aber alle kümmerlich, Engelchen für den Himmel, bevor sie volljährig wurden.

Was sollte eine Frau tun, mutterseelenallein in dieser Stadt, in die die schlechten Zeiten sie beide verschlagen hatten? Es ertragen, was sonst. Sie hatte Pech gehabt, und sie ertrug es. Zwischen Windeln und Fiebern zerrannen ihr die Jahre mit dem Rot der Wangen und den Träumen der Seele. Armindos Körper machten sie quadratisch, sein Haar weiß und seine Laune gallig; eins rechts, zwei links, eine überheben, zwei nehme ich auf und eine zu. Sie versuchte, ihn wiederzugewinnen: Wenn wir schon allein sind, laß uns wenigstens in Frieden leben, sagte sie, und kümmerte sich mit Hingabe um Blumentöpfe, Küche und Strickzeug. Aber Armindos verkrüppeltes Gemüt und stumpfer Gaumen wußten den Wert ihrer Speisen nie zu schätzen, die Üppigkeit der von ihren Händen gepflegten Philodendren, all die Wunderwerke ihrer Geschicklichkeit; und er begrub ihre Hoffnungen unter Flüchen und Beschimpfungen. Den Ausschnitt abstricken.

Und damit nicht genug; als Armindo dank der Hilfe eines geschickten Anwalts und eines seiner Kumpane in Rente gehen konnte, wurde er, statt sich zu beruhigen, nur noch roher. Vielleicht dachte er, daß sein Film bald zu Ende ging und daß er die Zeit nutzen mußte. Vielleicht war es die Stadt, die ihn endgültig verdarb. Wer weiß. Mit einem Tuch um den Hals, um das Bild des machistischen Provinzlers zu unterstreichen, die Stimme heiß von Wacholder und Zigarren, rühmte er sich seiner Zusammenstöße und Schlägereien. Wenn es keine gab, erfand er sie. Und zu Hause immer Streit, allerdings nur hinter verschlossenen Türen, dafür sorgte sie, entsprechend der Lektion, die sie von ihren weiblichen Vorfahren gelernt hatte: Die Unterwäsche hängt man nicht an die Sonne. Stets der Lust widerstehend, ihm einmal die Meinung zu sagen, konzentrierte sich Felicinda auf ihre Handarbeiten; und stellen Sie sich vor, diese Frau mit ihren bescheidenen Ansprüchen, die selbst ihre Träume noch unter Kontrolle behielt, hat sich im Alter einmal richtig Luft gemacht.

Damals fing sie an zu stricken. Im Stricken verbrauchte sie die Reste, wenn nicht der früheren Liebe, so doch dieser Disziplin, die ihren Widerstandsgeist bändigte, und da wuchs in ihr ein Traum von Rache, nicht mit einem Schlag, sondern allmählich, in Gestalt eines idyllischen Verlangens, ihre Ruhe zu haben und umgeben von Pflanzen, Blumen und Süßspeisen dazusitzen und zu stricken, Garn und Gedanken verstrickend vor sich hin zu träumen, eins rechts, zwei links, und so die ganze Reihe.

Und als sie eines Abends das Essen nicht rechtzeitig fertig hatte und er ihre Handarbeit nahm, einen wunderschönen, in herrlichem Zopfmuster gestrickten, fuchsienfarbenen Pullover, den sie aus der Wolle einer alten, niemals getragenen Jacke strickte und mit einer Muschelborte, die sie gerade in *Vosotras* gelernt hatte, einfassen wollte; als er dieses Strickzeug nahm, erinnert sich Felicinda, und es vor Wut auseinanderriß (damit du lernst, das Essen für Armindo Recaredo rechtzeitig fertig zu haben, alte Schlampe), als sie das fuchsienfarbene Meer auf den Boden ausgegossen und den Mann mit den Nadeln herumfuchteln und sie in seiner Wut verbiegen sah, da sagte sie kein Wort, wie sie auch sonst nie etwas gesagt hatte wegen der Nachbarn, die sie für unzertrennlich hielten (man muß hinzufügen, daß er zu dieser Zeit wegen des grauen Stars und seines kranken Herzens eher häuslich geworden war); wortlos, um sich nicht unnütz aufzuregen (obwohl sie in diesem Augenblick ein Zittern überfiel, das in den Händen begann und bis ins Innerste ihres Herzens reichte), zündete sie den Primuskocher an, dort in diesem Zimmer in Mario Bravo, Ecke Soler, machte dem Mann einen Reis mit zwei Spiegeleiern, hob den Haufen Wolle auf und bog die Nadeln gerade; und da, genau in diesem Augenblick kam ihr das andere in den Sinn. Wie war sie auf den Gedanken gekommen? Wer würde es je vermuten: von dieser Teerose, die so aufrecht in ihrem Töpfchen stand, ohne eine Spur von diesen üblen Blattläusen, die ihr so zugesetzt hatten.

Alles geschah an einem sonnigen Vormittag, acht Tage später, nachdem er die Ravioli vom Sonntag aufgegessen hatte, die ihm, ach, so schlecht bekommen waren. Er legte sich zur Siesta nieder und stand nicht wieder auf. Die Totenwache begann, als es Abend wurde. Alle Nachbarn kamen und standen ihr bei. Wie er die Siesta geliebt hat, der Verstorbene, und sehen Sie mal sein Ende, sagte die Lita, immer auf der Lauer nach seltsamen Assoziationen. Gehen Sie rein, Mütterchen, es wird schon frisch, sagt sie jetzt, während sie in rauschende Seide und den Duft von Puder und Parfüm gehüllt über den Hof geht, zu ihrer Arbeit, die abends beginnt. Für eine Witwe gibt es nichts anderes als Kälte, murmelt Felicinda Recaredo traurig; sie steht langsam auf, als bitte sie die Arthrose und ihre Krampfadern um Erlaubnis, welche diese ihr nur widerwillig geben, und in kurzen Schrittchen, wie ein Entchen, das Laufen lernt, ganz verkrochen in ihren Kummer und ihr Schultertuch, geht sie in ihr Zimmer, in das breite Ehebett, wo sie, ach, keinen Schlaf finden wird, bestimmt nicht, denn wer kann schon schlafen mit eiskalten Füßen. Aber Geduld, zum Glück hat sie etwas, um sich die Zeit zu vertreiben: Diese Nacht wird sie anfangen, einen perlgrauen Schal zu stricken, mit der Wolle, die sie gestern gekauft hat, dank Armindos Pension, armer Alter, der endlich in Frieden ruht nach jenem Täßchen Lindenblütentee, gewürzt mit Folidol.

Carna Zacharias

Knautschzone

Take all my loves, my love,
yea, take them all
Shakespeare

Laura Schellenberg kam zu uns, weil sich Diana in der Damensauna geärgert hatte.

»Weiber«, stöhnte sie, als sie auf die Eckbank in der Küche sackte und ein Weißbier öffnete.

Ich runzelte die Stirn.

Diana füllte ihr Glas, trank mit großen Schlucken, setzte es halbleer ab. »Ahhh! Ich glaube, ich gehe nur in die Sauna, weil hinterher das Weißbier so gut schmeckt.«

»Wegen der angenehmen Gesellschaft offenbar nicht«, meinte ich.

Diana verdrehte die Augen. »Du ahnst gar nicht, was diese Weiber alles vor sich hin quatschen, wenn sie einmal in der Woche alle Hüllen fallen lassen. Es gibt nur zwei Themen: ihre Krankheiten und ihre Ehemänner. Die Krankheiten sind allerdings bei weitem wichtiger.«

Ich nahm mir auch ein Weißbier. »Und was reden sie über ihre Ehemänner?«

»Es gibt nur zwei Sorten. Die eine ist offenbar geistig zurückgeblieben und muß von früh bis spät von Muttern versorgt werden, vom Schuhezubinden bis zum Bettaufschlagen, die andere ist roh, gefühllos und sexbesessen.«

»Du würdest im Notfall natürlich die zweite Sorte wählen«, sagte ich.

»Und du sicher die erste«, schlug Diana zurück. »Übrigens, ich habe eine neue Klientin für uns.«

»Was?«

Diana lehnte sich zufrieden zurück. »Sie lag neben mir im Ruheraum und hörte nicht auf, über die Schlechtigkeit der Männer zu jammern. Es wäre wie ein Fluch, und man könnte sich nicht dagegen wehren. Ich fragte sie entnervt nach ihrem konkreten Problem, und sie sagte, das verstünde doch niemand. Es sei eine zu *merkwürdige Angelegenheit*.«

Laura Schellenberg wurde mit Tee und selbstgebackenem Streuselkuchen in unserer Küche empfangen. Sie war etwa Anfang Sechzig und legte offenbar keinen Wert auf ihr Äußeres. Die graumelierten halblangen Haare standen wirr um den Kopf, das altmodische Pepitakostüm war zerknittert. Über ihrem schmalen Mund hatten sich tiefe senkrechte Falten eingegraben. Sie sah besorgt und unglücklich aus.

Nachdem wir ihr angeboten hatten, uns beim Vornamen zu nennen, legte Laura einige Papiere auf den Tisch. Dies habe sie vor Jahren geschrieben. Es würde erklären, warum sie mit niemandem über ihr Problem reden könne.

»Und was erwarten Sie von uns?« fragte ich, schenkte Tee ein und warf Diana einen tadelnden Blick zu, als sie sich zuerst Kuchen nahm, und dazu auch noch das größte Stück.

»Es geht nicht um mich«, sagte Laura. »Es geht um meine Töchter. Genaugenommen um Jelena. Ich möchte nicht, daß sie, wie schon Jessica und ich, ins Unglück stürzt. Glauben Sie mir, Männer sind...«

»Sie sagten schon, eine Familienangelegenheit«, unterbrach Diana sie.

Laura schwieg gekränkt und rührte mit gesenktem Kopf in ihrem Tee. Schließlich sagte sie: »Am besten lesen Sie zuerst einmal meine kleine Geschichte. Dann verstehen Sie.«

»Ich wußte es, als ich das Handschuhfach öffnete und darin Pfefferminzbonbons fand.

Angeekelt betrachtete ich das weiß-grüne Röllchen, klaubte es schließlich mit spitzen Fingern hinter den Tempotaschentüchern hervor und hielt es Martin auf der flachen Hand unter die Nase.

›Was soll das‹, sagte er und blickte, das Lenkrad fest und verantwortungsbewußt zwischen den Händen, geradeaus auf die Straße.

Das war die Kriegserklärung.

Ich habe schon immer alles gehaßt, was nach Pfefferminz schmeckt oder riecht, und als ich, vor damals zwölf Jahren, Martins Heiratsantrag annahm, mußte er sich vor mir auf die Knie werfen und schwören, in guten wie in schlechten Tagen dieses gräßliche Zeug, das mich von jeher an Halsschmerzen und Schwäche und Einsamkeit erinnerte, von mir fernzuhalten. Danach war er aufgestanden, hatte mit den Händen meine Brüste umfaßt und ›Laura, Laura, Laura‹ in mein Haar geflüstert. Später sagte er immer ›Mein Tierchen‹, wenn er mit mir schlafen wollte.

›Wer ist sie?‹ fragte ich, kurbelte das Fenster herunter und ließ das Röllchen rausfallen.

Martin warf mir einen spöttischen Blick aus den Augenwinkeln zu. ›Eine Wissenschaftsredakteurin beim ZDF. Sie ist zweiundfünfzig.‹

Also drei Jahre älter als ich. Dann hatte ich keine Chance.

›Setz mich an der Kreuzung ab, ich muß noch zur Bank.‹

Als ich um die Ecke in die kleine Seitenstraße gebogen war, blieb ich mit einem Ruck stehen. Es war wie in einem Krimi. Zwei maskierte Männer stürmten mit Säcken in den Händen aus meiner Bank, warfen sich auf den Rücksitz eines blauen Autos, das offensichtlich von einem Komplizen gesteuert wurde, und brausten mit quietschenden Reifen davon.

Der Polizeibeamte, der mich später vernahm, sagte, daß die Bankräuber den Kassierer erschossen hatten. Er war nicht zufrieden mit mir, zumal ich die einzige Zeugin war, die das Fluchtauto gesehen hatte.

›Die Farbe nützt mir gar nichts! Der Wagen wird doch sofort umgespritzt. Was war es denn?‹ fragte er immer wieder, mit steigender Ungeduld in der Stimme. ›Ein BMW? Oder ein Mercedes? Ein Golf? Ein Opel? Ein...‹

›Hören Sie‹, sagte ich. ›Ich habe nicht den blassesten Schimmer. Ich kenne keine Marken. Ich kann einen Porsche kaum von einem Kleinbus unterscheiden, und die anderen Autos sehen doch sowieso alle gleich aus.‹

Er wollte es einfach nicht glauben. Und ich konnte an seinem Gesichtsausdruck ablesen, was er dachte: Warum war sein einziger Zeuge nicht einer von diesen Kerlen, die Marke, Typ und Baujahr eines Autos schon am Motorengeräusch erkannten?

Schließlich gab er auf und hinterließ mir seine Telefonnummer, falls mir doch noch etwas einfiele, und außerdem würde sicher eine Belohnung ausgesetzt.

Als ich es Martin beim Abendessen erzählte, regte er sich fürchterlich auf. ›Wie kann man nur so blöd sein! Jedes fünfjährige Kind kennt die gängigen Automarken. Ich möchte wirklich wissen, wie du alleine überleben würdest. Aber zum Glück gab es ja immer dumme Ehemänner, die für dich gesorgt haben.‹

Ich senkte den Blick. Tatsächlich hatte ich noch nie in meinem Leben selber Geld verdient. Zuerst war natürlich Papi dagewesen, dann hatte Harald, Lehrer und Ultimosparer, diese lästige Angelegenheit übernommen. Mit den Zwillingsmädchen konnte ich doch auch wirklich nicht noch arbeiten gehen. Als ich mich dann von Harald wegen Martin scheiden ließ, waren Jelena und Jessica zehn, und Martin hatte darauf bestanden, daß ich mich voll um sie kümmerte, zumal er als Versicherungsvertreter gut verdiente. Und nachdem die Kinder vor einem Jahr aus dem Haus gegangen waren – was sollte ich da noch groß anfangen?

Es war die erste Nacht, in der wir in getrennten Zimmern schliefen.

Am nächsten Tag ging ich in die Stadt, um Weihnachtseinkäufe zu machen. Ich war gerade an der Konstablerwache aus dem Bus gestiegen und setzte einen Fuß vom Bordstein, um die Straße zu überqueren, als mein Blick an einem schwarzen Wagen hängenblieb, der am Straßenrand stand.

Ich wollte weitergehen, doch irgend etwas hielt mich zurück. Ich hatte mich weiß Gott noch nie für parkende Autos interessiert, aber hier ging es nicht mit rechten Dingen zu.

Dieses Auto war hochgradig nervös. Es duckte sich und beäugte mißtrauisch jeden Passanten, der sich ihm näherte. Seine Hinterräder zitterten leicht, und es atmete stoßweise.

Da begriff ich: Das Auto hatte Angst.

Kopfschüttelnd ging ich weiter, aber in der Mitte der Straße blieb ich ruckartig stehen. *Es war der Fluchtwagen.* Lautes Gehupe und Geschimpfe brachten mich dazu, meinen Weg fortzusetzen. Doch im Postamt an der Zeil kramte ich hastig den Zettel mit der Telefonnummer des Polizeibeamten aus meiner Handtasche und rief ihn an. Er wollte unbedingt wissen, woran ich das Auto erkannt hätte, und ich stotterte etwas von der Angst, die ihm anzusehen wäre. Er gab sich große Mühe, nicht unhöflich zu werden, ließ sich tatsächlich den Platz, auf dem es stand, beschreiben und sagte, er würde jemanden vorbeischicken.

Am Tag darauf rief er mich an. Das Auto sei von der Spurensicherung eindeutig als der Fluchtwagen identifiziert worden, die mutmaßlichen Täter konnten daraufhin festgenommen werden, und ich dürfe mit einer Belohnung rechnen.

Die Geschichte kam groß in der *Frankfurter Rundschau*, und ein Psychologe und ein Parapsychologe wurden gefragt, ob Autos Gefühle haben können. Der Psychologe hielt das für ausgeschlossen, vermutlich sei ich in einer seelischen Krise und hätte meine eigene Angst auf ein von mir gehaßtes Objekt projiziert, und das wäre ebendieser Fluchtwagen gewesen, welcher als solcher eventuell eine symbolische Bedeutung für mich habe. Der Parapsychologe meinte, da Geist und Materie prinzipiell eins seien, wäre es sehr wohl möglich, daß in der Materie (dem Auto) geistige Inhalte (die Angst der Bankräuber) gespeichert wurden und daß ich, als eine sensitive Person, dies habe wahrnehmen können. Ein ähnliches Phänomen trete bei Spukhäusern auf.

Martin sagte: ›Und du kriegst tatsächlich Geld dafür?‹

In den folgenden zwei Wochen war ich ziemlich beschäftigt. Zuerst rief ein Mann an, der seinen Namen nicht nennen wollte. ›Sie werden es nicht bereuen, wenn Sie mich sehen«, waren seine geradezu beschwörenden Worte.

Wir trafen uns in einem Café. Er war um die Sechzig, trug einen olivgrünen Ledermantel und roch nach einem teuren Aftershave. Ohne Umschweife bot er mir fünfhundert Mark an, wenn ich mir das Auto anschauen würde, das er im Begriff war zu kaufen.

Ich holte tief Luft und sagte: ›Tausend. Im voraus und ohne Gewähr.‹

Er nickte ergeben und drückte mir zwei Fünfhundertmarkscheine in die Hand wie einer, der an solche Gesten gewöhnt ist.

Wir gingen um die Ecke zu einem Autohaus, und er deutete auf ein metallicgrünes riesiges Ding mit einem silbernen Stern auf der Nase.

Das Auto warf mir einen gereizten Blick zu und spannte die Muskeln, um sich größer zu machen.

›Bißchen eitel‹, sagte ich. ›Sie müssen ihm immer wieder sagen, daß er der Beste ist, sonst ist er beleidigt und scheppert mit irgendwelchen Blechteilen, um Ihre Aufmerksamkeit zu erregen. Also: loben, loben, loben. Wenn Sie das tun, schnurrt er wie ein zufriedener Kater, und Sie können ihm alles abverlangen.‹

›Ich soll ihn also nehmen?« flüsterte der Mann ehrfürchtig.

›Ja‹, sagte ich. ›Aber, wie gesagt...‹

Der nächste Kunde war eine Frau. ›Also wissen Sie‹, fuhr sie mich an, als sie mich mit ihrem Auto abholte. ›Das ist ja Scharlatanerie, was Sie da machen!‹

›Und warum wollen Sie mich dann sehen?‹ fragte ich ruhig.

Sie hätte Wissenschaftsredakteurin beim ZDF sein können. Um die Fünfzig, blond, langbeinig, gutaussehend und sehr selbstbewußt.

Sie bremste scharf, und wir stiegen aus.

›Tja‹, sagte sie, plötzlich verlegen. ›Diese Karre ist fast neu, aber sie macht nur Ärger. Können... Könnten Sie mir sagen, woran das liegt?‹

Nachdem das Finanzielle geregelt war, betrachtete ich mir das rote Früchtchen.

›Sie ist stutenbissig. Sie will große, starke Männerhände an ihrem Lenkrad spüren. Ein primitives Weibchen. Da kann man gar nichts machen – verkaufen Sie sie an einen Kerl. Sonst tut sie bald keinen Muckser mehr.‹

›So ein Quatsch!‹ sagte die Dame, stieg ins Auto, schlug die Tür zu und fuhr ohne mich ab.

Kurz nachdem sie um die nächste Ecke gebogen war, hörte ich einige gurgelnde und knallende Geräusche. Dann breitete sich eine wunderbare Stille aus.

Bis zum Ende des Jahres hatte ich insgesamt 12 000 Mark verdient. Jelena und Jessica waren an Weihnachten aus München gekommen, und wir hatten erst Stollen und dann Gans und dann

Plätzchen und dann saure Gurken gegessen und uns alles, was es so gab, im Fernsehen angeschaut. Martin war einmal zum Zigarettenholen gegangen, und ich konnte vom Badfenster aus sehen, wie er in einer Telefonzelle verschwand.

Als die Kinder abgereist waren, schliefen wir wieder in getrennten Zimmern.

Im Januar bekam Martin ein neues Auto. Er hatte merkwürdigerweise nie auch nur ein Wort zu meiner neuen Einkommensquelle gesagt – vermutlich hielt er mich für verrückt, aber es imponierte ihm, daß ich Geld verdiente –, und so amüsierte ich mich, als er mich wie nebenbei während der *Tagesschau* fragte, ob ich mal einen Blick auf seinen neuen Vectar (oder so ähnlich) werfen würde.

›Macht fünfhundert Mark‹, sagte ich und starrte gebannt auf die Wetterkarte.

Er schwieg einen Moment und knurrte dann gereizt: ›Okay.‹

Am nächsten Tag ging ich nach dem Frühstück mit ihm in die Garage und sah mir das Auto an.

Es war ein sympathischer Typ. Freundlich, ausgeglichen, defensiv. Und trotzdem stimmte etwas nicht mit ihm. Ein leichter Schauer überzog hin und wieder seine glänzende Lackschicht.

›Er hat ein Trauma. Auch wenn er funkelnagelneu ist. Vielleicht hatte er eine enge emotionale Bindung an einen bestimmten Mechaniker in dem Werk, in dem er hergestellt wurde, und der hat eine starke Angst auf ihn übertragen.‹

Martin runzelte die Stirn, schwieg aber.

›Ich weiß nicht genau, was es ist‹, sagte ich und fuhr mit der Hand über einen Kotflügel. ›Aber... es hat irgend etwas mit Mainz zu tun. Du solltest da nicht hinfahren.‹

Martin sah mich einen Augenblick fassungslos an, dann brach er in lautes, höhnisches Gelächter aus.

›Das Auto hat Angst vor Mainz, du solltest da nicht hinfahren‹, äffte er mich nach. ›Meine liebe Laura, könnte es nicht ganz zufällig daran liegen, daß das ZDF und eine gewisse Dame in Mainz sind?‹

Ich wünschte ihm den Tod. Als er jedoch am späten Abend noch nicht zu Hause war, beschlich mich ein großes Unbehagen.

Natürlich, wo sollte er schon sein... Aber nein, das war es nicht. Ich holte das Telefon ins Schlafzimmer. Noch während ich es in der Hand hielt, klingelte es, und ich hätte den Apparat vor Schreck fast fallen lassen.

›Hallo?‹

›Laura? Bist du's?‹ Es war Martin, doch seine Stimme klang aufgeregt und fremd. ›Ich bin in Mainz. Ich... ich hatte einen Totalschaden. Das Auto blieb mitten auf einer Kreuzung stehen, und ein Honda fuhr direkt in mich rein. Aber mir ist nichts passiert.‹

Seine Stimme brach ab, und ich hörte ihn heftig atmen.

›Du‹, flüsterte ich und merkte, wie mir die Tränen in die Augen stiegen.

›Es tut mir so leid, es tut mir so leid‹, stammelte Martin, und ich wußte, daß er nicht den Unfall meinte.

Ich holte tief Luft. ›Es ist vorbei. Ich weiß es auch. Seit die Mädchen nicht mehr da sind.‹

›Ja‹, sagte Martin, und dann legten wir beide gleichzeitig ganz, ganz vorsichtig auf.

Am folgenden Sonntag zog Martin aus, und am Montag ging ich zu einem Anwalt, um die Scheidung einzureichen.

Als ich die Kanzlei verließ, stellte ich mit einem Blick auf einen Parkplatz fest, daß ich meine spezielle Begabung verloren hatte. Ich nahm diese Tatsache ohne Bedauern zur Kenntnis.

Die nächsten Wochen waren trostlos. Ich aß kaum etwas und wachte nachts, gepeinigt von schrecklichen Alpträumen, immer wieder mit wildem Herzklopfen auf. Tagelang saß ich reglos am Fenster und blickte stumpf in die graue Winterlandschaft. Ich sehnte mich danach, mit Martin zu reden, doch wenn er mich treffen wollte, lehnte ich ab.

Einige Zeit später bin ich nach München gezogen, um mehr Kontakt zu meinen Töchtern zu haben. Martin hat mich finanziell gut versorgt, doch für mich ist das Leben zu Ende. Ich bin eine kranke, einsame Frau, vergessen wie ein abgenutztes Gepäckstück auf der Durchreise.«

Ich räusperte mich. »Das ist ja eine komische... und traurige Geschichte.«

»Ja«, sagte Laura. »Das war vor dreizehn Jahren. Und es gibt eine Fortsetzung. Mit meiner Tochter Jessica.«

Und dann erzählte sie, daß Jessica vor acht Jahren einen erfolgreichen Immobilienmakler geheiratet habe und ebenfalls Mutter von Zwillingen sei, Daniel und Jonathan. Anfangs sei sie sehr glücklich gewesen. Sie lebte in einer großen Villa, gab viele Partys, spielte Golf und Tennis, wurde von ihrem Mann mit teuren Kleidern, wertvollem Schmuck und Karibikreisen verwöhnt.

Jessica hatte eine Abneigung gegen Haushaltsgeräte.

»Sie sind so geistlos effektiv«, sagte sie einmal.

Da sie genügend Personal hatte, um sich vom Putzen und Kochen, Waschen und Bügeln gänzlich fernhalten zu können, war dies nie ein Problem gewesen.

Eines Tages jedoch – so erzählte sie später ihrer Mutter – habe sie im Vorübergehen einen Blick auf den Staubsauger geworfen, der gerade im Flur stand, und ein schwaches Stöhnen vernommen.

»Mir ist schlecht, gleich kotze ich alles aus«, hatte der Staubsauger gesagt. »Ich brauche dringend eine neue Tüte!«

Sie ging schnell weiter ins Bad, doch dort hockte Richards Rasierapparat schon lauernd vor dem Spiegel und fuhr sie an: »Wie lange soll ich seine Fresse noch polieren?!«

Dazu knallte die Waschmaschine im Schleudergang wütend die Wäsche im Kreis. »Das ist schon der dritte Durchgang heute«, rumpelte sie. »Kann man nicht mal seine Ruhe haben?«

Nun, einige Tage später teilte Richard seiner Frau mit, daß er die Scheidung wolle, um eine andere zu heiraten. Der Kampf um Geld und Besitz begann. Schließlich mußte Jessica mit den Jungen das Haus verlassen und in eine kleine Wohnung an den Stadtrand ziehen. Alle ehemaligen Freunde brachen den Kontakt zu ihr ab, Jonathan blieb in der Schule sitzen, und Daniel wurde wiederholt bei kleineren Diebstählen ertappt.

Laura seufzte. Jessica würde seit einem Jahr von schweren Depressionen gequält, und jetzt habe Richard auch noch das Sorgerecht für die Söhne beantragt. Er wohne mit seiner jungen Frau in der Villa und wolle eine komplette Familie haben. Gerade sei er Vater einer süßen, kleinen Tochter geworden.

Laura schwieg. Ich fand die Geschichte zwar traurig, hatte aber auch ein unbehagliches Gefühl dabei. An der tiefen senkrechten Falte zwischen Dianas Augenbrauen sah ich, daß sie genauso empfand.

»Männer«, sagte Laura, »sind brutal, treulos und egoistisch, und wir armen Frauen sind ihnen hilflos ausgeliefert!«

Diana ließ ungeduldig den Finger über den Rand ihrer Tasse kreisen. »Das sind nun also die Vorgeschichten. Womit können wir Ihnen aber jetzt konkret helfen?«

Laura seufzte wieder. »Jelena. Es geht um Jelena, meine andere Tochter. Sie ist auch verheiratet, ihr Mann Eberhard hat einen kleinen, aber sehr erfolgreichen Verlag, der Broschüren über positives Denken verlegt. Ihre fünfjährige Tochter Miriam ist...«

Es klingelte, Diana verließ die Küche und kam mit einem riesigen Strauß roter Rosen wieder. Sie grinste mich an, und ich grinste zurück. Ich wußte, daß es da irgendwo einen neuen Mann gab.

»So fängt es immer an«, sagte Laura trübe. »Aber dann...«

»Was ist nun das Problem mit Jelena«, sagte ich streng. Diese Frau wirkte nur niederdrückend auf ihre Umgebung. Kein Wunder, daß sie so einsam war.

Diana hatte die Rosen in einer Vase arrangiert und setzte sich wieder zu uns.

»Jelena haßt Computer«, sagte Laura. »Im Souterrain ihres Hauses stehen ganz viele von diesen Dingern herum, weil Eberhard damit seine Broschüren produziert. Sie sagte immer, diese rechthaberischen, seelenlosen Geschöpfe würden die Atmosphäre des ganzen Hauses vergiften. Einmal hat Eberhard sie überredet, sich vor eine dieser Maschinen zu setzen, und er versuchte, ihr ein paar einfache Funktionen beizubringen. Aber die damals vierjährige Miriam hat fast mehr davon begriffen als Jelena.«

»Der gleiche Fall wie mit den Autos und den Haushaltsgeräten«, sagte ich. »Heißt das etwa...?«

Laura nickte. Vor zwei Wochen seien Jelena und sie einkaufen gegangen. Plötzlich blieb Jelena vor einem Computerladen stehen und sagte: »Der große Schwarze dort ist sauer, daß er kein Laptop ist. Er wäre so gerne auf Reisen gegangen.«

Laura lehnte sich vor und sah beschwörend von Diana zu mir. »Ist das, nach allem, was Sie jetzt wissen, kein Beweis? Helfen Sie mir, ich möchte wenigstens Jelena vor dem schrecklichen Schicksal bewahren, das mich und Jessica heimgesucht hat. Retten Sie ihre Ehe!«

»Wie sollen wir das denn anstellen«, sagte Diana ungnädig.

Doch Laura hatte sich schon Gedanken gemacht.

»Jelena hat mir gesagt, daß sie einen Babysitter sucht. Ich glaube, das ist ein gutes Zeichen. Sicher möchte sie mehr Zeit abends mit ihrem Mann allein verbringen. Tanzen, ins Kino gehen, feine Restaurants besuchen, so was hat einer gefährdeten Ehe schon immer gutgetan. Und gleichzeitig können Sie etwas mit Jelena reden, von Frau zu Frau, Sie wissen, was ich meine. Auf ihre Mutter hört sie ja nicht!«

Der neue Job löste keine große Begeisterung in uns aus.

»Wir basteln uns eine glückliche Familie – das ist dein Gebiet, Ruth«, sagte Diana rundheraus. »Ich bin in der Materie nicht bewandert.«

Sie packte ihre Reisetasche und fuhr für eine Woche zum Wandern ins Allgäu. Mit dem Rosenkavalier.

»Er macht mir einen Heiratsantrag nach dem anderen, und dazu ist er steinreich«, sagte sie. »Ist das nicht romantisch?«

»Und warum fahrt ihr dann ins Allgäu und nicht auf die Seychellen?« fragte ich.

»Weil er mich seinen Eltern vorstellen will«, antwortete Diana. »Sie haben eine Molkerei in Kempten.«

»Na, dann verhungerst du wenigstens nicht«, meinte ich.

Kaum war Diana abgefahren, rief ich Jelena an und sagte, ich hätte von ihrer Mutter erfahren, daß sie einen Babysitter suche. Sie habe eher an ein junges Mädchen gedacht, meinte Jelena zögernd, und ich versicherte ihr schnell, sie brauche mir nichts zu bezahlen. Ich illustriere gerade Märchenbücher und suche Kontakt zu Kindern. »Ach so«, sagte sie.

Diana kam am folgenden Sonntag zurück, braungebrannt und vergnügt. Ich hatte Fleischpflanzerl mit Kartoffelsalat gemacht, und wir saßen den ganzen Abend lang in der Küche. »Wie war's?« fragte ich.

»Super«, sagte sie und goß sich so schwungvoll ein Bier ein, daß der Schaum überlief. »Er ist ein Schatz. Ich weiß jetzt alles über Joghurtherstellung.«

»Und?« Ich wischte den Tisch mit einem Stück Küchenrolle sauber.

»Er war entsetzt, als ich mir im Restaurant ein Steak bestellte. Er sei Vegetarier und könne nur eine Vegetarierin heiraten.«

»Und?«

»Ich habe dem Ober nachgerufen, daß ich es mir mit dem Steak anders überlegt hätte. Nicht *durch*, sondern *blutig*.«

Wir lachten, und dann begann ich, ausführlich zu erzählen, was ich in der vergangenen Woche erlebt hatte.

Montagabend

Jelena sah erschöpft aus, als sie mir die Tür öffnete. Tiefe Ringe unter den Augen, die aschblonden langen Haare achtlos mit einem Gummi zum Pferdeschwanz gebunden, ausgefranste Bermudashorts, ein fleckiges ockergelbes Seidenhemd. Aber sie war eine von diesen Naturschönheiten, die aus einem Misthaufen kriechen können und dabei noch süß aussehen.

Miriam sei schon im Schlafanzug, sagte sie. Gegessen habe sie auch. Ob ich sie wohl zum Schlafen bringen könne? Sie selbst käme in zwei, drei Stunden zurück. Der Fernseher im Wohnzimmer stünde zu meiner Verfügung.

Sie führte mich ins Kinderzimmer. Die Kleine lag, einen großen schwarzen Plüschgorilla ans Gesicht gepreßt, im Bett und strahlte mich erwartungsvoll an.

»Bist du Ruth? Erzähl mir eine Geschichte.«

Ich zog einen Stuhl heran und setzte mich.

»Tja, also...«

Ich hörte, wie die Haustür zuschlug. Jelena war gegangen.

Mein Blick wanderte zum gelben Mond und zu den vielen Sternen, die auf die dunkelblaue Zimmerdecke geklebt waren, über das Plakat mit dem rosa Nilpferd bis zu Miriams Kleidung, die ordentlich zusammengefaltet auf einem kleinen Korbsessel lag. Eine blau-weiß gepunktete Cordhose, weiße Söckchen, ein blaues T-Shirt.

»Es war einmal«, begann ich, »es war einmal ein kleiner Wollpullover.«

»Au ja, das gefällt Jambo!« Miriam küßte den Plüschgorilla schmatzend auf die Nase und kuschelte sich tiefer unter die Bettdecke.

Ich lehnte mich entspannt zurück.

»Leider fühlte sich der kleine Wollpullover gar nicht glücklich. Er war nämlich in eine Familie hineingeboren worden, die aus lauter Seidenhemden bestand. Eine alte, sehr hochnäsige Familie, die sich etwas darauf einbildete, daß ihre Vorfahren bis nach China zurückzuverfolgen waren. Mama und Papa Seidenhemd hatten schon sechs Kinder, natürlich lauter kleine Seidenhemdchen, und als jetzt das siebte kam, da...«

»Da war es der Wollpullover!« schrie Miriam.

Ich nickte. »Ja, da war es der kleine, süße Wollpullover. Aber leider, leider fanden ihn die hochnäsigen Seidenhemden gar nicht süß, sondern ganz häßlich und kratzig, und so gaben sie ihn in ein Heim. Dort war der kleine Wollpullover entsetzlich unglücklich. Er lag immer nur ganz traurig in seinem Bettchen und aß kaum etwas. Die Ärzte sagten ihm, es würde ihm nichts fehlen, er habe nur furchtbares Heimweh nach einer richtigen Familie.«

»Wann kommt *plötzlich*?« fragte Miriam ungeduldig.

Ich beugte mich vor und sagte mit erhobener Stimme: »Plötzlich passierte etwas ganz Unglaubliches. Da kamen zwei erwachsene Wollpullover in das Heim und fragten, ob man denn nicht einen kleinen Pullover dort hätte, den sie zu sich nach Hause nehmen könnten. Er würde es bei ihnen bestimmt sehr, sehr gut haben und in einer richtigen Familie aufwachsen. Und was glaubst du – der kleine Wollpullover gefiel den beiden so gut, daß sie ihn mit nach Hause nahmen. Von da an waren Mami, Papi und der kleine Wollpullover eine richtige, glückliche Familie. Und wenn sie nicht gestorben sind, dann leben sie noch heute.«

Ich stand auf, strich Miriam, die bereits die Augen geschlossen hatte, übers Haar und ging zur Tür.

»Ru-hut?«

»Ja, Miriam. Du mußt jetzt schlafen. Ich mache gleich das Licht aus.«

»Ru-hut? Ist der kleine Wollpullover auch so kratzig wie meiner?«

»Wie? Na ja, Wollpullover sind immer ein kleines bißchen kratzig, aber nicht so sehr.«

»Meiner ist aber ganz wahnsinnig kratzig!«

»So? Ich werde es deiner Mami sagen, dann kauft sie dir sicher einen weicheren. Jetzt mußt du aber schlafen. Gute Nacht, Miriam.«

Ich löschte das Licht und zog die Tür zu.

»Mehr auf!« schrie Miriam. »Du machst sie viel zuer als die Mami!«

Ich vergrößerte den Spalt, durch den das Flurlicht ins Kinderzimmer fiel, ein wenig und setzte mich im Wohnzimmer vor den Fernseher.

Jelena kam um halb elf. Sie wirkte noch immer angespannt und nagte an ihrer Unterlippe. Sie bot mir einen Portwein an, und ich erkundigte mich beiläufig nach ihrem Mann.

»Eberhard? Der ist auf einer Geschäftsreise.«

Aha. Also nichts mit Tanzen und Ins-Kino-Gehen. Aber was tat sie dann nur jeden Abend?

»Sind Sie verheiratet?« fragte Jelena plötzlich.

Ich schüttelte den Kopf.

Sie wollte wissen, wie ich Laura kennengelernt hätte, und ich sagte: »In der Sauna.«

Dann schwiegen wir.

»Warum müssen Mütter sich eigentlich immer in das Leben ihrer erwachsenen Kinder einmischen?« sagte sie schließlich. »Und dann auch noch sagen, sie wollten doch nur das Beste. Eine ungeheure Anmaßung. Ist Ihre Mutter auch so?«

»Ja«, sagte ich. »Und mein Vater auch. Ich hatte einen Freund, der meinen Eltern nicht gefiel. Dauernd haben sie auf mich eingeredet, daß er der Falsche für mich wäre und warum ich den

Lehrer, mit dem ich vorher zusammen war, nicht geheiratet hätte. Schließlich habe ich mich fast völlig von ihnen zurückgezogen. Ich konnte es einfach nicht mehr aushalten.«

Jelena nickte mit grimmigem Gesichtsausdruck. Dann sprachen wir noch ein wenig über Miriam, und sie wurde weicher.

»Miriam ist so ein Schatz. Ich habe unglaubliches Glück mit ihr gehabt.«

Ich dachte: Glück gehabt, was für ein komischer Ausdruck. So als habe sie der Klapperstorch gebracht.

Dienstagabend

»Ru-hut, erzähl mir eine Geschichte!«

Ich zog den Stuhl zu Miriams Bett.

Sie deutete auf den Plüschgorilla. »Jambo kann nicht schlafen!«

»Aber natürlich kann Jambo schlafen«, versicherte ich. »Also, es war einmal... eine kleine, gelbe Blume. Eine sehr zarte, liebe Blume, die mitten auf einer Wiese stand. Den ganzen Tag lang wiegte sie sich mit den andern lieben Blumen im Wind, und wenn der Abend kam, ließ sie das Köpfchen sinken und träumte von zärtlichen Sonnenstrahlen, die ihre Blütenblätter...«

»Und plötzlich war sie tot«, sagte Miriam.

»Was?«

Miriam setzte sich auf und sah mich vorwurfsvoll an. »Glaubst du, das macht ihr nichts, wenn sich ein riesengroßer Wollpullover genau auf sie setzt?«

Ich starrte sie an. »Ja, aber...«

»Na klar, so 'ne kleine Blume ist doch dann Matsch. Nich, Jambo?«

Miriam rutschte unter die Bettdecke, rollte sich auf die Seite in Schlafposition und schloß die Augen. Ich zögerte, dann stand ich auf, löschte das Licht und ging aus dem Zimmer.

Jelena kam um kurz nach elf und war äußerst gereizt. Als sie mir Portwein eingießen wollte, rutschte ihr die Flasche aus der Hand und fiel auf mein Glas. Es zerbrach.

»Scheiße!«

Sie holte ein neues Glas, und ich murmelte verlegen etwas über

Krisenzeiten im Leben und die Schwierigkeit von Beziehungen, aber Jelena antwortete nicht, und so verfielen wir beide in dumpfes Schweigen.

»Ist Ihr Mann von seiner Geschäftsreise zurück?« fragte ich schließlich.

»Wie?«

»Ist Ihr Mann...«

»Nein, nein, er kommt Freitag früh. Er ist in Innsbruck, glaube ich.«

Glaubte sie. Sicher traf er dort seine Geliebte. Nein, diese Ehe war beendet, ob es Laura nun gefiel oder nicht. Der Streit ums Kind, ums Geld würde bald beginnen und Jelena betrogen und gedemütigt zurückbleiben.

Ich sah sie an. Sie hockte mit angezogenen Beinen auf dem Sofa, die Knie umklammert, den Blick starr in die Ferne gerichtet, den Mund in einem Ausdruck verzweifelter Entschlossenheit fest zusammengepreßt. Am liebsten hätte ich sie in die Arme genommen und getröstet.

Ich stand auf. »Also dann bis morgen.«

Mittwochabend

»Ru-hut!«

»Ja, Miriam, bin schon unterwegs.«

Ich ging ins Kinderzimmer, setzte mich.

»Es war einmal ein kleines, blaues Auto.«

»Quatsch!« schrie Miriam.

Ich zögerte. »Nicht? Also dann... Es war einmal ein großer, grüner Elefant.«

Miriam öffnete den Mund und stieß ein anhaltendes, hohes Schreien aus, wobei ihr Gesicht knallrot anlief.

»Hör auf, hör auf!« versuchte ich sie zu beruhigen, doch es half nichts. Miriam schrie...

»Es war einmal ein kleiner Wollpullover.«

Augenblicklich hörte das Geschrei auf, und Miriam klatschte in die Hände. »Au ja!«

Ich stöhnte innerlich. Wahrscheinlich war das eine bewährte Nummer von ihr, um ihren Willen durchzusetzen. Wenn sie meine Tochter wäre, würde ich ihr das aber schnell abgewöhnen. Ich fuhr fort.

»Dieser kleine Wollpullover lebte glücklich mit seinen Papi- und Mami-Wollpullovern, die ihn aus einem Heim geholt hatten.«

Ich machte eine Pause, doch Miriam lag mit geschlossenen Augen da und rührte sich nicht.

»Das bedeutet, er hatte neue Eltern gefunden, die ihn sehr, sehr liebhatten.«

»Sein richtiger Papi und seine richtige Mami waren aber Seidenhemden«, sagte Miriam, ohne die Augen zu öffnen.

Ich räusperte mich. »Ja, das stimmt. Eines Tages nun beschloß der kleine Wollpullover, der ja inzwischen sehr, sehr glücklich in seiner neuen Familie war, zu seiner... zu seiner richtigen Mami und seinem richtigen Papi zu gehen, um ihnen zu sagen, daß alles in Ordnung sei und es ihm gutginge. Und daß er ihnen... verzeihen würde, daß sie ihn damals in das Heim gegeben hätten. Weil sie ja nur wollten, daß er es einmal besser hat als sie.«

»Quatsch«, sagte Miriam. »Sie wollten ihn doch nicht haben, weil er so kratzig war.«

Ich tat, als hätte ich ihren Einwurf nicht gehört.

»Und was glaubst du, Miriam: Als die Seidenhemden den kleinen Wollpullover sahen, freuten sie sich riesig, und der kleine Wollpullover freute sich auch und erzählte ihnen, daß es ihm sehr, sehr gutginge in seiner neuen Familie...«

Miriam öffnete die Augen und fragte: »Und wann kommt *plötzlich*?«

»Plötzlich... ja also, plötzlich nahmen die Seidenhemden den kleinen Wollpullover in die Arme und...«

»... und dann machte es ritsch-ratsch, und die Hemden waren ganz kaputt. Und dann haben die geschrien und wollten den Wollpullover hauen, aber der war plötzlich riesengroß, so groß wie ein Elefant, und dann ist er auf den Hemden rumgetrampelt, bis die tot waren!«

Ich fuhr aus meinem Stuhl hoch. »Miriam!«

Später saß ich im Wohnzimmer und lauschte auf Geräusche, die Jelenas Rückkehr ankündigen würden. Ich mußte dringend mit ihr über Miriam reden. Warum regte sie diese Geschichte mit dem Wollpullover nur so auf? Wie war ich eigentlich darauf gekommen? Wahrscheinlich durch das *Häßliche Entlein*, an dem ich gerade arbeitete.

War Jelena mit dem Auto unterwegs? Komisch, ich hatte nie darauf geachtet. Vielleicht traf sie einen Liebhaber. Nein – dazu legte sie zu wenig Wert auf ihr Äußeres. Ich hatte den Fernseher nicht angestellt, sondern blätterte ohne Aufmerksamkeit in einer Illustrierten, die auf dem Tisch gelegen hatte.

Dann hörte ich das Klappen einer Tür. Das war im Keller. Dort, wo Eberhards Büro war. Wer war da unten, um diese Zeit? War Eberhard zurückgekommen?

Vorsichtig öffnete ich die Wohnzimmertür und sah hinunter. Nichts. Ich klemmte die Fußmatte in die Tür und stieg langsam die Treppe hinunter.

Vor einer breiten Eisentür machte ich halt. Kein Laut. Vorsichtig öffnete ich sie. Ein kleiner Flur, in den ein Lichtschein fiel. Lautlos schlich ich den Flur entlang und spähte schließlich um die Ecke.

Ein winziger verglaster Raum, in dem die Haupteinheit zu den verschiedenen Computerterminals stand. Davor, wie tief in Gedanken versunken, saß Jelena auf einem kleinen Holzstuhl.

Ich fuhr zurück, doch sie hatte mich nicht bemerkt.

Langsam schlich ich die Treppe wieder hoch, ging in die Wohnung.

Eine halbe Stunde später kam Jelena. Sie sah ausgesprochen zufrieden aus.

»Gut amüsiert?« fragte ich, und sie nickte strahlend.

Ich atmete auf. Offenbar beschäftigte sie sich mit den Computern, um ihrem Mann eine Freude zu machen. Vielleicht war diese Ehe doch noch zu retten.

Miriam hatte ich vollkommen vergessen.

Donnerstagabend

»Ru-hut! Erzählst du mir eine Geschichte?«

Ich ging ins Kinderzimmer. Miriam lag im Bett, den Plüschgorilla fest an sich gepreßt.

»Sag mal, Miriam…«

Mit einem Ruck verschwand Miriam unter der Decke.

»Hallo, Miriam! Es war einmal…«

Langsam schob sich Miriam nach oben und legte sich, mit dem Rücken zu mir, auf die Seite.

»Willst du keine Geschichte hören?«

»Doch. Aber sie muß mit *plötzlich* anfangen.«

»Anfangen? Aber das geht doch nicht. Es muß doch erst etwas anderes passieren, damit *plötzlich* einen Sinn hat.«

»Jambo will es aber! Sonst kann er nicht schlafen!«

»Na gut. Plötzlich… im letzten Sommer, begann es zu regnen.«

»Quatsch!« schrie Miriam. »Da wird doch der große Wollpullover ganz naß. Und dann klatscht er auf die ganzen Häuser drauf, und die krachen zusammen, und alle Menschen, die da drin wohnen, sind mausetot!«

Diesmal ging ich, ohne mich zu verstecken, in den Keller.

Jelena saß in einem anderen Raum vor einem Bildschirm und fuhr herum, als ich eintrat.

Dann lächelte sie und sagte: »Das soll eine Überraschung für meinen Mann werden. Er glaubt, ich verstehe nichts von Computern, aber ich war heimlich in einem Kurs, und jetzt übe ich.«

Ich war viel zu aufgewühlt von Miriams Ausbrüchen, als daß mich das im Augenblick interessiert hätte.

Ich erzählte Jelena, was sich abgespielt hatte, und als ich endete, sah sie mich mit einem Ausdruck an, den ich zunächst nicht deuten konnte. Er war nicht besorgt, er war… verärgert.

»Hat es Ihnen meine Mutter doch erzählt? Ich wollte nicht, daß sie mit irgend jemandem darüber spricht, bis ich es Miriam gesagt habe. Sie könnte es sonst zufällig erfahren, und das ist immer ein schreckliches Trauma.«

Ich wußte nicht, was sie meinte.

»Was gesagt? Ihre Mutter hat mir gar nichts über Miriam gesagt.«

»Sie ist adoptiert«, erklärte Jelena. »Ihre Eltern hatten schon sechs Kinder und wollten sie nicht. Wahrscheinlich hat Ihre Geschichte frühe, unbewußte Eindrücke in ihr wachgerufen. Arme Kleine, ich werde mit ihr reden.«

Wir gingen hoch und tranken noch einen Portwein zusammen. Als ich mich verabschiedete, sah mich Jelena mit einem seltsamen Blick an und sagte: »Ich frage mich wirklich, wie Sie auf den Adoptivpullover gekommen sind. Sie scheinen für *merkwürdige Angelegenheiten* begabt zu sein.«

Freitagabend

Als ich an diesem Abend kam, öffnete mir ein Mann die Tür. Er grinste breit und sagte: »Sind Sie der Babysitter?«

Ich nickte, und er bat mich herein.

»Jelena ist nicht da. Meine Schwiegermutter ist plötzlich krank geworden, und da ist sie mit Miriam zu ihr gefahren. Sie hat mir auch nur einen Zettel hinterlassen.«

Laura krank? Davon hatte ich nichts gehört. Aber wenn es plötzlich gekommen war...

Ich sagte, daß es hoffentlich nichts Schlimmes sei, und ließ mich von Eberhard auf ein Glas Wein ins Wohnzimmer bitten.

Er wirkte wie eine Reklame für Männer-Duschgel. Groß, breitschultrig, braungebrannt und gnadenlos gutaussehend.

Ich fragte ihn, um ein Gesprächsthema zu haben, nach seinem Beruf, und er erzählte mir von seinem kleinen Unternehmen. Er würde im Desktop-Publishing-Verfahren Broschüren verlegen, die ungeheuer erfolgreich seien. Der Vertrieb geschehe im Direktversand. Selbstverständlich habe er eine Garantie für seinen Erfolg, denn gerade davon handelten ja seine Broschüren: Daß man alles erreiche, was man nur wolle, wenn man positiv anstatt negativ denke. Daß auf diese Weise gesetzmäßig keine störenden Schwingungen mehr entstünden, die Mißerfolg kreieren könnten. Er habe den Erfolg in seinem Leben programmiert, ja, programmiert, denn wie einen Computer, so könne man auch seinem Gehirn sozusagen die richtige Software eingeben, um damit die gewünschten Resultate zu erzielen.

Er lachte breit und ungeheuer selbstbewußt und bot mir noch ein Glas Wein an. Seine Frau käme erst morgen wieder, und ob ich eigentlich wüßte, wie ungemein attraktiv ich sei. Er habe schon immer gefunden, daß die Frauen am erotischsten wirkten, die sexuell nicht so provozierend daherkämen. Stille Wasser seien bekanntlich tief, und seine Erfahrung lehre ihn, daß sich eine auf den ersten Blick eher reserviert wirkende Frau meistens als leidenschaftliche Liebhaberin entpuppe.

Ich verabschiedete mich hastig.

Samstagabend

Ich rief vormittags an, um zu erfahren, ob Jelena zurückgekehrt war. Keiner ging ans Telefon. Dann versuchte ich Laura zu erreichen, aber auch dort reagierte niemand. Vielleicht waren alle im Krankenhaus? Na ja, ich würde schon wieder von ihnen hören. Als Babysitter wurde ich offenbar nicht mehr gebraucht.

Ich begann die Waschmaschine zu füllen und Staub zu wischen, aber ich war unruhig. Schließlich war ich primär nicht als Babysitter engagiert worden, sondern... ja wozu eigentlich? Um eine Ehe zu retten?

Am späten Nachmittag fuhr ich zu Jelenas Haus.

Auf mein Klingeln öffnete lange niemand, doch schließlich wurde die Tür mit einem Ruck aufgerissen. Vor mir stand Eberhard. Für eine Duschgel-Reklame nicht mehr zu gebrauchen. Unordentlich angezogen und ungekämmt, nach Alkohol und altem Zigarettenqualm stinkend, starrte er mich aus blutunterlaufenen Augen an.

Ich fragte höflich, ob ich eintreten dürfe. Unter wütendem Schweigen führte er mich in den Keller und deutete mit dramatischer Geste in die Runde auf seine Computer.

Auf allen Bildschirmen, bis auf einen, standen die gleichen Worte: THINK POSITIVE!

»Wie hübsch«, sagte ich. »Ist das Ihr Firmenlogo?«

Einen Augenblick lang dachte ich, er wolle mich schlagen. Sein ganzer Körper verkrampfte sich, und sein Gesicht verzog sich zu einer Grimasse. Dann begann er zu stottern.

Also, Diana, ich erzähle dir lieber die Geschichte, so wie ich sie nach und nach aus ihm herausbekam.

Am vorherigen Tag, also Freitag, sei noch alles ganz normal gewesen. Seine zwei Angestellten waren am frühen Nachmittag gegangen, nachdem sie vorschriftsmäßig Back-ups gemacht, also alle Software und Bänder gespeichert hatten. Diese Kopien sind eine übliche Vorsichtsmaßnahme, falls die Computer mal abstürzen.

Am Samstagmorgen geht Eberhard in sein Büro, schaltet einen Bildschirm ein, an dem er arbeiten will, doch anstatt eines Programms erscheinen da nur die Wörter: THINK POSITIVE! Das gleiche auf jedem einzelnen der anderen Bildschirme...

Etwas nervös nimmt er daraufhin die Back-up-Tapes, die am Vortag gemacht wurden. Er spielt alle an, Gott sei Dank, sie sind in Ordnung, und er kopiert sie auf die Festplatten. Das ist ein automatischer Vorgang, und so geht er währenddessen weg.

Als er einige Stunden später zurückkommt, startet er an seinem Computer das Programm – alles o. k. Er ruft den Text auf, an dem er gerade arbeitet – scheint auch o. k. Er atmet auf. Doch plötzlich sieht er, wie aus dem Text einzelne Buchstaben verschwinden. Erst die Ks, dann zusätzlich die As, die Rs...

Jetzt versucht er eine Rettung, indem er die Back-up-Tapes vom Vortag noch mal startet. Doch da sieht er, daß sie alle leer sind. Jemand hat am Schreibschutz manipuliert und zu einem bestimmten Datum und einer bestimmten Uhrzeit ihre Löschung programmiert.

Auf Eberhards Bildschirm steht inzwischen eine Textruine, der folgende Buchstaben fehlen: K-A-R-O-L-I-N-E.

Das war der Name seiner Geliebten.

Und Jelena war, wie er inzwischen festgestellt hatte, mit Miriam abgehauen. Vermutlich hat sie noch am Freitag seine Konten leer geräumt.

»Mann!« sagte Diana bewundernd. »Die Frau gefällt mir. Nicht hilflos und gebrochen wie ihre Mutter und ihre Schwester. Auch wenn Laura sich die Alternative ein bißchen anders vorgestellt hat...«

»Wie bringen wir ihr das bloß bei?« fragte ich.

Diana überlegte. »Gar nicht. Ich glaube, das ist Jelenas Aufgabe.«

Einige Tage später bekam ich einen Brief.

»Liebe Ruth,
es tut mir leid, daß ich Sie ein wenig für meine Pläne benutzt habe. Ich konnte Ihnen nicht Bescheid sagen, sonst hätten Sie bei meiner Mutter nachgeforscht, die wiederum hätte Eberhard angerufen, und ich brauchte den Vorsprung für meine Bankgeschäfte...

Übrigens, als ich hörte, daß Sie von meiner Mutter kamen, ahnte ich schon, daß Sie als Eheberaterin engagiert worden waren!

Doch für mich führt kein Weg zu Eberhard zurück, und nachdem Sie ihn sicher kennengelernt haben, werden Sie verstehen, warum. (Ich hoffe, er hat Ihnen in seiner Wut nicht zu viele Unannehmlichkeiten gemacht!) Ich wollte aber auch auf keinen Fall zusammen mit meiner Familie in dieser wehleidigen Depression versinken. Insofern habe ich durchaus etwas von Eberhards positivem Denken gelernt – ist das nicht paradox??

Ich bin dabei, mir mit Miriam ein schönes neues Leben aufzubauen, ich habe das monatelang gut vorbereitet, so daß wir auch kaum Sachen aus der Wohnung mitnehmen mußten, was vielleicht Eberhards Verdacht erregt hätte. Ich rufe heute meine Mutter an, damit sie sich keine Sorgen macht.

Miriam geht es gut. Sie hatte immer etwas Angst vor Eberhard. Gestern, nachdem ich ihr von der Adoption erzählt habe, hat sie mein Seidenhemd in den Mülleimer gestopft und gesagt, daß wir beide jetzt nur noch Wollpullover anzögen, auch im Hochsommer...

Herzliche Grüße,

Ihre Jelena

P. S. Nächste Woche lasse ich Ihnen ein bibliophiles Exemplar von Kiplings *Dschungelbuch* schicken, ich hoffe, es gefällt Ihnen.«

»Also genaugenommen«, sagte Diana, nachdem sie den Brief gelesen hatte, »genaugenommen hast du Lauras Honorar höchstens als Babysitter verdient. *Getan* wurde von dir ja wirklich nichts in diesem Fall.«

»Hast du nicht mal gesagt, daß sich alle echten Rätsel von selbst lösen?« erwiderte ich. »Daß nur ein notwendiger Zeuge da sein muß, der die Geschichte zu ihrem vorherbestimmten Ende führt?«

»Ja«, gab Diana zu. »Du hast recht, notwendige Zeugen haben auch ihren Preis.«

Nun, Laura sah das nicht so, und sie forderte zwei Tage später, abzüglich der Spesen, ihr Geld zurück.

»Macht nichts«, tröstete mich Diana. »Stell dir nur mal ihr weiteres Leben vor. Das ist Strafe genug für sie.«

In dieser Nacht träumte ich, daß Heerscharen bösartiger Viren in meinen Körper eingedrungen seien und ich sterben müsse, weil es kein Heilmittel dagegen gäbe.

Mit klopfendem Herzen wachte ich auf und knipste das Licht an.

Mit Wucht drängte sich mir ein fehlendes Teil in unserem Puzzle auf: Wie hatte Jelena es denn nun eigentlich angestellt? Hatte sie wirklich einen Kurs besucht und dabei erfahren, wie man Viren in einen Computer praktiziert? Oder hatte sie die seltsame Fähigkeit, die in ihrer Familie lag, zu steuern gelernt und gezielt angewendet?

Die Geschichte war zu Ende, das Rätsel blieb bestehen.

Mir fiel ein, daß ich vergessen hatte, meinen Wecker zu stellen. Ich haßte sein lautes Klingeln und beschloß, während ich nach ihm griff, einen neuen, leiseren zu kaufen.

Danach legte ich mich hin und glitt langsam in den Schlaf zurück.

»Dumme Kuh!« sagte mein Wecker laut und deutlich.

Was für komische Träume man manchmal hat.

Doris Lessing

Er

»Mein Gott! Hast du mich erschreckt, Mary...«

Mary Brooke saß ruhig strickend neben dem Herd. »Dachte, schaust mal vorbei«, sagte sie.

Annie Blake nahm den Hut ab und ließ ein Netz mit Brot und Gemüse auf den Tisch plumpsen; gleichzeitig überprüften ihre Augen besorgt die Küche: ein ungespülter Teller lag im Ausguß, ein Geschirrtuch hing über einem Stuhl. »Alles ist so unordentlich«, sagte sie verärgert.

Mary Brooke sagte, wobei sie auf ihr Strickzeug blickte: »Setz dich. Sauberer kann's doch gar nicht sein.«

Nach kurzem Zögern ließ Annie sich auf einen Stuhl fallen und schloß die Augen. »Puh, diese Treppe...«, keuchte sie. Danach: »Möchtest du 'ne Tasse Tee, Mary?«

Mary legte rasch das Strickzeug beiseite und sagte: »Du bleibst ruhig sitzen. Ich mach das.« Sie stemmte ihren breiten, müden Körper hoch, füllte einen Kessel mit Wasser aus dem Hahn und stellte ihn auf den Herd. Dann, dem besorgten Blick ihrer Freundin folgend, hängte sie das Geschirrtuch dort auf, wo es hingehörte, und schloß die Tür. Die Küche war so blitzsauber, daß man sie öffentlich hätte ausstellen können. Sie setzte sich, griff nach dem Strickzeug und strickte, ohne hinzublicken, weiter, die Augen auf die gegenüberliegende Wand gerichtet. »Letzte Nacht hat er eine Szene gemacht, die alles übertrifft«, bemerkte sie.

Annies schlaff herunterhängenden Lider hoben sich abrupt, ihr schlanker Körper straffte sich. »Ja?« murmelte sie wie beiläufig. Ihr Gesichtsausdruck wurde angespannt.

»Was kann man denn von so einer erwarten? Die macht die Betten nicht vorm Abendessen. Überall Dreck. Er hat's ihr gründlich gegeben. Dreckige Hure, hat er sie beschimpft.«

»Sie würde für ihn nie das tun, was ich getan habe, das steht jedenfalls fest«, sagte Annie in bitterem Ton.

»Ein Geschrei und Schlagen bis in den Morgen – wir haben es alle gehört.« Sie zählte links, rechts, links und fügte hinzu: »Hat nicht lange gedauert, nicht? Sechs Monate ist er jetzt mit ihr zusammen?«

»Gegen mich hat er nie die Hand erhoben, *das* wenigstens steht fest«, sagte Annie triumphierend. »Niemals. Ich habe da meinen Stolz, ich schon.«

»Hast recht, meine Liebe. Zwei links, eins rechts.«

»Einen miesen Charakter hat er. Den ganzen Sommer und Winter bin ich um vier aufgestanden, hab bis zehn die Büros geputzt, dann bei Mrs. Lynd, bis es Zeit zum Abendessen war. Wenn er dann nach Hause kam und sein Essen nicht fertig war, hat er angefangen zu schreien und ein Theater zu machen – ich hab gesagt, wenn du nicht mal fünf Minuten warten kannst, komm doch nach Hause und koch dir das Essen selbst, habe ich gesagt. Ich bring genausoviel Geld heim wie du, oder etwa nicht? Aber er hat nie einen Finger gerührt. Stinkfaul. Die Männer sind doch alle gleich.«

Mary warf ihrer Freundin einen raschen, forschenden Blick zu, dann murmelte sie: »He, das brauchst du *mir* doch nicht zu sagen...«

»Ich hatte die Kinder, mußte putzen und kochen, dazu den ganzen Tag die Arbeit – manchmal, wenn er arbeitslos war, hab ich das ganze Geld heimgebracht... und er hat nicht einmal den Kessel für mich aufgesetzt. Weiberarbeit, hat er gesagt.«

»Zwei links, rechts.« Marys freundliches Gesicht schien darauf hinzudeuten, daß sie darauf wartete, etwas anderes zu sagen. »Wir wissen doch alle, wie das ist«, stimmte sie schließlich zu.

Annie stand behend auf, zog den pfeifenden Kessel von der Flamme und griff nach der Teekanne. Von hinten sah sie wie zwanzig aus, schlank und gerade gewachsen. Als sie sich mit der dampfenden Teekanne umdrehte, erblickte sie sich flüchtig im Spiegel; sie setzte die Kanne ab und trat vor ihn hin. Vor dem Spiegel betastete sie besorgt ihr Gesicht. »Schau mich doch mal an!« Sie schob eine lange, herunterhängende Locke zurecht, zuckte dann mit der Achsel. »Nun, wen kümmert's denn überhaupt, wie ich aussehe?«

Sie stellte die Tassen auf. Sie hatte ein schmales Gesicht, das durch Kummer und Sorge verhärmt war, und kleine scharfblikkende blaue Augen. Als sie sich setzte, befühlte sie nervös ihr Haar. »Ich muß mir die Lockenwickler rein tun«, murmelte sie.

»Was von den Jungen gehört?«

Annies Hand sank herab und ballte sich auf dem Tisch zur Faust. »Von Charlie seit Monaten kein Wort. Denken nicht dran... Eines schönen Tages wird er aufkreuzen und erwarten, daß für ihn gedeckt ist, so wie ich meinen Charlie kenne. Tommy ist hinter einem Job in Manchester her, hat Mrs. Thomas erzählt. Aber von Dick habe ich einen netten Brief bekommen...« Ihr Gesichtsausdruck wurde weich; ihre Augen blickten sanft, und sie schien in Erinnerung zu schwelgen. »Er hat von seinem Vater geschrieben. Ob er nicht mal runterkommen soll und mit dem alten Soundso wegen mir reden, sagt er. Ich hab geantwortet, das ist keine Art, von seinem Vater zu reden. Er soll ihn respektieren, hab ich gesagt, egal, was er getan hat. Ihm steht es nicht zu, seinen Vater zu kritisieren, hab ich gesagt.«

»Du bist glücklich dran mit deinen Jungen, Annie.«

»Die arbeiten tüchtig, da kann niemand was gegen sagen. Und sie haben nie was Unrechtes getan. Sie schlagen nicht ihrem Vater nach, *das* steht jedenfalls fest.«

Bei diesen Worten blitzte in Marys Augen eine gewisse müde Ironie auf. »Hör mal, Annie – wir tun doch alle mal Dinge, die wir eigentlich nicht tun sollten.« Da sie darauf von der verbitterten Annie keine Antwort erhielt, fügte sie behutsam hinzu: »Ich hab ihn heute auf der Straße getroffen.«

Annies Tasse klirrte auf die Untertasse. »War er allein?«

»Nein. Aber er hat mich beiseite genommen – er sagte, ich könnte dir eine Nachricht geben, wenn ich hier vorbeikäme – er kommt vielleicht schon heute abend statt morgen mit deinem Geld vorbei, hat er gesagt. Am Donnerstag geht *sie* zu ihrer Mutter – meint wohl, wenn die Katz aus dem Haus ist...«

Annie war entsetzt aufgesprungen. Sie zwang sich dazu, wieder Platz zu nehmen, und rührte in ihrem Tee herum. Der Löffel klingelte beim Zittern ihrer Hand in der Tasse. »Jedenfalls ist er pünktlich mit dem Geld«, sagte sie ernst. »Ich mußte ihn nicht erst verklagen. Er hat es selbst angeboten. Und vermutlich braucht er das jetzt nicht mal, wo die Jungen doch weg sind und für sich selbst aufkommen.«

»Er empfindet immer noch was für dich, Annie...« Mary lehnte sich vor und sprach sie unmittelbar an. »Wirklich, das ist wahr.«

»Er empfindet nur was für sich selbst, nie was für andere«, fauchte Annie. »Niemals.«

Mary seufzte kurz auf. »Nun denn...«, murmelte sie. »Also, ich mach mich jetzt auf, um das Abendessen zu richten.« Sie stopfte ihr Strickzeug in ihre Einkaufstasche und sagte tröstend: »Du bist gut dran. Niemand, der gleich hinter dir her ist, wenn dir ein wenig nach Ausruhen zumute ist. Niemand, um den du dich zu kümmern brauchst, nur du zählst...«

»Ach, glaub doch nicht, daß ich *ihm* eine Träne nachweine. Zum ersten Mal in meinem Leben lasse ich's mir gutgehen. Da hast du dir die Seele aus dem Leib geschuftet für deinen Mann und deine Kinder – und dann auf einmal sind sie weg, nicht mal ein Dankeswort fällt ab. Jetzt kann ich tun, was mir gefällt.«

»Ich hätte nichts dagegen, an deiner Stelle zu sein«, sagte Mary als gute Freundin. An der Tür ließ sie, anscheinend ganz nebenbei, die Bemerkung fallen: »Dein Boden ist so sauber, da könnte man drauf essen.«

Sobald Mary gegangen war, band sich Annie blitzschnell eine Schürze um und begann zu putzen. Sie kniete sich hin, um den Boden auf Hochglanz zu bringen, dann zog sie das Kleid aus und wusch sich am Ausguß. Sie kämmte sich ihre herunterhängenden blonden Haarsträhnen und steckte sie ordentlich eine nach der anderen mit Haarklammern hoch, bis sie sich um ihr Gesicht in lauter Löckchen ringelten. Sie zog ihr Kleid wieder an und setzte sich an den Tisch. Keinen Augenblick zu früh. Die Tür öffnete sich, und Rob Blake stand da.

Er war ein dünner, recht gebeugter Mann, dessen Miene um Verzeihung zu bitten schien. Er fragte höflich: »Bist du beschäftigt, Annie?«

»Setz dich«, befahl sie scharf. Er bückte sich kurz im Türeingang, kam dann vorsichtig näher. Doch trotzdem zuckte sie zusammen, als sie die Staubspuren auf dem glänzenden Linoleum sah. »Nimm's nicht so schwer«, sagte er mit freundlich-sarkastischem Ton. »Einmal in der Woche kannst du dich doch mit meinem Schmutz abfinden, oder?«

Sie lächelte steif, ihre blauen Augen starrten ihn angstvoll an, während er einen Stuhl heranzog und sich setzte. »Nun, Annie?«

Auf diese versöhnlichen Anfangsworte reagierte sie nicht. Nach einer Weile bemerkte sie: »Ich habe was von Dick gehört. Er will sich verheiraten.«

»Sich verheiraten, jetzt schon? Damit sind wir wohl auf dem Altenteil, nicht?«

»*Du* jedenfalls scheinst ja nicht zum Altenteil zu gehören«, sagte sie bissig.

»Ruhig – Annie...«, sagte er abwehrend, sie flehentlich anlächelnd. Sie zeigte keine Anzeichen von Besänftigung. Als er ihr unerbittliches Gesicht sah, verschwand sein Lächeln, er holte einen Umschlag aus der Hosentasche und schob ihn ihr hin.

»Danke«, sagte sie, schenkte jedoch dem Umschlag kaum Beachtung. Auf einmal wallte diese schreckliche Bitterkeit in ihr auf, und er hörte, wie sie sagte: »Wenn du das von *ihr* erübrigen kannst.«

Er ließ ihr diese Bemerkung durchgehen; er blickte seine Frau beharrlich an, als suche er einen Weg, diesen Panzer aus Wut zu durchbrechen. Er beobachtete sie, wobei seine Zungenspitze nervös über die Lippen fuhr. »Gewisse Frauen wissen nur zu gut, wie man sich von Kindern und sonstiger Verantwortung frei hält. Sie tun mal dies, mal jenes, bändeln mit jedem an, der ihnen gefällt. Für *sie* keine solche Drecksarbeit.«

Er seufzte und war im Begriff, aufzustehen, als sie sich erkundigte: »Möchtest du 'ne Tasse Tee?«

»Ich hab nichts dagegen.« Er ließ sich wieder zurückfallen.

Während sie am Herd arbeitete, den Rücken ihm zugewandt, blickte er sich in der Küche um; auf seinem Gesicht lag ein Ausdruck müder, resignierter Ironie. Ein alternder Mann, doch seine Schultern verrieten Zähigkeit. Im Bemühen, die rechten Worte zu finden, sagte er: »Jetzt gibt's doch nicht mehr soviel Arbeit für dich, Annie.«

Aber sie antwortete nicht darauf. Sie kam mit zwei Tassen zurück und tat ihm Zucker in den Tee. Diese vertraute Geste ermutigte ihn. »Annie«, begann er. »Annie – können wir das nicht mal in Ruhe besprechen...« Er rührte, ohne hinzublicken, im Tee und beugte sich vor. Die Tasse kippte um. »Sieh doch, was du da angestellt hast«, schrie sie auf. »Was für eine Schweinerei.« Sie griff nach einem Tuch und wischte den Tisch ab.

»Es ist doch bloß ein Tropfen Tee, Annie«, entgegnete er schließlich, zurückschreckend vor ihrem wütenden Arbeitseifer.

»Bloß ein Tropfen Tee – ich kann den halben Tag lang putzen und schrubben, und nach einer Minute sieht's dann wie im Schweinestall aus.«

Sein Gesicht verdüsterte sich in Erinnerung an frühere Szenen.

»Ja, ich hab's gehört«, fuhr sie vorwurfsvoll fort, »sie macht die Betten erst vorm Abendessen, und die Wohnung wird nur einmal in der Woche geputzt.«

»Zumindest kümmert sie sich mehr um mich als um einen sauberen Boden!« schrie er. Jetzt blickten sie einander haßerfüllt an.

In diesem kritischen Augenblick war ein Rufen zu hören: »Rob! Rob!«

Sie lachte wütend auf. »Die hat dich ja richtig am Gängelband – wartet auf dich, spioniert dir nach, und jetzt kommt sie sogar hinter dir her.«

»Rob! Bist du da, Rob?« Es war eine laute, selbstbewußte Frauenstimme.

»Sie hört sich genau nach dem an, was sie ist, eine richtige –«

»Schluß jetzt«, unterbrach er sie. Er atmete schwer. »Du hältst jetzt deinen Mund.«

Ihre Augen standen voller Tränen, doch das Blau schimmerte funkelnd vor Rache durch. »›Rob, Rob‹, und schon trottest du wie ein Hündchen davon.«

Er erhob sich schwerfällig, als es laut an der Tür klopfte.

Annies Mund zitterte bei diesem Affront. Und *sein* erster Impuls war es, sich an ihre Seite zu stellen – sie konnte das sehen. Er schaute sie um Verzeihung bittend an, ging dann zur Tür, öffnete sie einen Spalt und sagte mit lauter wütender Stimme: »Hör ja damit auf, du. Hast du mich verstanden!« Er schloß die Tür, lehnte sich dagegen und blickte Annie ins Gesicht. »Annie«, sagte er wieder mit flehentlicher Unbeholfenheit. »Annie...«

Aber sie saß am Tisch, die Hände zitternd vor sich verschränkt, ihr Gesicht Abwehr und Verschlossenheit.

»Ach, was soll's!« sagte er schließlich verzweifelt, wütend. »Du mußt ja in allem recht behalten, das stimmt doch? Das ist doch das einzige, was für dich zählt – recht zu haben. Eine verdammte Gipsheilige bist du.« Er ging schnell aus dem Zimmer.

Sie blieb regungslos sitzen und lauschte, bis es ruhig war. Dann atmete sie tief ein und legte beide Fäuste an ihre Wangen, als wollte sie diese beruhigen. Sie saß noch da, als Mary Brooke hereinkam. »Du hast ihn weggehen lassen?« fragte sie ungläubig.

»Ja, den wär ich los!«

Mary zuckte die Achsel. Dann faßte sie sich ein Herz: »Du solltest nicht so hart mit ihm sein, Annie – gib ihm eine Chance.«

»Erst wenn er tot ist«, sagte Annie mit bebenden Lippen. »Ich bin jetzt fünfundvierzig, und ich könnte ebensogut auf dem Müllhaufen liegen.« Und dann nach einer Pause mit entrückter kalter Stimme: »Wir haben fünfundzwanzig Jahre zusammengelebt. Drei Kinder. Und auf einmal geht er davon mit dieser... mit dieser...«

»Du bist ihn jetzt für immer los, das steht fest«, pflichtete ihr Mary schnell bei.

»Ja, stimmt, ich weiß das auch...« Annie schwankte auf dem Stuhl hin und her. Ihr Gesicht war wie versteinert, doch die Tränen rannen eine nach der anderen den eingefurchten Weg von der Nase zum Kinn herunter. Sie kullerten davon und zerplatzten auf ihrem weißen Kragen.

»Annie«, beschwor Mary ihre Freundin. »Annie...«

Annies Gesicht zuckte, Mary sprang zu ihr hin und nahm sie in die Arme.

»Ist schon recht, Liebes, ist schon recht, ist ja schon gut, Liebes«, beschwichtigte sie leise, fast singend.

»Ich versteh nicht, was in mich gefahren ist«, weinte Annie, ihre Stimme klang gedämpft unter Marys breiter Schulter. »Ich kann mein boshaftes Maul nicht halten. Er hat die Nase bis oben voll von dieser – Kuh, und ich jag ihn davon. Ich kann nichts dafür. Ich versteh einfach nicht, was in mich gefahren ist.«

»Ist ja schon gut, meine Liebe, ist schon gut, Liebes.« Die große korpulente, gelassene Frau wiegte die zerbrechliche Annie wie ein Baby in ihren Armen. »Nimm's leicht, Liebes. Er wird zurückkommen, du wirst sehen.«

»Glaubst du, er kommt wieder?« fragte Annie und hob ihr Gesicht, um zu sehen, ob ihre Freundin sie zum Trost anlog.

»Willst du, daß ich gehe und versuche, ihn dir zurückzuholen?«

Trotz ihres sehnsüchtigen Verlangens zögerte Annie.

»Glaubst du denn, daß das richtig ist?« fragte sie unschlüssig.

»Ich red mit ihm und laß, wenn *sie* nicht in der Nähe ist, was einfließen.«

»Willst du das wirklich tun, Mary?«

Mary stand auf, strich ihr zerknittertes Kleid zurecht. »Du wartest hier, Liebes«, sagte sie beschwörend. Sie ging zur Tür und meinte beim Hinausgehen: »Nimm's jetzt aber leicht, Annie. Gib ihm eine Chance.«

»Ich renne hinter ihm her und soll ihn bitten, zurückzukommen?« Wimmernd machte sich Annies Stolz Luft.

»Willst du ihn nun zurück, ja oder nein?« wollte Mary wissen, geduldig bis zum letzten, wenn darin auch schon so etwas wie Erschöpfung mitschwang. Annie erwiderte nichts darauf, darum lief Mary hinaus.

Annie saß ruhig da und beobachtete voller Spannung die Tür. Aber unbestimmte, rebellisch wütende Gedanken gingen ihr durch den Kopf: Wenn ich ihn festhalten will, darf ich nie mehr sagen, was ich denke, ich kann niemals mehr die Wahrheit sagen – ich bin für ihn nichts als eine angenehme Gewohnheit, aber wenn ich das sage, springt er auf und ist fort...

Aber das war nicht die ganze Wahrheit; sie erinnerte sich an die Zuneigung, die aus seinem Gesicht sprach, und einen Augenblick lang verschwand die Bitterkeit. Dann kam ihr das lange harte Leben in den Sinn, das hinter ihr lag, die endlose Arbeit, Arbeit, Arbeit – sie erinnerte sich mit einem Mal, so als wäre es heute, wie ihr der Rücken weh getan hatte, als die Kinder klein waren; sie konnte sehen, wie er auf dem Bett lag und Zeitung las, während sie sich kaum noch dahinschleppen konnte... Ist ja alles sehr gut, schluchzte sie auf, aber es ist nicht richtig, es ist einfach nicht richtig... Ein schreckliches Gefühl, daß ihr Unrecht getan würde, ergriff sie; und es war genau dieses Gefühl, daß sie niederkämpfen, unterdrücken mußte, wenn sie ihn haben wollte. Denn sie wußte endlich – und dies war stärker als alles andere –, daß das Leben ohne ihn überhaupt keinen Sinn für sie haben würde.

Renate Schostack

My honey my baby my love

Oh, ich weiß,
ich hätte dich schon vom Trittbrett aus erblickt, auf dem Perron, neben einem gelben Gepäckwagen, auch du würdest mich schnell entdecken, Tommy, unter den Ankommenden, du kämst mir entgegen, im schwarzen Ledermantel, den wir zusammen gekauft haben im September, es war unser erstes gemeinsames Wochenende, du wärst ein wenig verlegen, wie du es immer bist, wenn du mein Kommen lange hinausgezögert hast. Verlegen auch wegen der Blumen, lieber Himmel, sogar Blumen, du und Blumen. Ich müßte lächeln, wie ich dich sähe, ohne Handschuhe, trotz der Kälte, im Ledermantel, sonst trägst du doch meistens den alten Parka, und mit diesem Strauß in Papier gehüllt, den du in der Hand hieltest, aufrecht wie einen Tennisschläger. Dir erschiene mein Lächeln wie ein Lächeln des Glücks, und natürlich wäre ich glücklich, hingerissen, noch ehe ein Wort gefallen wäre. Atemlos stürzte ich auf dich zu, dein kaltes, rotes Gesicht an meinen Lippen, meine Pelzarme umschlängen dich, doch du sagtest nur: Na Kleine, und würdest mir, aufatmend, daß du ihn los wärst, den Strauß in die Hand drücken. Na Kleine, so schwämme der Eisberg auf mich zu, scharfe Kanten, gläsern, schwarz im Gegenlicht, und statt an deinem Hals zu flüstern, danke Thomas, herrlich, so glücklich, danke, daß du mich abholst, es wäre nicht nötig gewesen, brächte ich nur heraus, im gleichen Ton, das heißt etwas weniger forsch, vielleicht sogar leicht kläglich: Na Großer?

Doch was sind Wörter? Ich fühlte deinen Arm, der meine Schultern umschlänge, und was wäre auch so schlimm an »Na Kleine«? Keine Gefahr, daß du Schlimmeres sagen würdest, jetzt auf dem Weg zum Parkplatz. Schon von weitem würde ich deinen Wagen erkennen, er höbe sich ab vom glänzenden Lack, blitzenden Chrom ringsum, stumpf, schmutzig, die Kotflügel von

Rost durchlöchert, die Ränder zerfranst. Während du aufschlössest und den Beifahrersitz mit den Handschuhen, die dort liegengeblieben wären, sauber klopftest, nähme ich das Durcheinander auf dem Rücksitz wahr, befriedigt registrierte ich die Decken, die Ersatzbatterie, den Karton mit Küchenkrepp, Papiertaschentüchern, einer angebrochenen Großpackung Keksen, kurz, die übliche Schlamperei, von purer Männerwirtschaft kündend. Bevor du den Motor anließest, würdest du dich zu mir herüberbeugen und mich küssen, meine kalten Lippen würden allmählich warm, glücklich wäre ich unter deinen Lippen, ich röche deine Haut, Geruch, an den ich mich nie erinnern kann, nur an die Steine kann ich mich erinnern, die grauen, geäderten Steine, an den Kanten der Treppe, die vom Strand zur Straße hinaufführten, schimmerten sie wie eine Tierhaut, und ich zwei Stufen hinter dir, immer in deinem Windschatten, um deinen Geruch einzusaugen, nach dem ich verrückt bin und den ich immer wieder vergesse.

Vergessen auch, wie deine Zunge schnell die Oberlippe über den Schneidezähnen berührt, wenn du Dinge sagst wie: Na Kleine, oder: Was macht mein Schätzchen so? Dabei weißt du genau, was ich mache, ich erzähle es dir zweimal die Woche am Telefon. Während du dich auf den Verkehr konzentrierst, die Straßen der Innenstadt wären verstopft am Samstagvormittag, Fußgänger mit Einkaufstaschen und Plastiktüten, die sich in Mäandern zwischen den kriechenden Autos hindurchzwängen, würde ich es dir noch einmal erzählen, ausführlicher jetzt und ohne Sorge, dich beim Musikhören, beim Fernsehen zu stören. Behende flössen die Sätze, kein Eisberg in Sicht, wie Korken auf dem Wasser, so hüpften sie bald dahin, bald dorthin, wie sie es niemals tun, wenn du mich nachts anrufst, aus der Telefonzelle einer Kneipe, »hielt es zu Hause nicht aus, wollte mal wieder unter Menschen sein«, ich höre den Krach im Hintergrund, ich rieche den Qualm, das Bier, ich sehe dich eingezwängt zwischen Fremden, die nicht so verführerisch sind, daß du sie nicht für ein paar Minuten verlassen könntest, um mit mir zu telefonieren. Dennoch ein Ring um den Hals, Angst vor der fallenden Münze, die meinen Satz guillotinieren könnte, natürlich riefest du nicht zurück, bloß um mich zu Ende zu hören.

Jetzt wäre es anders. Tommy, sagte ich, immer wieder: Tommy! Tommy dies und das, als könne das bloße Nennen deines Namens bewirken, dich aus dir hervorzulocken und mehr zu sagen als: Na Kleine, und: Was macht mein Schätzchen so. Und siehe da, du hörtest den Appell. Stumm, sprachlos – schließlich ist ein Mann, der in der Steppe Fördertürme gebaut, im Urwald Brücken geschlagen hat, kein Mann der Wörter – kämest du mir entgegen. Du legtest mir die Hand aufs Knie, deine warme, bloße Hand auf den Pelzmantel über meinem Knie. Rasch zöge ich den Handschuh aus, meine Hand, die kalt wäre trotz des gefütterten Handschuhs, glitte unter die deine, fest umschlösse sie meine dünnen weißen Finger. Aus deiner Hand strömte Wärme in meinen Körper, die Wärme verbreitete sich wie eine Flüssigkeit, wie Alkohol, wir redeten, wir lachten, während wir durch den trüben Wintertag hinaus an den Stadtrand führen. Schwärzliche Schneereste zwischen den geparkten Autos, Schnee in den Vorgärten, doch in deinem Wagen, dem schmutzigen, bald schrottreifen Vehikel, wäre es behaglich warm.

Oh, ich weiß,

so begänne es. Nur zu gern ließe ich mich täuschen. In deiner Wohnung, die du aufgeräumt hättest, um mir zu beweisen, daß du überhaupt keine Frau brauchst, schmissest du alles, was du aus dem Wagen genommen hättest, auf den Fußboden, Tüten, Taschen, Zeitungen, du streiftest die Schuhe ab, auf Socken gingst du in die Küche, noch im Mantel setztest du Wasser auf, schältest Kartoffeln, der flinke Hausmann, der keine Hausfrau nötig hat. Zwischendurch kämst du ins Schlafzimmer gelaufen, ins Bad, um die Heizungen aufzudrehen, speziell für mich, dich friert es nie. Schnell liefe ich durch deine Räume, die große, fast leere Wohnung, nirgends versperrten ererbte Möbel den Weg, man stieße nicht an satinbespannte Stühle mit geschwungenen Beinen, an Mahagonitische und Vitrinen mit Porzellan, es gäbe weder Blumen noch Pflanzen, noch Tischdecken, im Schlafzimmer keine Gardinen und nirgends Spuren, keine Spuren von Frauen, keine Seidenschals an der Garderobe, kein Haarspray, kein Badesalz, keine Kämmchen und nirgends mehr offene Briefe, wie sie am Anfang herumlagen, Briefe in fremden Sprachen, die mit *My Honey, My Baby, My Love* begannen.

Befriedigt stünde ich unter der Küchentür und sähe zu, wie du Fett in die Pfanne tätest, das Fleisch würztest; ich sähe zu, wie du Zwiebeln schnittest, Öl und Essig über den Salat gössest, deinen Händen sähe ich zu, geduldigen Händen, wie ich sie nicht habe, in der Schule schlug mich die Handarbeitslehrerin, weil mir die Häkelwolle falsch über den Finger lief, und dennoch waren deine Hände anfangs wie schlafende Tiere, die ich wecken und abrichten mußte. Vielleicht errietest du meine Gedanken, laß dich mal richtig in die Arme nehmen, so überwändest du die Scheu vor der Berührung, immer die gleiche Scheu nach den Trennungen, geschäftig gehen wir aneinander vorbei, gib mir ein Handtuch, laß mich auspacken, soll ich Musik machen, immer bist du der erste, der mich umarmt, du strichest mir mit den Händen, die nach Zwiebeln röchen, übers Gesicht, so zart, so sanft, wie ich es dir beigebracht habe. Du im Gegenlicht vor dem Küchenfenster, das Gestrüpp schwarzer Locken, das den Kopf umsteht, der Erzengel Gabriel kann nicht schöner sein.

Oh, ich weiß,

ich schlösse die Augen, der Erfolg wäre dir sicher. Schon begänne ich, dich wieder zu lieben. Und zurück käme die Angst, wäre mit am Tisch, den du gedeckt hättest mit Reismatten und schweren Tellern, Metallbesteck und Bechern aus gepreßtem Glas, du findest mein Leinen, Porzellan, Silber, geschliffenes Kristall »wie bei Großmuttern«, kein Lob bei einem Erbauer von Urwaldbrücken. Ich aber würde loben, ich lobte, was du gekocht hättest, das Fleisch, etwas zäh, etwas geschmacklos unter der dicken Schicht von Trockenkräutern aus der Tüte, zu wenig Fett in der Pfanne, hineingestochen mit der Gabel, daß der Saft auslief, immer die gleichen Fehler, doch wie käme ich dazu, dich zu tadeln, dir dreinzureden, ausgerechnet in Hausmannsangelegenheiten. Schon würdest du sagen: Wie bei dir ist es nicht, keine Soufflés, keine Roquefortsoßen, doch ich fiele schnell ein mit meinem übertriebenen Lob, ich müßte dich abhalten, zu sagen, was du sagen wolltest, kein Grund, mir eine Hausfrau zuzulegen, und also würde ich dich loben. Ich lobte deinen Salat, Kopfsalat mit heißen Kartoffeln und Paprika, ein Rezept, ich weiß, der Perserin. Die Perserin, die Japanerin, die Russin, alle hinterließen sie Spuren in deiner Küche. Gute Köchinnen, und alle weggeschickt. Nein danke, ich brauche keine Frau, meine Unabhängigkeit geht mir über alles. Während ich überlegte, was von mir bliebe, die nicht einmal zu sagen wagt, nimm mehr Fett, stich nicht ins Fleisch, erzähltest du von einem Abend in der Altstadt, Jazz-Allotria, einer Parodie auf die fünfziger Jahre. Wie bei Elvis Presley, sagtest du, schreiende Teenager, Teenager in Zuckungen, ein Pianist, der sich auf die Tasten setzt, alles ganz irre. Tommy, du solltest wissen, daß ich Geschrei nicht vertrage, daß mir Zuckungen zuwider sind und ich für Klavierspieler, die sich zu schade sind, ihre Hände zu gebrauchen, nichts übrig habe. Okay, würde ich sagen, es ist mir alles recht, gehen wir hin, dorthin oder woanders, wohin du willst, solange wir nur aus dem Haus wären, unter Menschen, im Gewühl und Geschrei, wo du deine Sätze nicht sagen würdest.

Doch zuerst müßten wir den Nachmittag hinter uns bringen, den ausbetonierten Kanal, der sich bis in den Abend erstreckt, zugefroren mit Eis unterschiedlicher Dicke. Es gäbe keinen anderen Weg zum Jazz-Allotria in der Altstadt, wir müßten den Kanal entlangwandern, den ganzen langen Nachmittag hindurch.

Wir hörten Musik, Sibelius, Mendelssohn, du führtest mir den unschlagbaren Menuhin vor, warum solltest du nicht sagen dürfen, Menuhin sei unschlagbar. Dazu flimmerte, bei abgestelltem Ton, der Fernseher, *Wilde Pferde in Kentucky*, je mehr Apparate liefen, um so besser trüge das Eis. Lang ausgestreckt läge ich auf deinem Sofa, mein Kopf in deinem Schoß, deine Hand, deine warme Hand auf meinem hochgestellten Knie, du übersetztest mir die russische Ballade, schluchzend gesungen von einem Mann, Schnee in der Steppe, ein rotes Ballkleid, sie kam nie mehr zurück. Die in deinem Schoß läge, lächelnd, unbelehrbar, rückte in Gedanken Möbel, weg mit den Sperrmüllsachen, dem roten Tisch, den blaugestrichenen Stühlen, wie schön nähmen sich meine ererbten Sachen, der Mahagonitisch, die Stühle mit den geschwungenen Beinen an ihrer Stelle aus, der Sekretär an der

Wand, wo deine Apparate stehen, großmütig überließe ich dir die Geheimfächer für jene ausländischen Briefe, die allmählich seltener würden und eines Tages ganz verschwänden. Lachend, Arm in Arm, flitzten wir über das dicke tragende Eis, zum Orgelgebraus der russischen Musik, du hättest mich in eine Decke gehüllt, heiß wäre mir geradezu in deiner Umarmung.

Gegenüber, auf der weißen Wand, Dias von der Urlaubsreise, ich kenne sie längst, du mußt sie auswendig kennen. Immer höre ich, daß du die Bilder an die Wand projizierst, abends, wenn wir uns wochenlang nicht sehen, das behauptest du jedenfalls am Telefon, immer hast du mich gerade gesehen, im Badeanzug gegen ein umgekipptes Boot gelehnt, lächelnd und ohne Angst, weil ich damals die Sätze noch nicht kannte, die du nicht sagen dürftest, nicht jetzt, da meine Finger in deinem Haar lägen, du ausgestreckt auf der schartigen Mauerkrone des alten Forts, Arme unter dem Kopf verschränkt, schwarze Sonnenbrille gegen den Himmel, Bluejeans, die du auch jetzt trügest, trotz der Kälte. Überwältigt vom Gedanken, daß du frieren könntest, während mir heiß wäre, nähme ich einen Fuß von dir in meinen Schoß, verrückt wäre ich geradezu nach deinem Fuß. Den grauen Socken streifte ich ab, und: Eiskalt, riefe ich aus, eiskalt wie dein Herz! Das könntest du nicht auf dir sitzen lassen. Du nähmst mich in die Arme, und ich sänke hinein in diese Kälte, in diese Wärme, Tommy, ich liebe dich.

Oh, ich weiß,

Liebe gibt es nicht, kein erwachsener Mensch sagt, ich liebe dich, in Männerjournalen reißen sie Witze über Frauen, die sich nur lieben lassen, wenn die Männer solche Wörter sagen. Und so schweige ich. Doch auch du dürftest nichts sagen, nicht, daß du laut *Good Evening* rufst, wenn du abends in die leere Wohnung trittst, nicht, daß du an die Apparate stürzt und auf alle Knöpfe drückst, nicht, daß du es satt hast, allein zu sitzen, ich wollte es nicht hören, nicht hören wollte ich deine Sätze, ich kann mich nicht festlegen, was soll ich mit einer Frau, ich brauche meine Freiheit. Für eine Weile blitzte die Wintersonne, ehe sie unterginge, orangefarben im Glas deines Wohnzimmerschrankes, immer noch galoppierten die wilden Pferde von Kentucky über den stummen Bildschirm, daß der Staub nur so flöge. Meine Hand, die dir den Mund zugehalten hätte, wäre herabgesunken. Der Geliebte aus der Steppe, herbeigeflogen im Schlitten durch den Schnee der Tundra, über den zugefrorenen Kanal, das Mädchen im roten Ballkleid, das sie abgestreift hat, fröstelnd unter der Wolldecke, in die du mich gewickelt hättest. Dein Gesicht rosig behaucht von der Wintersonne, die blauen Augen, o ja, träumerisch, doch man könnte auch sagen, ausdruckslos und gänzlich undurchlässig. Falls dein Unternehmen dich abriefe, falls du auf Jahre hinaus in einen fernen Urwald übersiedeln müßtest, würde ich es erfahren, wenn deine Koffer gepackt wären, nicht eher.

Vielleicht errietest du meine Gedanken, es paßte dir nicht, daß ich solches dächte, nicht jetzt. Lächelnd zögst du mein Gesicht heran, ich tauchte hinein in diesen Geruch, den herzustellen meine Erinnerung unfähig ist. Mit einem kräftigen Stoß flöge ich über die letzte trügerische Stelle des Eises, lachend stünden wir am Ende des Kanals. Du schenktest mir Whisky ein, barfuß gingst du in die Küche, um Wasser und Eiswürfel zu holen, ich könnte es auch tun, ich sagte, ich täte es gerne, aber du ließest es nicht zu. Ich bin nicht gewöhnt, bedient zu werden, es macht mich verlegen, ratlos. Ich wäre den Tränen nahe.

Danach gingen wir in die Altstadt.

In deinen Parka gehüllt, der mir bis auf die Waden herabhinge, trippelte ich dahin auf hohen Absätzen, wie du sie liebst, dein Arm um meine Hüften, über gefrorene Pfützen höbest du mich hinweg, gerade so als ob du eine Braut über die Schwelle trügest.

Wir träten ein in das Lokal, wo Pelze und Ledermäntel nicht sicher sind vor Dieben, du im blauen Anorak, ich im Parka. Dies also ist der Ort, wo du die Abende verbringst, an denen du es in deiner Wohnung nicht aushältst, von dem aus du anrufst, um zu sagen, daß ich dir fehle. Ein verräucherter Schuppen, mit Plakaten dekoriert, im schwachen Licht matt glänzend alte Trompeten, an Schnüren von der Decke hängend. Schon wäre es so voll, daß wir keinen Sitzplatz mehr bekämen. Das Bierglas in der Hand, stünde ich an dich gelehnt, inmitten der Teenager und Studenten. Ohrenbetäubend bräche die Musik über uns herein, und du zögest mich an dich, du mein Schild, löchriger Schild, die

Musik würde immer lauter, trommelfellsprengend, die Flut bräche über mich herein, um nicht zu ertrinken, klammerte ich mich an dich, *my honey, my baby, my love*, du mein Rettungsboot, das nicht seetüchtig ist. Mit beiden Armen umschlängst du mich, deine Wärme durchdränge mich, du küßtest mir das Ohr, wir küßten uns, wie keiner der Teenager küßte, wir bewegten uns im Rhythmus der Musik, inmitten des Gewühls, nahe der Tür. Jedesmal wenn eine Kellnerin mit einem Tablett voller Biergläser an uns vorüberginge, würden wir enger aneinandergepreßt.

Oh, ich weiß,

jetzt wollte ich dich haben, hineingedrückt in den Ständer voller Mäntel, die nach Zigarettenrauch stänken, im roten Licht, in dem die weiße, glattrasierte Brust des Schlagzeugers zwischen dem offenen Futteral des Satinfracks feurig schimmerte, im Qualm, der sich über der dunklen Wellenlinie der Köpfe kräuselte, im Getöse der Musik, im Kreischen der Teenager, das wie das Gilfen junger Hunde klänge, hier wollte ich dich haben, wo keines unserer Worte verständlich wäre, auch wenn du noch so laut schrieest, du bist nicht die Frau meiner Träume, du bist nicht mein hundertprozentiges Ideal, du bist bloß eine Facette! Nichts könntest du sagen, wenn der rotfunkelnde Pianist sich krachend mit der Rückseite auf die Tasten fallen ließe, nur lächeln könntest du und das Vibrieren meiner Hüfte unter deiner Hand fühlen. Später in der Nacht, nachdem du das Glas Wasser auf den Fenstersims gestellt hättest, für alle Fälle, aber ich brauche doch nie Schlaftabletten, wenn ich bei dir bin, nachdem du Decken und Kissen auf mich gehäuft hättest, später also sänke ich an deine Brust, die noch feucht wäre vom Duschen, laß mich nicht los, Tommy, jetzt und nie, Tommy. Umschlungen, umgeben von dir schliefe ich ein.

Und wenn ich erwachte, wäre es wieder da, das Dröhnen in meinem Kopf, die Sätze, die nicht ich erfunden habe, du bist nicht mein ein und alles, wenn du nicht mehr kommst, werde ich es überleben. Du wärst ein wenig zerstreut, in Gedanken schon in deinem Büro, bei den Gutachten und Memoranden, den Kalkulationen und Konstruktionen. Deine Zerstreutheit könnte mir nur recht sein. Wir säßen in deiner Küche, wo du den Frühstückstisch gedeckt hättest, Tee für mich, sogar Marmelade wäre da, die du nicht ißt, du hättest mir ein Kissen auf den Stuhl gelegt, der Strauß stünde auf dem Tisch, ich könnte dich nur loben. Alle Energie steckte ich in dieses Lob, in meine Wörter, die wie eine Maschinengewehrfeuergarbe kämen, du könntest ihnen nicht entfliehen, nicht beim Frühstück, nicht auf der Fahrt zum Bahnhof, nicht in der Bahnhofshalle, wo du mir eine Zeitung kauftest, sie würden sich nicht hervorwagen, deine Sätze, daß ich nichts für dich sei, daß du mich nicht haben wolltest.

Oh, ich weiß,
selbst die Schokolade, die du mir noch durchs Fenster reichtest, könnte mich nicht überzeugen, keine Minute glaubte ich, daß du es gut mit mir meinst. Und weil es so wäre, selbst in diesem Augenblick, da du mit dem Knöchel ans Fenster klopftest, während der Zug schon sacht zur Halle hinausglitte, weil dies so wäre, habe ich beschlossen, die Begegnung, die du endlich gewollt hast, ein für allemal ausfallen zu lassen.

Fay Weldon

Nichts ist von Dauer

»Ich krieg das nötige Kleingeld schon zusammen«, sagte Avril, die Nachtklubsängerin, zu Helen, der Friseuse. »Nächste Woche komme ich, und dann kannst du wieder eins deiner üblichen Wunder vollbringen.«

Helen dachte, die Zeit für Wunder sei langsam vorbei. Nicht nur Avrils Kleingeld, sondern auch ihr Haar wurde immer weniger. Aber sie sagte nur: »Ich werde mein Bestes tun«, und ohne mit der Wimper zu zucken, ließ sie ihre geübten Finger durch Avrils drahtige Locken gleiten.

Avril war hager, ausgemergelt und bemitleidenswert tapfer. Helen war solider und bieder und konnte es sich leisten, gnädig zu sein. Als Helen vor dreißig Jahren ihre Lehre beendet hatte, war Avril ihre allererste Kundin gewesen. Damals hatte Avril teure, gewagte grüne Schuhe mit Satinschleifen getragen, damit sie besser arbeiten konnte. Helen hatte Avril beneidet.

Heute waren Avrils Schuhe mit den eingerissenen hohen Absätzen immer noch grün, aber irgendwie mitleiderregend, und ihre Beine waren voll knotiger Adern. Und Helens Schuhe waren immer noch marineblau, aber teuer und bequem und hatten vernünftige mittelhohe Absätze. Und Helen hatte den Salon und einen Ehemann und erwachsene Kinder und Ersparnisse und einen Hund, eine Katze und einen Garten, und Avril hatte nichts. Nichts. Keine Kinder, keinen Ehemann und weder Eigentum noch Geld auf der Bank.

Jetzt bemitleidete Helen Avril, anstatt sie zu beneiden, konnte ihr aber irgendwie nicht begreiflich machen, daß dieser Umschwung stattgefunden hatte.

Über die Jahrzehnte war der Salon schicker und eleganter geworden und besaß jetzt eine angenehme Atmosphäre von unaufdringlich plüschigem Luxus. Jetzt kamen einmal in der Woche Professorengattinnen hierher, und die Friseusen wußten sich auszudrücken und achteten sorgsam darauf, daß die Blusenkragen hinten nicht naß wurden. Entkoffeinierter Kaffee wurde gratis angeboten, Vollkornschnittchen mit wenig Kalorien zu einem annehmbaren Preis, und die Hochglanzmagazine des Monats waren in ausreichender Menge vorhanden – und immer noch kam Avril ungeniert hereinmarschiert und begrüßte Helen in ihrer unmöglich rauhen Schauspielerstimme mit dem peinlichen Ausruf »Meine Süße«, als ob sie ihre beste Freundin wäre. Und mit ihr wehte etwas herein, was Helen nur als Flair der Straße bezeichnen konnte; die anderen Kundinnen setzten sich unbehaglich in ihren gutgepolsterten Sesseln zurecht: Schlimmer noch, es war das Flair einer Straße, die in rapidem Niedergang begriffen war – früher war es wenigstens die Shaftesbury Avenue gewesen, die ja mit den Theater- und Champagnercocktails des West End im Gefolge zu tolerieren war, jetzt aber wehte der Gassengeruch von Soho samt Live-Sex-Shows und Heroindealern herein.

Manchmal verschwand Avril ein ganzes Jahr oder länger von der Bildfläche, und Helen hoffte immer, daß sie wirklich auf und davon war, aber dann kreuzte sie auf einmal wieder auf und schrie: »Tu was, Herzchen. Vollbring dein übliches Wunder. Mein Leben ist total im Eimer!«, und Helen nahm die Strähnen braunen oder roten oder gelben Haares, oder welche Farbe es auch immer gerade hatte, und bleichte es ganz aus und färbte es wieder und zwang es sanft in etwas Modisches und Präsentables.

Diesmal war Avril volle zwei Jahre weggewesen. Und jetzt stand sie wieder da, und als sie mit beringten klauenartigen Fingern an krausen, spröden, hennarot-grauen Locken zerrte, hatte das »Tu was« richtig verzweifelt geklungen, und Helen war zu ihrer eigenen Überraschung wirklich traurig und besorgt gewesen. Vielleicht mußte man Leute gar nicht mögen, um mit ihnen zu fühlen? Vielleicht entwickelte man ein mitmenschliches Gefühl für sie allein schon dann, wenn man sie lange genug kannte?

Sie erinnerte sich, wie damals – vor Ewigkeiten, Avrils Haar war lang und glatt und glänzend – die Ringe mit Diamanten und Rubinen besetzt gewesen waren. Zu Zeiten ihres kastanienbraunen Pferdeschwanzes waren es Verlobungsringe und Freundschaftsringe; und später, einmal oder zweimal – zu der Zeit, als Avrils Haar in blonden Locken nach hinten gekämmt war – ein Ehering, soweit sich Helen entsann. Heutzutage trug sie aber nur noch solche Ringe, die sich Hinz und Kunz samstags an den Schmuckständen auf den Märkten kaufen konnte; sie kamen aus Indien oder Äthiopien oder waren sonstwie Ethno, und das Silber war unecht und die Steine aus Glas. »Arm, aber glücklich«, kicherte Avril dann unter dem Trockner und wedelte für alle sichtbar munter damit herum, und die anderen Kundinnen schauten taktvoll weg. Sie trugen wenig Schmuck, und wenn überhaupt, war es entweder echter oder unechter von Harrods und ganz gewiß *dezenter*.

Für das letzte, verzweifelte Wunder kam Avril am Freitagabend. Sie hatte den letzten Termin, und natürlich wollte sie Waschen, Schneiden, Bleichen, eine Packung und eine Dauerwelle. Helen hatte gesagt, sie werde Überstunden machen. Zu ihrem Geschäftsgebaren gehörte es, den Kundinnen – sogar Kundinnen wie Avril – wo immer möglich entgegenzukommen, sosehr es auch auf ihre eigenen Kosten ging. Letztendlich war es gut fürs Geschäft. Genauso wie letztendlich Beständigkeit, Geduld und Ausdauer immer Erfolg hatten, ob bei der Arbeit, in der Ehe, zu Hause oder in der Kindererziehung. Man machte das Beste aus dem, was man hatte. Man verlangte nicht zuviel; man ging auf Nummer Sicher, und man gewann.

Helen rief ihren Mann Gregory an, um ihm zu sagen, daß sie länger arbeiten würde.

»Ich nehme eine Hühnerpastete aus der Tiefkühltruhe«, sagte er, »und im Fernsehen ist eine Natursendung, die wollte ich sehen. Und vielleicht werkle ich ein bißchen im Haus herum, selbst ist der Mann!«

»Gut, dann versuch aber nicht, den elektrischen Wasserkocher zu reparieren«, sagte sie, und er versprach es. Sie legte aber noch nicht auf.

»Ist irgendwas los?« fragte er und wartete geduldig. Er war wunderbar geduldig.

»Findest du nicht«, sagte sie daraufhin, »findest du nicht, das Leben ist irgendwie schrecklich traurig?«

»Inwiefern?« fragte er, nachdem er ein bißchen Zeit hatte verstreichen lassen, um die Frage zu überdenken.

»Einfach, weil man älter wird«, sagte sie vage und hatte schon Angst, daß sie albern klänge. »Und dann wozu das alles?«

Am anderen Ende der Leitung war wieder Schweigen.

»Welche Kundin ist es?« fragte er.

»Avril de Ray.«

»Ach, die. Die bringt dich immer durcheinander.«

»Sie hat so was Tragisches, Gregory!«

»Das hat sie sich selbst zuzuschreiben«, sagte Gregory. »Jetzt muß ich gehen und die Pastete aus der Tiefkühltruhe nehmen. Es ist immer besser, sie warm zu machen, wenn sie schon ein bißchen aufgetaut sind, oder?«

»Ja«, sagte sie, und sie sagten einander auf Wiederhören und legten auf.

Avril war zehn Minuten zu spät. Sie hatte geweint. Ihre Mundwinkel hingen nach unten. Schmieriger blauer Lidschatten floß ihr in Rinnsalen die Wangen herunter. Sie wollte unbedingt in der Ecke sitzen, wo noch einer der altmodischen Spiegel von vor der letzten Renovierung stand. Avril behauptete, das Spiegelbild dort sei freundlicher, und das stimmte wahrscheinlich auch, aber wenn Avril dort saß, stieß Helen beim Arbeiten mit dem Ellenbogen immer gegen die Wand. Avrils Blusenkragen war steif von einer Mixtur aus Make-up, Schweiß und Schmutz. Und sie roch ungewaschen. Aber zu ihrer Überraschung fand Helen den Geruch nicht unangenehm. Sie erinnerte sich daran, daß ihre Oma vor langer Zeit, als sie einmal die kleine Helen in einem großen, feuchten Federbett schlafen legte, so gerochen hatte. Holte einen hier der Lauf der Generationen ein? War es immer nur eine Abfolge von Chaos und Ordnung, von Schmutz und Sauberkeit? Ging es letztendlich nur darum?

»Weißt du noch, als ich langes Haar hatte?« sagte Avril. »So lang, daß ich darauf sitzen konnte! Beim Stadtfest spielte ich die Lady Godiva. Ich war in einen Jungen verliebt, und er sagte, wenn ich beweisen wollte, daß ich ihn liebte, würde ich mich nackt auf das Pferd setzen. Das habe ich auch gemacht. Hör mal, ich war sechzehn, er war siebzehn, was wußten wir schon? Meine Mutter hat monatelang nicht mit mir gesprochen. Wir lebten in einem großen Haus, hatten Dienstpersonal und alles. Was für eine Schande! In einer Sache behielt sie recht: Meine Prüfung bestand ich nicht.«

»Und der Junge?« fragte Helen. Avril wollte das ganze Haar von der Wurzel an gebleicht haben; das war altmodisch, aber nicht so eine Kleinarbeit wie die eher üblichen gebleichten Strähnen. In dieser Phase kam Helen recht schnell voran.

»Es war die große Liebe meines Lebens«, sagte Avril. »Mehr als Händchenhalten und darüber reden, daß wir weglaufen und heiraten wollten, war nicht. Nachdem ich aber die Godiva gespielt hatte, wollte er nur noch bis zu den Fahrradschuppen mit mir laufen. Du weißt ja, wie die Männer sind.«

»Es war aber doch seine Idee!«

Avril zuckte mit den Schultern.

»Er war noch jung. Er wußte ja nicht, wie er sich fühlen würde, nachdem ich sozusagen an die Öffentlichkeit gegangen war. Wie konnte er auch? Also ging ich mit ihm hinter die Fahrradschuppen. Es war herrlich. Das werde ich nie vergessen. Es war, als ob die Sonne am Himmel stillstände. Kennst du das?«

»Ja«, sagte Helen, die das nicht kannte. Sie war immer nur mit Gregory zusammengewesen und einmal mit jemandem, dessen Namen sie lieber vergessen wollte, bei einer Party, eine erbärmliche, bierselige Angelegenheit, die ihr eine Blasenentzündung eingebracht hatte. Na ja, so was passiert eben. Diese unwahrscheinlichen Strafen hebt das Schicksal für die Tugendsamen auf, die nur einmal sündigen und dann entweder schwanger werden oder sich eine Geschlechtskrankheit einfangen. Und sie schlief mit Gregory auch immer nur nachts, woher sollte sie also das mit der stillstehenden Sonne wissen? Aber wenigstens war es Liebe, warme, innige, zärtliche Liebe, nicht das, was Avril immer verheerte und verwüstete.

»Ist auch egal, er erklärte mir jedenfalls in aller Form, daß er und ich fertig miteinander seien. Er hatte Fräulein Saubermann getroffen und wollte sie heiraten, wenn er mit der Uni fertig war. Ich dachte, ich würde vor Elend sterben. Aber das habe ich ja nicht getan, oder? Ich hab's überlebt.«

»Ich seh vielleicht aus, was?« sagte Avril und besah sich ihr eingeschmiertes Haar, aber in Gedanken war sie in der Vergangenheit. »Es ist komisch. Ich stand vor diesem großen Spiegel, im Alter von sechzehn, und versuchte mich zu entscheiden, ob ich die Godiva nackt oder in einem fleischfarbenen Body spielen sollte. Sogar damals wußte ich, es ging um das, was man wohl eine größere Lebensentscheidung nennt. Nackt, und die Zukunft würde in eine Richtung gehen; mit dem Body: in eine andere. Ich entschied mich für nackt. Danach habe ich geweint und geweint, warum, weiß ich auch nicht. Ich habe immer viel geweint. Dann konnte ich natürlich nicht an die Uni, weil ich kein Abitur hatte, also ging ich an die Schauspielschule. Von zu Hause kriegte ich keine Unterstützung – sie hatten mich aufgegeben –, und von meinem Stipendium konnte ich nicht leben, das konnte keiner. Also machte ich eine Doppelseite im *Mayfair*, ganz dezent, nur ohne BH, aber der Fotograf machte einen Haufen anderer Aufnahmen, von denen ich nichts wußte, und sie wurden auch veröffentlicht und überall verbreitet, einschließlich meiner Heimatstadt. Ich versuchte, gerichtlich dagegen vorzugehen, aber es hatte keinen Zweck. Wenn du dich einmal ausgezogen hast, nimmt dich keiner mehr ernst. Das wußte ich nicht – na ja, ich habe wahrscheinlich auch versucht, ihn irgendwie auszunutzen, also kann ich mich nicht beklagen. Und eins kann ich dir sagen, wenn die Sonne schon hinter dem Fahrradschuppen stehengeblieben war, dann ging bei dem Fotografen das ganze Sternensystem andersherum. Weißt du, was ich meine?«

»O ja«, sagte Helen und untersuchte eine Locke von Avril: Es dauerte ganz schön lange, bis das Bleichmittel wirklich wirkte. Sie überlegte, ob sie Gregory anrufen sollte, um ihn daran zu erinnern, daß er nicht versuchen sollte, den Wasserkocher zu reparieren, oder ob ihn das in seinem Entschluß nur bestärken würde.

»Seh ich aus, als ob ich geweint hätte?« fragte Avril und starrte intensiver in den Spiegel. »Hab ich nämlich. Der Typ, mit dem ich zusammenlebe, ist ein Junkie, er versucht, clean zu werden.

Das mit mir hat ihm richtig gutgetan. Er wurde richtig – hm, weißt du, lieb, das ist immer ein gutes Zeichen. Er war Lehrer, wirklich klug, bis er abhängig wurde. Ein junger Typ: helle Augen, wunderbare Haut – hat nicht oft gelacht, aber wenn er lachte... Fällt dir auf, daß ich in der Vergangenheit rede? Als ich heute morgen von der Arbeit nach Hause kam, war er verschwunden und mein Geld für die Miete auch. Es erwischt einen immer hier im Herzen. Dagegen kann man gar nichts machen; man sagt sich, es war ja zu erwarten, aber es tut so weh, Himmel, es tut so weh. Ich hätte ihm nicht sagen sollen, daß ich ihn liebe, nicht wahr? Nicht wahr, Helen?«

»Ich weiß nicht«, sagte Helen. Sie sagte Gregory ziemlich oft, daß sie ihn liebte, und das schien auch nicht verboten zu sein. Aber wenn sie das Wort benutzte, hatte es vielleicht eine andere Bedeutung, als wenn Avril es benutzte. Das hoffte sie jedenfalls.

»Also liebst du nur Menschen, die dich verletzen?« fragte sie vorsichtig.

»Das ist doch Liebe, oder etwa nicht?« sagte Avril. »Daran merkst du doch, daß du sie liebst, weil sie dich verletzen können. Wenn es anders wäre, was soll's? Wie kann ich ohne ihn leben? Einfach nur im Bett neben ihm zu liegen. Er war so dünn, aber so scharf. Er war so lebendig! Das Leben hat ihn ausgebrannt, umgebracht. Einfach nur das Leben. Zu viel.« Tränen liefen Avril die Wangen herunter.

Sie sieht aus wie achtzig, dachte Helen, dabei muß sie in meinem Alter sein.

»Ist ja auch egal«, sagte Avril, »wenn wir hier fertig sind, will ich ein neues Ich haben. Reiß dich zusammen und fang von vorn an, das ist mein Motto. Weißt du noch, als du mir mein langes Haar ganz abgeschnitten hast? Das war nach dem *Mayfair*-Ding; ich wollte, daß mich keiner mehr erkannte, aber natürlich haben sie mich doch erkannt. Man kann ja seine Brüste nicht abschneiden, oder? Bei der Silvester-Show hat mich ein Regisseur aufgegabelt: Der hatte vielleicht Stil, Nationaltheater und alles, und er und ich, wir freundeten uns an, und ich kriegte die Hauptrolle, aber dafür war ich noch nicht reif, und die anderen

Kollegen machten einen Aufstand, und das war mein Ende; nach drei Wochen, tschüs, Nationaltheater. Und er hatte eine Frau, die irgendwo auf dem Land lebte, und es kam in die Zeitungen, weil er so berühmt war, und von seinen Freunden engagierte mich keiner mehr, sie hielten alle zu der Frau, also kriegte ich eine Rolle in einer Revue in Whitehall und spielte fünf Jahre lang französische Hausmädchen. Gute Gagen, hübsches, kleines Apartment, Männer in Hülle und Fülle: herrliche Abendessen, Diamanten. Du würdest es nicht glauben, wie in einem Roman, aber ich war das trotzdem nicht. Wenn ich es recht bedenke, weiß ich sowieso nicht, was oder wer ich bin. Wer weiß das überhaupt schon? Ich wollte heiraten und Kinder haben und seßhaft werden, aber wenn ich davon sprach, lachten die Männer einfach nur. Damals hatte ich die Haare streng zurückgekämmt, zu einem blonden Knoten. Erinnerst du dich?«

Ja, Helen erinnerte sich. Das war zu den Zeiten, als man so viel Haarspray auf die fertige Frisur sprühte, daß es sich wie ein Vogelnest anfühlte.

»Dann hatte ich einen richtigen Durchbruch. Ich konnte immer singen, weißt du, und mittlerweile wußte ich wirklich einiges über Theater. Ich kriegte die Hauptrolle in einer Kurt-Weill-Oper. Ein Klassestoff. Du hast mir die Haare schwarz gefärbt, und ich hatte sie so hochtoupiert. Wie konnten wir nur so rumlaufen! Und ich verliebte mich in den Regisseur. Gott, er war wunderbar! Stark und ruhig und in einer Public School gewesen, und er war wirklich scharf auf mich, und er war verheiratet, und so glücklich war ich in meinem ganzen Leben nicht. Aber er wollte unbedingt Filme machen und kriegte einen Job in Hollywood, und ich hab die Rolle einfach geschmissen und bin mit ihm gegangen. Das hat mir beruflich natürlich nicht gerade genützt, das kann ich dir sagen. Und ich wurde dauernd schwanger, aber er wollte nicht, daß wir uns so fest aneinander banden, also hatte ich immer Abbrüche, und dann haute er mit der Tochter des Aufnahmeleiters ab: Sie stand auf Yoga, und in Null Komma nix hatten sie drei Kinder. Er behauptete, ich hätte nie still sitzen können. Kann ich aber doch, oder etwa nicht? Du mußt das doch wissen, oder, Helen?«

»Genauso gut oder schlecht wie alle«, sagte Helen und nahm Avril mit zum Waschbecken und wusch das Bleichmittel heraus. Sie hoffte, daß sie es nicht zu lange draufgelassen hatte: Avrils Haar war sehr fein und in schlechtem Zustand, und das Bleichmittel war stark.

»Ich hab sie machen lassen; ich fuhr einfach wieder nach Hause; ich hing da nicht weiter rum, und um Geld habe ich auch nicht gebeten. Das tu ich nie. Was vorbei ist, ist vorbei – ich hatte keine Kinder: Warum sollte er zahlen? Wir haben ja beide unseren Spaß gehabt, oder? Geben und Nehmen, bis es eben zu Ende ist. Alles hat einmal ein Ende, das kommt unterm Strich dabei raus. Aber hochtoupierte Haare fand ich immer schrecklich, du auch?«

»Ja. Sehr steif und künstlich.«

»Ich weinte und weinte, aber solange es dauerte, war es gut!«

Avril untersuchte eine Haarlocke.

»Guck dir das an«, sagte Avril, »dieses Bleichmittel hat einfach nicht gewirkt. Du mußt noch mal was drauf tun, aber eine stärkere Mischung.«

»Das ist aber riskant!« sagte Helen.

»Riskant ist alles!« sagte Avril. »Ich hab bloß die Nase von der Hennakrause voll: Ich will wieder eine kühle Blonde sein.«

Helen hatte auf einmal die Nase von ihrem Salon voll und von ihrem Bankkonto und ihrer Ehe und allem, was ihr bisher wichtig gewesen war; und von ihrer ordentlichen Frisur und ihren Gesundheitsschuhen und wie sie nie was riskiert hatte und wie ihre Jugend vergangen war und sie nie weiter als über ihren Brillenrand geguckt hatte und die Angst sie davon abgehalten hatte, sich umzudrehen und zu sehen, was sie lieber nicht sehen wollte. Sie mischte das Bleichmittel neu und machte es stark. Sollte Avril so platinblond werden, wie sie wollte, Helen wünschte ihr alles Gute.

»Hm, natürlich«, sagte Avril munter, »von da an ging's bergab. Kriegte ich eine neue Theaterrolle? Nein! Zu alt für die jugendliche Naive, zu jung für Charakterrollen und einen Ruf als Stripperin, also kam Hedda Gabler nicht in Frage. Und ehrlich gesagt, ich glaube, so gut war ich nun auch wieder nicht.

Dann traf ich einen wirklich netten, stinknormalen Typen, einen Ingenieur, aber er wollte eine Familie gründen, und mein Körper war wahrscheinlich von den ganzen Versuchen müde geworden, denn so richtig wollte ich nie ein Kind mit ihm haben, und dann machte er ein nettes Mädchen schwanger, und sie heirateten, und von da an lebten sie glücklich bis an ihr Lebensende. Ich bin zu der Hochzeit gegangen. Aber wie kam es, habe ich mich selbst gefragt, daß sie schwanger wurde und weiterhin das nette Mädchen blieb, und ich war irgendwie von Anfang an die Schlampe?«

Schon so spät, dachte Helen, und noch nicht einmal mit der Dauerwelle angefangen. Gregory ist bestimmt schon allein ins Bett gegangen – merkt er das? Macht ihm das was aus?

»Also jetzt singe ich in Nachtklubs; ich bin nämlich eine gute Sängerin. Ich brauchte nur mal ein bißchen Glück, und ich wär wirklich jemand... Ich hab die ganze Palette drauf – von verrucht bis sentimental, einen Touch Bogart, einen Touch Bacall. Das waren noch Zeiten, als Liebe auch noch Liebe war. Und ich sag dir eins, Helen, sie ist es immer noch, und das einzige, was ich bedaure, ist, daß es nicht ewig dauert – die Liebe, der Sex. Die erste Berührung von der Hand eines Mannes, das Gefühl seiner Lippen, der Druck seiner Zunge, wie dann der Verstand ganz weich und der Körper schwach wird, wenn man sich öffnet, ineinanderkommt. Ich fühle immer noch Liebe und sage immer noch Liebe, obwohl es nicht das ist, was Männer wollen, jedenfalls nicht von mir. Vielleicht kommt sie zu leicht; das war immer so. Glaubst du, daß es daran liegt?«

Als Helen Avril mit zum Waschbecken nahm und die zweite Ladung Bleichmittel auswusch, kam eine ganze Menge von Avrils Haar mit heraus. Helen spürte, wie ihre Hände kalt wurden und ihr schwarz vor Augen wurde, fast wäre sie ohnmächtig geworden. Dann weinte sie. So etwas war ihr in ihrem ganzen Berufsleben noch nie passiert. Sie zitterte so sehr, daß Avril das restliche Bleichmittel aus dem restlichen Haar selbst herausspülen mußte.

»Hm«, sagte Avril, als sie das geschafft hatte und große Flekken ihrer roten Kopfhaut nur allzu deutlich sichtbar waren, »das ist, was unterm Strich übrig bleibt. Nichts ist von Dauer, nicht mal Haar. Meine Schuld. Ich habe dir gesagt, du sollst es tun. Seit dreißig Jahren haßt du mich, und jetzt hast du endlich deine Rache!«

»Ich habe dich nie gehaßt«, sagte Helen, das Gesicht aufgedunsen und die Augen geschwollen. Jenseits von Erschrecken und Entsetzen fühlte sie sich angenehm gereinigt, alle Sinne geschärft, wieder wie Omas kleines Mädchen. »Hm, du hättest mich aber hassen sollen«, sagte Avril. »So wie ich hier immer alles aufgemischt habe. Den Ausdruck auf deinem Gesicht hab ich immer geliebt!«

Etwas später sagte Avril: »Ich frage mich, wie meine Zukunft aussehen wird, als kahle Nachtklubsängerin? Ich könnte ja bestimmt eine Perücke tragen, bis es wieder nachgewachsen ist, aber das mach ich wahrscheinlich nicht, vielleicht hat es ja was Gutes. Nach dem Godiva-Look, dem Doris-Day-Look, dem Elizabeth-Taylor-Look, dann dem Twiggy-Look – dem Wildgekrausten, Hochgetürmten und Ausgeflippten – und absolut nichts davon hat mir genützt – könnte die nackte Kahlheit für die Karriere eines Mädchens Wunder wirken.«

Einen Monat später stand Avril de Ray ganz oben auf der Besetzungsliste in Mayfair und nicht in Soho, auf eigentlich ganz geschmackvollen Plakaten, und mutig nahm Helen Gregory mit, damit er sie auch einmal singen hörte. Vorsichtig gingen sie durch die Dunkelheit, Avrils rauhe, melancholische Stimme reichte bis in die hinterste einsame Ecke; das rosafarbene Scheinwerferlicht ließ sie nicht gerade glamourös aussehen – denn sie war wirklich kahl, und wie können die Kahlen glamourös sein? –, aber bedeutend, als ob ihr Leiden und ihre Erfahrungen von beträchtlichem Interesse für andere sein könnten, und die Besucher waren tatsächlich auch alle ganz aufmerksam, schwiegen, wenn sie sang, und klatschten, wenn sie aufhörte, was mehr war als an diesen Orten üblich.

»Was macht die Kunst, Kindchen?« fragte Avril Helen nach dem letzten Set, als sie am Arm eines Arabers mit glänzenden Augen und Hakennase vorbeikam und einen Ring mit echten Juwelen aus echtem Gold trug. »Weißt du noch, wie ich dir das von unterm Strich erzählt habe? Nichts bleibt, also nimmst du besser, was du kannst, solange du kannst. Und am Ende zählen nur noch du oder sie, und nicht, was sie von dir denken, sondern was du von ihnen denkst.«

Franziska Stalmann

Kalte Dusche

Der Tag, an dem mein Mann mir sagte, daß er Vater wird, war ein Märztag. Einer von diesen schmutzig-braunen Märztagen mit grauem Himmel, aber die Vögel machen sich bemerkbar und etwas in der Luft sagt einem, daß bald Frühling sein wird. Das blaue Band wird wieder flattern, und alles wird grün und hell und fruchtbar und mehret sich.

Komischerweise war das der erste Gedanke, der mir durch den Kopf ging: Genau wie bei Rüdiger. Noch sieht man nichts, er sieht aus wie sonst, aber bald wird auch er fruchtbar sein (obwohl er das ja schon gewesen ist) und sich mehren, und ein blaues oder rosa Band flattert. Ein alberner Gedanke, ein blöder Vergleich, aber ich habe eine Neigung zu solchen Vergleichen, und dann fiel mir in dem Moment einfach nichts anderes ein. Ich starrte ihn nur an, und dieses verdammte Band flatterte durch meine Gedanken.

»Was ist mit dir?« fragte Rüdiger besorgt und nahm meine Hand, und fast hätte er mir den Puls gefühlt, aber er hielt sich gerade noch zurück. Was soll schon sein, dachte ich, und das Band verschwand wieder aus meinem Kopf: Du hast mir bloß gerade gesagt, daß du ein Kind bekommst, und infolgedessen sitze ich hier mit einem etwas dämlichen Gesichtsausdruck.

»Was soll schon sein?« fragte ich. »Was hast du erwartet? Daß ich dich beglückwünsche?« Und dann fing ich an zu weinen.

»O Gott, nein, natürlich nicht«, sagte er hastig. »Ich finde es ja auch schrecklich, daß ich dir das sagen muß, aber ich dachte, es wäre besser, ich sage es dir gleich und direkt, ohne viele Umschweife. Ich dachte, das ist das Beste für uns beide.«

Das Beste für uns beide wäre, wenn du nicht mit irgendeiner Tussi ein Kind bekommen würdest, dachte ich und weinte weiter. Er stand zögernd auf und ging in die Küche und kam mit der Haushaltspapierrolle zurück und hielt sie mir vorsichtig hin.

»Ich sollte dir vielleicht erst mal erklären, wie das alles passiert ist«, sagte er. Ja, das solltest du wirklich tun, dachte ich, das ist eine phantastische Idee, das ist sicher das Beste für uns beide, wenn du mir mal ganz direkt und ohne Umschweife erklärst, wie das passiert ist.

»Also, ich bin doch in dieser Fortbildung für Körper-Harmonie und Muskel-Balance, und da habe ich eine Frau kennengelernt, und erst war da gar nichts, und dann hat sich was entwikkelt zwischen uns. Ich habe mich ja sehr dagegen gewehrt, ich wollte doch die Nähe zwischen dir und mir nicht zerstören. Aber da hat sich eben, wie gesagt, was entwickelt, und dann konnte ich irgendwann gar nicht anders, als mich darauf einlassen, und ich war innerlich ganz zerrissen, wirklich –«

Ich schniefte laut und putzte mir die Nase. Jetzt redet er schon wie diese Psycho-Fritzen, dachte ich, von wegen sich einlassen und was entwickelt und Nähe und so. Hätte er doch nie mit diesen verdammten Kursen angefangen, wäre er doch bloß ein netter, einfacher Arzt geblieben, mit nichts als Spritzen und Tabletten und netten, einfachen Operationen im Kopf, statt diesem ganzen Kram von Psychosomatik und Körper-Harmonie.

»Und dann ist sie schwanger geworden«, sagte ich.

»Ja, ich weiß auch nicht, wie das passieren konnte«, sagte Rüdiger und guckte mich an wie jemand, der einem Mysterium begegnet ist und nun hofft, daß man ihm eine Erklärung dafür bietet. »Es hätte gar nichts passieren dürfen, zu diesem Zeitpunkt, meine ich, und das ist es ja auch, was mich so betroffen macht, so ganz tief innen, weißt du –«

»Ist sie auch Ärztin?« fragte ich.

»Nein«, sagte er, »sie ist Psychologin.«

Psychologin, auch das noch. Ist das vielleicht Ihre Art von Therapie, Frau Psychologin, anderen Frauen die Männer wegzunehmen, dachte ich, und dann auch noch schwanger zu werden, zu ganz unmöglichen, mysteriösen Zeitpunkten?

»Und wie alt ist sie?« fragte ich. Rüdiger zögerte. »Oder weißt du das etwa nicht?«

»Doch«, sagte er, »sie ist 29.«

O Gott, 29, auch das noch. 29 und Psychologin und schwanger, und es hat sich was entwickelt zwischen ihr und Rüdiger, was ganz Tiefes und Mysteriöses. Und ich bin 39 und komme mir angesichts all dieser Umstände vor wie 90.

Rüdiger ahnte offenbar, was ich dachte – immerhin ein Fortschritt nach all diesen Psycho-Kursen. Früher hätte man ihm das, was man denkt, auf große Tafeln schreiben und vor die Nase halten müssen, damit er es begreift.

»Bitte, Ines«, sagte er und sah mich eindringlich an mit seinen schönen grauen Augen, die ich so liebe, und diesem zerknirschten Gesichtsausdruck, den ich auch so mag an ihm. »Du darfst nicht denken, daß es deswegen ist, weil sie so jung ist, meine ich. Im Gegenteil, ich finde, der Altersunterschied ist eher ein Problem – ich meine, da ist so ein unterschiedliches Niveau an Erfahrungen und Wissen und Lebensgefühl, und so ein selbstverständliches Verstehen ohne viele Worte, wie wir das haben, das ist viel schwieriger.«

Ein gemeinsames Niveau habt ihr jedenfalls gefunden, dachte ich, und da habt ihr euch offenbar ganz gut verstanden, auch ohne viele Worte.

»Und wie geht das jetzt weiter?« fragte ich.

»Ja, also«, sagte er, »gut, daß du davon sprichst. Das ist wirklich ein großes Problem, mit dem wir alle drei sehr vorsichtig umgehen müssen. Sie will das Kind unbedingt haben, und das verstehe ich auch. Und ich will mich da auch nicht vor der Verantwortung drücken, ich will mich da wirklich einlassen, so schwer mir das fällt, ich meine, wegen uns...«

Mir wurde innerlich grau und kalt. Aber wie das manchmal so ist in schrecklichen Situationen: Ich war plötzlich ganz ruhig und klar und konnte denken und reden wie diese Leute im Film, die inmitten schlimmster Katastrophen immer noch frisch frisiert sind und adrette, frisch frisierte Dialoge sprechen.

»Übersetz mir das doch mal«, sprach ich kühl und beherrscht, »was heißt das genau: dich wirklich einlassen? Alimente zahlen? Oder mit ihr zusammenleben? Oder sie heiraten? Oder was?«

»In letzter Konsequenz wird es das wohl bedeuten«, sagte Rüdiger und sah mich ernsthaft und bewegt an, so ernsthaft und bewegt, wie die Situation nun mal war.

»Ah ja, ich verstehe«, sagte ich kühl und beherrscht, »damit wären die Grundfragen geklärt. Aber da wäre noch ein winziges Problem: Bevor du sie heiraten kannst, müßtest du dich von mir scheiden lassen, oder sehe ich das falsch? Aber vielleicht besprechen wir diese nebensächlichen Detailfragen lieber morgen, oder?«

»Liebes, bitte«, sagte Rüdiger drängend, »geh doch nicht so ironisch und distanziert damit um. So kommen wir doch nicht weiter, wenn wir alle unsere Gefühle wegstecken. Das macht es doch für uns alle nur schlimmer!«

Wenn ich jetzt sage: Nenn mich nicht Liebes, dann rede ich wirklich wie diese Leute im Film. »Wenn ich meine Gefühle nicht wegstecken würde«, sagte ich, »dann würde ich dich umbringen oder uns beide oder die Einrichtung zerschlagen. Wäre dir das lieber?«

»Da hast du auch wieder recht«, sagte er, »vielleicht ist es fürs erste wirklich besser, wenn wir jetzt ins Bett gehen und morgen weiter darüber reden.«

»Wie heißt sie eigentlich?« fragte ich.

»Du kennst sie bestimmt nicht«, antwortete er ausweichend.

»Das will ich auch nicht hoffen. Ich will nur wissen, wie sie heißt.« Ich sah seinen unsicheren Blick. »Keine Sorge. Ich rufe sie nicht an und schreibe keine anonymen Briefe und warte auch nicht vor ihrer Tür, um sie zu erschießen.«

»Sie heißt Clarissa. Clarissa Maiwald.«

»Wieso, zum Teufel, heißt sie Clarissa?«

»Das weiß ich doch nicht, Liebes«, sagte Rüdiger und sah mich zweifelnd an. »Der Name ist doch ganz gleichgültig.«

Nein, ist er nicht. Sie taucht auf wie im Märchen, sie zaubert mir meinen Mann weg wie im Märchen, sie zaubert ein Kind her wie im Märchen, und sie heißt wie im Märchen. Clarissa Maiwald, auch das noch. Scheiße.

Ich lag im Bett und dachte. Ich wollte nicht denken, aber die Gedanken rollten durch meinen Kopf wie kleine graue Panzer, unablenkbar, ohne Ende. Rüdiger hatte mir ein Schlafmittel angeboten, und ich hatte es genommen, eines von diesen neuen pflanzlichen Mitteln. Es half nicht. Aber wahrscheinlich hätte auch eine ganze Wagenladung gutes altmodisches Valium nicht geholfen.

Rüdiger hatte auch gesagt, daß es mir sicher lieber wäre, wenn er in seinem Zimmer schlafen würde. Ich hatte noch nicht darüber nachgedacht, was mir lieber wäre, aber ich wußte, daß es Rüdiger auf jeden Fall lieber war, in seinem Zimmer zu schlafen. So richtig schön fest schlafen – ich hatte sein leises Schnarchen gehört, als ich noch mal ins Bad ging –, ohne eine Frau an seiner Seite, die entweder ironisch oder hysterisch ist und ihn womöglich mitten in der Nacht weckt, um Detailfragen zu besprechen.

Im Badezimmerspiegel hatte ich mich lange angeschaut. Das war so ziemlich das Schlimmste, was ich tun konnte, aber ich mußte einfach noch ein bißchen in der Wunde herumstochern. Aschblondes Haar (Rüdiger nennt es immer honigblond, aber an diesem Abend war es eindeutig aschefarben), blasse Haut, geschwollene Augen, rote Nase und an Hals und Dekolleté die roten Flecken, die ich immer kriege, wenn ich mich aufrege. Außerdem mindestens drei Kilo zuviel und die vor allem auf den Hüften, was man aber nicht sieht, weil ich sie unter gutgeschnittenen Hosen und gutgeschnittenen Jacketts verstecke.

Wahrscheinlich ist diese märchenhafte Clarissa auch noch eine märchenhafte Schönheit, dachte ich. Braunhäutig und dunkelhaarig wie aus Tausendundeiner Nacht – und nicht breithüftig und kleinbusig wie ich, sondern natürlich schmalhüftig und großbusig. Und diese feinen Falten um die Augen hat sie natürlich auch nicht, kann sie gar nicht, mit 29. Solche braunhäutigen Typen kriegen überhaupt nicht so früh und auch nicht so viele Falten wie Leute mit blasser dünner Haut, und rote Flecken kriegen sie natürlich auch nicht. Scheiße!

Ich schlich wieder ins Bett, vorbei an Rüdigers entspanntem Schnarchen. Ich machte die Augen zu, und die Panzer rollten wieder und stellten mir schreckliche Fragen.

Was machst du jetzt? fragten sie. Du bist alt und aschblond und dick und häßlich und wirst 40. An deinem vierzigsten Geburtstag wirst du ein Single sein, wie es so schön heißt, ein gräßlicher Ausdruck. Und außerdem eine geschiedene Frau, von ihrem Mann verlassen wegen einer Jüngeren.

Und diese Jüngere kriegt auch noch ein Kind, sagten sie. Du hast all die Jahre kein Kind gekriegt, irgendwie hat das nie geklappt, es war euch auch nicht so wichtig, Rüdiger sowieso nicht. In diese Welt will ich keine Kinder setzen, hat er immer gesagt. Aber die andere wird sofort schwanger, noch dazu an einem ganz unmöglichen Zeitpunkt, und plötzlich ist es Rüdiger wichtig, er will sich darauf einlassen, und es macht ihm auch nichts aus, das Kind in diese Welt zu setzen.

Und was machst du beruflich? fragten sie. Germanistik und Geschichte hast du studiert, wolltest Journalistin werden oder vielleicht auch Lehrerin. Aber dann hat Rüdiger die Praxis aufgemacht, und du hast ihm geholfen die ersten Jahre, hast die Termine und den Empfang gemacht, am Anfang sogar die Buchhaltung. Du hattest keine Lust mehr, zur Uni zu gehen, es war viel schöner, morgens gemeinsam mit Rüdiger in die Praxis zu fahren, es war so schön, dieses Zusammenarbeiten, dieses Zusammen-was-Aufbauen. Du hast das Studium abgebrochen, wozu Lehrerin werden oder Journalistin, du hattest ja Rüdiger, ihr würdet gemeinsam leben und arbeiten bis ans Ende eurer Tage.

Und als die Praxis ohne dich lief, da hast du angefangen, ein bißchen zu schreiben, nette kleine Artikel, Film- und Fernsehrezensionen, Buchbesprechungen, manchmal auch was Größeres. Der Feuilletonchef beim *Abendblatt* ist ein Patient von Rüdiger, aber natürlich nimmt er es nicht nur deswegen, er findet wirklich, daß du gut schreibst. Eine nette Nebenbeschäftigung ist es jedenfalls, ein bißchen Geld extra, auch wenn man es eigentlich nicht nötig hat. Aber wie willst du davon leben? Und wird dir der Feuilletonchef immer noch die kleinen Aufträge geben, wenn du nicht mehr Rüdigers Frau bist, sondern seine Geschiedene? Wenn du ihn nicht mehr hier und da freundschaftlich triffst, auf Festen oder bei kulturellen Ereignissen, weil du dann nämlich nicht mehr dabei bist? Weil dann nämlich Clarissa-Märchenfrau dabei ist?

Irgendwann wurden die Panzer leiser und langsamer und

stellten keine Fragen mehr und hörten auf, durch meinen Kopf zu rollen.

Als ich aufwachte, war es zwölf Uhr mittags. Typisch Schlafmittel, erst wirken sie gar nicht, dann wirken sie zu gut. In der Küche war der Tisch gedeckt, mit allem Drum und Dran: Kaffee in der Thermoskanne, Grapefruit, ein Ei, sorgsam in eine Serviette gewickelt. Daneben ein Zettel: »Guten Morgen, Liebes. Ich bin um halb sieben zurück. Wollen wir dann essen gehen? Dein Rüdiger.«

Na schön. Wenn du so spielst, als wären wir in einem B-Film, dann spiele ich eben mit. »Nenn mich nicht Liebes«, schrieb ich darunter. Ich goß mir eine Tasse Kaffee ein und holte das Branchentelefonbuch. P wie Psychologen, P wie Psychotherapeuten.

Es waren mehrere engbedruckte Seiten, und viele hatten nur ganz klein geschriebene Eintragungen, also mußte ich sorgfältig suchen. Aber ich fand es bald. Eine große Anzeige, schwarz umrandet, gut sichtbar. Gemeinschaftspraxis, stand da, darunter zwei Männernamen, ein Dr. med. und ein Dipl.-Psych., dazu die Spezialgebiete. Der Dr. med. machte psychoanalytische Therapie, der Dipl.-Psych. Gestalt- und Gesprächstherapie. Und dann als dritte: Dr. Clarissa Maiwald, Gesprächs- und Körpertherapie.

Ach, sieh mal einer an, Doktor ist sie auch noch, dachte ich. Schönheitskönigin, Fruchtbarkeitswunder, Supertherapeutin und Doktor. Einfach umwerfend, die Dame. Aber im Grunde war es mir schon egal. Meinetwegen hätte sie auch noch Millionärin sein können oder sonstwas Großartiges.

Ich wählte die angegebene Nummer und fragte die freundliche Dame, die sich meldete, ob ich Frau Dr. Maiwald sprechen könnte. Nein, das könnte ich leider nicht, sagte die Dame mit nicht nachlassender Freundlichkeit. Frau Dr. Maiwald sei gerade in der Mittagspause. Sie käme aber immer so gegen halb drei zurück, um Telefongespräche erledigen zu können. Wenn ich also dann anrufen würde, würde ich sie mit Sicherheit erreichen.

Ich war um Viertel nach zwei vor der Praxis. Ein schönes, altes Haus, neben der eichernen Haustür ein Messingschild, das über die Gemeinschaftspraxis Auskunft gab. Ich wartete in einer gegenüberliegenden Toreinfahrt. Auch das war wie in einem schlechten Film, aber was soll man machen, wenn sich das eigene Leben plötzlich als schlechter Film entpuppt? Aufstehen und das Kino verlassen?

Es gab viele Passanten auf der Straße, und ich musterte sie alle genau. Eine schöne, dunkelhaarige Frau kam auf mich zu, und ich starrte sie an, aber sie ging an mir vorbei die Straße hinunter. Ich hörte einen Mann lachen. Er stand zusammen mit einer Frau vor dem Buchladen im Nebenhaus. Der Mann lachte wieder und sagte: »Also hör mal, Clarissa, glaubst du wirklich, das wäre das Richtige?« Clarissa lachte auch, ein helles, fröhliches Lachen, aber was sie antwortete, konnte ich nicht verstehen.

Sie gingen an mir vorbei, und ich versuchte so zu tun, als ob ich nach jemandem Ausschau hielte und warf nur immer wie zufällig einen Blick auf Clarissa, wie man das eben macht, wenn man auf jemanden wartet, und es kommen gerade irgendwelche Passanten vorbei.

Sie war keine schwarzhaarige, dunkelhäutige Schönheit aus Tausendundeiner Nacht. Aber es war fast genauso schlimm. Sie war eine von diesen zarten, elfenhaften Blondinen. Und wenn ich sage Blondine, dann meine ich nicht Aschblond oder im besten Falle Honigblond, sondern dieses seltene echte Silberblond, und dazu feine Naturlocken, nicht Glatthaar Marke Spargelschale wie bei mir. Und sie war elfenhaft: diese feingliedrige schmale Sorte von Frau mit Schuhgröße 37 und Kleidergröße 36 oder schlimmstenfalls 38 und zarten, feinen Händen und Fingern, deren Zartheit durch lauter feine, zarte Ringe nur noch betont wird.

Die Art von Frau, die einem anvertraut, welche Schwierigkeiten sie hat, Kleider in ihrer Größe zu finden, außer manchmal was ganz Besonderes im Ausverkauf, das bleibt ja oft liegen in dieser Größe, oder sie geht in die Teenagerabteilung, da findet sich hier und da auch was Schickes. Und dabei lächelt sie lieblich mit ihren feingeschnittenen Lippen in ihrem zarten, feingeschnittenen Gesicht. Und man selber sitzt da und starrt sie an und hat das Gefühl, zur Sorte Elefantenfrau zu gehören: riesengroß und fett, mit klobigen Händen und groben Gesichtszügen, die man lieber nicht zu einem Lächeln verzieht, weil man sonst noch häßlicher aussieht.

Ich stand in meiner Toreinfahrt und sah diese Elfenkönigin in schicken Klamotten aus der Teenagerabteilung oder dem Ausverkauf an mir vorüberziehen, die Straße überqueren und in der Eichentür neben dem Messingschild verschwinden. Und ich hatte nur einen und wieder einen blöden Gedanken im Kopf: Was für ein schönes Paar.

Nicht sie und der Typ, mit dem sie lachend in der Tür verschwand. Sie und Rüdiger. Rüdiger ist auch schmal und schlank – und groß, ein dunkler, schlaksiger Typ wie Anthony Perkins, nur daß er sehr viel attraktiver ist als Anthony Perkins. Und er sieht immer gut aus, um nicht zu sagen elegant, ganz gleich, was er anzieht, weil er sich so selbstverständlich und lokker bewegt. Genau wie Clarissa. Gott, was müssen die schön aussehen zusammen. Und was werden sie für schöne, feingliedrige, elegante Kinder kriegen, die beiden.

Ich ging nach Hause, schwerfällig und dick. Unterwegs kaufte ich mir eine Flasche Sekt, und die trank ich dann langsam aus, Glas für Glas, mit Eiswürfeln drin, damit ich nicht warten mußte, bis der Sekt kalt war. Dann ging ich in den Keller und holte mir die Flasche Champagner, die da lag, für besondere Gelegenheiten. Sie war schon kalt, und ich brauchte keine Eiswürfel.

Als Rüdiger um halb sieben nach Hause kam, ausnahmsweise pünktlich, war ich beschwipst und verheult, rotfleckig im Gesicht und dumpf im Kopf. Er sagte, er hätte einen Tisch bestellt in dem teuren französischen Restaurant, in das wir manchmal gingen, und ob ich mich nicht schnell frisch machen wollte. Ich wollte mich nicht schnell frisch machen, weil ich mich nicht schnell frisch machen konnte. Ich würde mich nie wieder frisch machen können. Ich ging nach oben, zog mich aus, sah nicht in den Spiegel, legte mich ins Bett und wartete auf die kleinen grauen Panzer. Aber sie waren gnädig: Sie kamen nicht, sie stellten keine Fragen, sie ließen mich schlafen.

Rüdiger machte Nägel mit Köpfen, wie immer, wenn er sich wirklich auf etwas einläßt. Er war von zärtlicher, mitfühlender, schuldbewußter Freundlichkeit mir gegenüber, was mich wahnsinnig gemacht hätte, wenn mir nicht alles egal gewesen wäre. Gleichzeitig aber organisierte er planvoll, bedacht und zeitsparend unsere Trennung.

»Natürlich bin ich an allem schuld«, sagte er, »das vergesse ich keinen Moment. Und deshalb wäre es sicher richtiger, wenn ich ausziehe und du hier bleibst. Aber ich habe mir überlegt: Was sollst du allein in dem großen Haus? Das würde dir sicher nicht guttun. Weißt du was: Ich besorge dir eine schöne Wohnung, zwei bis drei Zimmer mit Balkon zum Beispiel. Ich habe einen Patienten, der ist Makler, der findet sicher was. Natürlich bezahle ich das alles, auch den Umzug, und an Möbeln nimmst du mit, was du willst. Was meinst du? Wäre das nicht besser so?«

Ich sagte, ja, das fände ich auch besser so, und ich sprach nicht aus, was ich dachte und was auch er dachte, daß er nämlich das große Haus sehr gut brauchen konnte, für Clarissa Superfrau und Clarissas Superkind und für die anderen Kinder, die vielleicht noch kommen würden.

Ein harter Brocken war die Frage einer schnellen Scheidung, aber auch den bewältigte er mit Umsicht und Eleganz. »Weißt du, ich finde das wirklich schrecklich für uns, wenn es nun alles so schnell geht«, sagte er mit gefühlvoller Stimme, »ich hätte es weiß Gott lieber anders. Aber mir geht es hier einfach um das Kind, das doch nun wirklich nichts dafür kann. Ich fände es nicht richtig, wenn es unehelich zur Welt kommt.« Er dachte einen Moment nach. »Aber andererseits habe ich wohl kaum das Recht, mich nach meinen Gefühlen und Wünschen zu richten. Wenn du es anders willst, wenn du noch ein bißchen warten willst, dann werde ich das natürlich akzeptieren. Das ist nur selbstverständlich. Und fair.«

Ach Gott, dachte ich, jetzt ist er auch noch fair und rücksichtsvoll und akzeptiert mich und bringt Opfer. Er behandelt mich, als wäre ich behindert oder leicht verrückt, und wenn ich das hier noch lange mitmache, dann bin ich es wahrscheinlich wirklich.

Ich sagte, daß ich auch fände, daß das Kind nicht darunter

leiden sollte, und daß mir eine schnelle Scheidung auch lieber wäre.

Er atmete erleichtert durch. »Da bin ich froh, daß du das auch so siehst. Ich werde natürlich alles organisieren und bezahlen, das ist klar. Ich würde sagen, wir nehmen nur einen Rechtsanwalt, es gibt ja keine Streitpunkte, da brauchen wir keinen zweiten Anwalt, außer natürlich für die Verhandlung, aber das ist eine formale Sache.« Aha, er hat sich also schon informiert.

»Natürlich werde ich dich finanziell versorgen, deine Miete zahlen und Unterhalt, großzügig natürlich, bis du beruflich auf eigenen Füßen stehst.« Wenn er noch einmal *natürlich* sagt, flippe ich aus. Was ist an dieser ganzen Sache eigentlich natürlich?

»Aber das kriegst du alles schriftlich, das wird alles festgelegt, und ich bin auch ganz sicher, daß du es beruflich leicht schaffst. Du brauchst dir keine Sorgen zu machen.«

Ich machte mir keine Sorgen. »Außer daß ich meine Saxophonstunden und die Metro nicht bezahlen kann, mache ich mir nämlich keine Sorgen«, sagt Toddy in meinem Lieblingsfilm *Viktor-Viktoria*. Außer, daß ich den Mann, den ich liebe, verliere, und das Haus, in dem ich wohne, und überhaupt alles, was mein Leben ausmacht, habe ich mir nämlich keine Sorgen gemacht. Und die habe ich mir eigentlich auch nicht gemacht, weil ich gar nicht auf die Idee gekommen wäre, daß es passieren könnte. Aber jetzt ist es passiert, und ich kann nichts dagegen tun, also warum sollte ich mir Sorgen machen? Außerdem bin ich tot, mein Herz ist tot, mein Kopf auch, und Tote machen sich keine Sorgen.

Rüdiger war um so lebendiger. Was er in diesen Monaten leistete, hätte sicher Aussicht, ins Buch der Rekorde aufgenommen zu werden, etwa als *Schnelligkeits- und Effektivitätsrekord im Wechsel der Ehefrau*. Seine Praxis lief weiter wie bisher, aber außerdem konferierte er mit seinem Rechtsanwalt, mit diversen Maklern, sah sich ständig Wohnungen an und setzte sich offenbar auch intensiv mit seiner Rolle als werdender Vater auseinander – was ich weiß, weil ich eines Tages im Handschuhfach seines Autos einen Stapel Bücher fand mit Titeln wie: *Hausgeburt – ja oder nein? Vaterwerden – Vatersein, Du und dein Kind* und all so was.

Natürlich traf er auch Clarissa. Niemals abends oder am Wochenende, das nicht, dazu war er zu dezent. Aber eine Zeitlang rief ich jeden Mittag in seiner Praxis an, und aus dem verlegenen Ton, in dem die Sprechstundenhilfe sagte, der Herr Doktor sei gerade in der Mittagspause, war deutlich herauszuhören, mit wem er in der Mittagspause war.

Clarissa wurde nicht wieder erwähnt zwischen uns, Clarissa nicht und das Kind auch nicht. Manchmal schien es fast so, als gäbe es sie gar nicht, als wäre ein fremdartiger, seltsamer Geist in Rüdiger gefahren, ein Dibbuk oder ein Dschinn, der ihn dazu bewegte, so aktiv zu sein, Wohnungen zu suchen und mit Rechtsanwälten zu reden. Als müßte man nur mit dem Finger schnippen oder das Zauberwort finden, und Rüdiger wäre wieder wie früher und alles andere auch. Aber dann dachte ich an den Nachmittag vor der Gemeinschaftspraxis und die Elfenkönigin, und dann wußte ich, daß es für mich kein Zauberwort mehr gab.

Planvoll organisierte Rüdiger mich und unser gemeinsames Leben aus dem Haus heraus. Ich könne praktisch alle Möbel haben, sagte er, außer vielleicht den alten Bücherschrank seines Vaters, den würde er gerne behalten. Wie er sich das vorstellte, mit den Möbeln eines Fünfzimmerhauses eine Zweizimmerwohnung zu möblieren, fragte ich gar nicht erst. Und was die Bücher beträfe, so hätte er seine schon mal aussortiert, und die uns gemeinsam gehörten, könnte ich auch gerne alle mitnehmen.

Und ob ich nicht auch die Dias und den Dia-Apparat haben wolle? Stellte er sich vor, ich würde mich über die einsamen Abende meines demnächst beginnenden Single-Daseins hinwegtrösten, indem ich mir die Bilder unserer Urlaubsreisen betrachtete? Ich fragte nicht.

Und natürlich Bettwäsche und Handtücher und Geschirr und Vasen und Töpfe und Bügeleisen und Bilder und was weiß ich. »Bitte nimm doch wirklich alles, was du brauchst«, drängte er, »und wie ist es mit den Terrassenstühlen? Die würden doch sicher gut auf einen Balkon passen!«

Es war nicht Großzügigkeit und auch nicht Schuldbewußtsein, was ihn so freigebig machte. Er wollte ein neues Leben anfangen, und darum sollte alles verschwinden, was mit mir und unserem Leben zu tun hatte. Und wäre ich nicht sowieso tot gewesen, dann hätte mir das schrecklich weh getan.

Gott sei Dank war ich tot. Denn unter seiner Geschäftigkeit und seiner gleichbleibenden Freundlichkeit und Rücksichtnahme pulsierte die Vorfreude auf das neue Leben. Ich hörte es in seinem Lachen, ich sah es an seinen Bewegungen. Er war nie zuvor so lebendig und – verdammt noch mal – attraktiv gewesen wie jetzt, außer vielleicht in der ersten Zeit unserer Beziehung. Er versuchte es zu verbergen und sich dem Ernst der Situation entsprechend ernst und gemessen zu verhalten, aber es gelang ihm nicht immer.

Manchmal saß er im Wohnzimmer, Zeitung lesend, und ließ die Zeitung sinken und betrachtete träumerisch den Raum. Diesen Raum, den ich so liebte, mit seinem gelben Teppichboden und den weißen Vorhängen und den klaren Möbeln, in dem immer die Sonne schien, weil er Fenster nach allen drei Sonnenseiten hatte. Und ich wußte, wovon er träumte: von Clarissa und dem Kind in diesem Raum, und wie er ihn ausstatten würde, Holzfußboden und Berberteppiche (für die er eine Vorliebe hat, ich aber nicht), und überhaupt etwas rustikaler (wofür er eine Vorliebe hat, ich aber nicht) und viele, viele Pflanzen (wofür er eine Vorliebe hat, ich aber nicht).

Wenn er merkte, daß ich ihn ansah, dann nahm er ganz schnell den ernsten gemessenen Ausdruck an und sah wieder in die Zeitung. Und wäre ich nicht sowieso tot gewesen, in solchen Momenten wäre ich gestorben.

Schließlich fand er auch die Wohnung für mich. Es war nicht so schnell gegangen, wie er erwartet hatte, und ich spürte seine Nervosität darüber, daß dieser Teil seines »Wie-richte-ich-mir-ein-neues-Leben-ein«-Planes nicht funktionierte.

Er kam abends nach Hause, an einem dieser Aprilabende, an denen man den Frühling geradezu schmerzlich im Körper spürt. Er hatte eine Magnumflasche Champagner dabei (Veuve Clicquot gelb, mein verdammter Lieblingschampagner) und einen Riesenstrauß gelber Rosen und Freesien (meine verdammten

Lieblingsblumen, außer daß die Rosen früher immer rot gewesen waren).

Er kam über den Gartenweg, strahlte, schwenkte die Flasche und den Strauß und rief: »Surprise, surprise!« Und ich hatte plötzlich nur einen Gedanken im Kopf, natürlich wieder einen blöden, geradezu goldmedaillenverdächtig blöd: Alles ist vorbei, dachte ich, als ich ihn da kommen sah, strahlend und schön (Anthony Perkins ist ein Penner dagegen), es ist vorbei, es ist aus mit Clarissa, er hat sich von ihr getrennt, er weiß wieder, daß er nur mich liebt, es ist ihm doch noch klargeworden. Lieber Gott ja, das ist die Überraschung, das muß sie sein, und das will er jetzt feiern!

»Ich habe deine Wohnung gefunden«, sagte er, »die schönste Wohnung der ganzen Stadt, sie wird dir gefallen, und jetzt fahren wir gleich rüber und schauen sie an und trinken den Champagner. Ich hole nur schnell zwei Gläser, die lassen wir gleich da, da hast du dann schon zwei der wichtigsten Einrichtungsgegenstände! Sollen wir die Blumen auch mitnehmen?«

Und auch gleich dalassen? dachte ich. Und mich am besten auch gleich dalassen?

Aber es war wirklich eine schöne Wohnung, eigentlich viel zu schön für eine Tote. Zwei Zimmer, großer Balkon, große Küche, das Bad in Weiß gefliest, nach hinten Ostseite, nach vorne Westseite, die Straße ruhig und mit Bäumen bestanden.

»Das liebst du doch so«, sagte Rüdiger begeistert, »Ost- und Westsonne und dann die schönen weißen Fliesen und der große Balkon. Und die Bäume da, das sind Linden, ich habe die Hausmeisterin gefragt, die magst du doch auch so!«

Klar, dachte ich, wenn man die Alte schon so vornehm und dezent abtötet, dann muß man ihr wenigstens ein anständiges Mausoleum besorgen, eines, das ihr gefällt und in dem sie sich wohl fühlt. Eins mit Linden davor. Sonst kannst du keine Eiche von einer Pappel unterscheiden, und es interessiert dich auch nicht besonders, aber hier hast du dich schon mal vorsorglich erkundigt, ob da auch die richtigen Bäume stehen, damit ich bloß nicht nein sage.

Rüdiger hatte erstaunlicherweise nicht daran gedacht, Tisch

und Stühle mitzunehmen, die man dann auch gleich hätte dalassen können. Wir setzten uns auf den Boden ins größere Zimmer, machten die Balkontüre auf und tranken den Champagner. Es war wirklich ein schönes Zimmer.

Immerhin, dachte ich, das Mausoleum ist schön und geschmackvoll, immerhin. Tot sein und dann noch ein häßliches Mausoleum, das hält ja keiner aus. Und ich war zum ersten Mal ein bißchen erleichtert.

»Und was kostet sie?« fragte ich.

»Sie ist außerdem wirklich günstig«, sagte Rüdiger. »Fürs erste brauchst du dir ja deswegen keine Gedanken machen, da zahle ich, ganz klar. Aber sie ist auch noch erschwinglich, wenn du dich beruflich selbständig gemacht hast.«

Wenn du nicht mehr blechen mußt, das meinst du doch, dachte ich.

»Und am ersten Mai kannst du einziehen«, sagte Rüdiger und stieß schon wieder mit mir an. »Aber du rührst kein Stück an, kein Buch, nichts. Das lassen wir alles machen, von Umzugsspezialisten, die packen alles ein und stellen es genauso wieder hin.«

»Ach, und die andere Überraschung«, sagte er und war so auf der Begeisterungsschiene, daß er sich nicht mehr bremsen konnte. »Im Juni haben wir Scheidungstermin, das steht jetzt auch fest!«

Und dann können wir heiraten, müßtest du jetzt eigentlich sagen, wenn dir nicht gerade noch eingefallen wäre, daß die falsche Frau vor dir sitzt, das ausrangierte Exemplar. Aber das kannst du ja morgen nachholen, in deiner Mittagspause, und diesmal mit der Richtigen.

Wir saßen da und stießen immer wieder an und tranken die Flasche aus und feierten, daß Rüdiger es geschafft hatte, mich in knapp drei Monaten loszuwerden, ohne Komplikationen, ohne Verzögerungen und dazu noch sehr dezent, auf die ganz feine englische Art.

Ulla Fröhling

Leichenschmaus

»Dann werden Sie doch Leichenwäscherin«, brüllte ihr Therapeut in einem Anfall von Wut und Verzweiflung, den er sich für den Rest seines Lebens nicht verzeihen würde. Daß dieser Rest nur noch recht kurz sein würde, davon hatte er keine Ahnung. Er wähnte sich jung, gesund und vor allem sehr potent. Zur Zeit war er allerdings durch seine Klientin einigermaßen in Mitleidenschaft gezogen. Üblicherweise war das umgekehrt.

Über Monate hin hatte er sich anhören müssen, wie sehr sie es liebte, kalte, glatte, unbewegliche Körper zu berühren, zu streicheln, zu betasten. Körper, die sich nicht bewegten, nicht rochen, nicht schwitzten, Körper ohne Haare, ohne Falten, ohne eigenen Willen. Kein Parfüm, kein Deo, keine Hautcreme. Vielleicht ein wenig feucht. Moderig. Aber gradlinig, berechenbar, bereit. Er begann, von diesen Körpern zu träumen. In seinen Träumen hatten sie kein Gesicht. Ja, sie hatten nicht einmal einen Kopf. Sie verfolgten ihn, meist in Horden, um ihn zu fangen und stumm unter sich zu begraben.

Mehr noch: in den letzten Wochen hatten sie angefangen, ihn auch tagsüber zu belästigen. Normalerweise ging er fünfmal in der Woche schwimmen, immer morgens von sieben bis sieben Uhr dreißig. Und zweimal in der Woche ging er in die Sauna. Diese langjährigen Gewohnheiten hatte er vor kurzem ihretwegen eingestellt. Er konnte es einfach nicht mehr ertragen, nackte Körper zu sehen, nicht einmal Teile von nackten Körpern.

Im Schwimmbad hatte es begonnen. Auf einmal sah er eine Gruppe von kopflosen Toten mit Schwimmflossen auf sich zukommen. Er wußte, daß das eine Täuschung sein mußte, daß ihn ein Trugbild in seinem eigenen Hirn narrte, denn um diese Zeit trainierte hier im Rahmen des Volkshochschulkurses »Gutes für den Rücken« stets eine Gruppe von Menschen mit Rückenbeschwerden. Das war immer so am Freitagmorgen. Und heute war Freitag. Er hämmerte es sich ins Hirn. Trotzdem gingen die Leichen im Wasser nicht weg. »Was hat es für einen Sinn, Leichen das Schwimmen beizubringen?« fragte er sich weiter, während er auf der Stelle Wasser trat. Natürlich wußte er die Antwort: keinen. Außerdem war ihm während dieser ganzen Zeit klar, daß die Vorstellung von Leichen mit Rückenschmerzen geradezu absurd war. Oder? Er hörte auf, Wasser zu treten, und verließ das Schwimmbad. Irgendwie mochte er jetzt auch nicht mehr in diesem Wasser sein. Er ging nie wieder hin. In der Sauna befürchtete er, daß sie auftauchen und sich in dem engen, heißen Raum dicht neben ihn legen könnten. Also auch keine Sauna mehr.

Als er diese offensichtlichen Trugbilder später analysierte, mußte er zugeben, daß er keineswegs urlaubsreif war – vor einem Monat waren er und seine Frau nach drei Wochen köstlicher Ruhe auf der einsamen Mittelmeerinsel Gozo erholt zurückgekehrt. Auch konnte er sich nicht damit trösten, daß er möglicherweise besonders gestreßt wäre, denn seine Praxis war lange etabliert, er hatte eine effektive Sekretärin und einen begrenzten, aber vermögenden Klientinnenkreis.

Nachdem er beschlossen hatte, nicht mehr schwimmen zu gehen, und auch auf die Sauna verzichtete, glaubte er eine Weile, seine Probleme seien vorüber. Dann aber kam seine Frau eines Morgens nackt aus dem Bad und trug keinen Kopf auf den Schultern. Am selben Tag verlor er vollkommen die Kontrolle und schrie seine Klientin an, die es sich gerade auf seiner Couch gemütlich gemacht hatte und mit ihren unappetitlichen Geschichten fortfahren wollte.

Wenn er sie bloß nie wiedersehen müßte. Möge sie unter ein Auto kommen, vom Hochhaus fallen, vom Blitz erschlagen werden. Dabei war er anfangs richtig scharf auf sie gewesen, gleich beim ersten Mal, als sie seine Praxis betreten hatte. Sie war eine ausgesprochen reizvolle Frau mit hinreißend üppiger Figur, die sie in ein ziemlich knappes Kostüm gepackt hatte. Natürlich war es in erster Linie ihre leicht devote Ausstrahlung gewesen, die ihn angesprochen hatte. »Eine entwicklungsfähige Masochistin«, hatte er gedacht, als sie ihm gegenüber auf der Vorderkante des Stuhls an seinem Schreibtisch saß, die Handtasche auf dem Schoß, die Hände wiederum auf dieser ruhend. Ihr Blick irrte durch den Raum, während sie berichtete, daß sie Schwierigkeiten mit ihren Träumen hätte. Seinem Blick hatte sie keinen Augenblick standhalten können. Außerdem nahm er eine Diskrepanz zwischen ihrer inneren Verfassung und der äußeren Erscheinung wahr, die ihn zu den schönsten Hoffnungen berechtigte. Mit der Enge ihres Kostüms versuchte sie sich Halt zu geben. Man brauchte ihr nur das Kostüm wegzunehmen, schon würde alles in sich zusammensacken. Mit Sicherheit hatte sie sexuelle Probleme, vielleicht war sie frigide? – man würde sehen. Möglicherweise lag eine frühe Störung vor, vielleicht sexueller Mißbrauch. Auf ihre inzestuösen Phantasien war er vom ersten Tag an gespannt. Auf die Übertragungen auch. Angenehm aggressionsgehemmt war sie außerdem. Also war nicht viel Widerstand zu erwarten.

Gleich beim Vorgespräch hatte er sie aufgefordert, sich auf die Couch zu legen. Sie kannte diese Situation nur aus Filmen und war entsprechend unsicher. Sollte sie die Schuhe ausziehen oder nicht? Er nahm ihren fragenden Blick wahr. Aber sie stellte keine Frage, und er half ihr nicht. Als sie dann lag – ohne Schuhe –, waren ihre zierlichen Zehen mit den sorgfältig bemalten Nägeln von einer niedlichen Unruhe, und er beobachtete sie vergnügt aus seiner sicheren Position hinter ihrem Rücken. Nachdem er ihren Lebenslauf erfragt hatte, ließ er sie frei assoziieren und lenkte ihre Phantasien dabei auf seine Person. So war er immer – bis auf ganz wenige Ausnahmen – zum Erfolg gekommen. Bei Frauen, die ihn interessierten. Und sie war interessant.

Beim nächsten Termin forderte er sie auf, es sich doch bequem zu machen. Es sei wichtig, daß sie sich entspanne, und dabei sei die enge Kostümjacke sehr hinderlich. Unter der Jacke trug sie nur ein seidenes Spitzentop und keinen BH. Wie schön. Erregt beobachtete er, wie ihre Brüste sich entspannt ausbreiteten und je nach Gewichtsverlagerung ein wenig nach rechts oder links sackten. Natürlich war sie jetzt noch weniger entspannt als vorher, da sie ebenfalls mit den Bewegungen ihrer Brust beschäftigt war. Daraufhin forderte er sie auf, ihren Rock etwas zu öffnen, weil er sie doch gar zu sehr in der Taille einschnüre. Sie zog den Reißverschluß an der linken Seite ein wenig auf, und dabei sah er, daß das Seidentop unter der Achsel schon ziemlich feucht war. Sie war sehr aufgeregt. Na, prima. Er hatte eine Erektion. Von seinem Sessel aus schaute er genau zwischen ihre Brüste, beobachtete, wie sie sich hoben und senkten. Auch ihr Bauch hob und senkte sich recht schnell. Ihr Rock war so eng, daß die Strapse ihres Strumpfhalters durchdrückten. Sie trug keine Strumpfhose. Wunderbar. Er stellte sich vor, wie sie auf seiner Couch lag, nur mit der engen Kostümjacke, Strapsen, Seidenstrümpfen und hochhackigen Schuhen. Kein BH, kein Slip. »Rette mich«, würde sie flehen, »rette mich!« Er liebte seinen Job. Besser als jede Peep-Show.

»Erzählen Sie mir von Ihren Träumen«, forderte er sie auf und legte jenes Timbre in seine Stimme, von dem seine Freundinnen träumten. Daß sie das taten, wußte er genau, denn sie mußten ihm ja über ihre Träume Bericht erstatten. Und dann kam es: »Da sind diese Leichen«, sagte sie zögernd und verstummte. »Leichen?« half er nach einer Weile, »erzählen Sie weiter.« – »Wasserleichen«, sagte sie, »aufgedunsen. Oder Erhängte, Erdrosselte, keine Erschossenen, komisch, nie sind sie erschossen.« – »Und was ist mit denen?« fragte er etwas unwirsch, denn sie hatte seine Phantasien zerstört. Er machte einen neuen Ansatz, in dem er sich vorstellte, auf der anderen Seite der Couch zu sitzen und gerade unter ihren Rock zu schauen. Natürlich dürfte sie keinen Slip tragen.

»Sie liegen neben mir im Bett«, erwiderte sie. »Und Sie haben Angst?« legte er ihr nahe. »Nein, überhaupt nicht«, sie war fast entrüstet, »ich liebe es. Sie sind so glatt und kühl und willig. Sie sind wundervoll. Ein bißchen schleimig. Alles Leben ist fort, und ich kann mit ihnen machen, was ich will.« Seine Peep-Show konnte er wohl für heute vergessen. Er richtete sich im Sessel auf und fragte nach ihrem Vater. Der war schon lange tot. Aha. Sie hatte ihn gehaßt? Nein, überhaupt nicht, inniglich geliebt hatte sie ihn. Noch auf dem Totenbett. Noch danach. Sie hatte sich jahrelang nicht von ihm trennen können. Auch von der Mutter nicht.

»Inzestuöse Elternbindung«, konstatierte er bei sich. Kann sich auch Jahre nach dem Tod der Eltern innerlich nicht von ihnen lösen. Doch ihre nächsten Worte machten ihm seinem Irrtum klar. »Mama mußte ich dann aus Platzgründen doch beerdigen, aber Papa liegt immer noch in der Kühltruhe.« Damit waren die 45 Minuten um, und sie verabschiedete sich bis zur nächsten Woche.

Eigentlich hatte er diesen Abend mit einer früheren Klientin in seinem Stadtappartement verbringen wollen, aber irgendwie war ihm die Lust auf die geplanten Fesselspiele vergangen. So fuhr er nach Hause, legte sich neben seine Frau ins Bett und dachte über die neue Klientin nach. War sie verrückt? Vielleicht. Machte sie sich über ihn lustig? Unwahrscheinlich. Hatte sie wirklich ihren Papa in der Kühltruhe? Möglich.

Seine Frau war ein wenig verwundert, daß er so früh zu Hause auftauchte, aber sie hatte sich abgewöhnt, Fragen zu stellen.

Im Laufe der Woche kehrte sein alter Kampfgeist zurück. Das wollte er doch mal sehen, wer hier der Stärkere war! Als sie wiederkam, war er etwas barsch. Ruppig informierte er sie, daß sie erhebliche Probleme hätte. Ergeben gestand sie es ein und begann zu weinen. Sie trug heute einen weiten, fast durchsichtigen Rock aus mehreren Schichten schwarzer Seide und Spitze. Als sie auf der Couch lag, stellte sie die ausgestreckten Beine auf, und die Knie fielen etwas auseinander. Sie hatte sich heute weniger unter Kontrolle. Er setzte ein wenig nach, bis sie heftig schluchzte, und wurde sogleich belohnt: Sie beugte sich zu ihrer Handtasche herunter, dabei rutschte ihr die rechte Brust aus dem Top. Sie bemerkte es noch nicht einmal, als sie wieder auf dem Rücken lag und sich die Nase schneuzte. Ihre kleine helle Brustwarze hatte sich am Spitzenrand des Seidentops verhakt. Er setzte sich bequemer hin, um seiner Erektion ausreichend Platz zu schaffen. Dann schob er die Hand in die Tasche und begann sanft zu onanieren.

Als sie sich fast beruhigt hatte, fragte er sie wieder ein wenig tiefer in ihre Traurigkeit hinein, so daß sie von neuem schluchzen mußte. Dabei rutschte ihr der Rock fast bis zum Ansatz der

Oberschenkel zurück. Auch heute trug sie Strapse. »Nun«, sagte er, um sie väterlich ein wenig zu beruhigen, »gemeinsam werden wir den Leichen schon Einhalt gebieten.« Sie war bestürzt: »Aber das will ich doch gar nicht!« Sie fuhr herum, und er zog die Hand aus der Tasche. »Sie müssen sich wieder hinlegen«, ordnete er an. Sie streckte sich aus, und dann berichtete sie in ziemlich deutlichen Worten, daß ihr Problem das der richtigen Temperatur sei. Direkt aus der Tiefkühltruhe kommend sei Papa einfach zu kalt, aber allzu lange könne sie ihn eben auch nicht antauen. Wie solle sie dieses Problem bloß lösen? Dann mußte sie wieder weinen. Seine Erektion konnte er vergessen.

In den nächsten Wochen spielte es sich ein, daß er nach den Therapiestunden mit seiner kleinen Morbiden, wie er sie bei sich nannte, stets direkt nach Hause fuhr. Eine seiner Freundinnen, denen er sich nach einem strengen Wochenplan zuteilte, ging nun leer aus. Im zweiten Monat dehnte sich sein Tief auch noch auf den nächsten Abend nach diesen speziellen Therapiestunden aus. Sie hatte ihm inzwischen berichtet, daß sie gern Friedhöfe und Kapellen besuchte. Von ihr hatte er erfahren, daß es manchmal einen ganzen Tag und eine Nacht dauerte, bis ein ins Grab hinabgelassener Sarg zugeschüttet wurde. Zeit genug. Während sie ihm diese Mitteilung machte, bewegte sie sich heftig, und er sah, daß sie tatsächlich keine Unterwäsche trug. Sein Schwanz wußte inzwischen nicht mehr, ob er weinen oder lachen sollte.

Mehrmals hatte er inzwischen beim Rendezvous mit einer seiner Geliebten versagt. Alles war gewesen wie immer, sie lagen auf dem Bett, Arme und Beine an die Messingpfosten gefesselt, die sie selbst vorher eifrig poliert hatten. Sie bettelten: »Rette mich, rette mich.« Und er kriegte einfach keinen hoch. Es war zum Heulen. Er konnte keine nackten Körper mehr sehen, nicht einmal die seiner Geliebten.

Spätestens jetzt hätte er sie an einen anderen Therapeuten verweisen müssen, das wußte er genau. Ihm schwebte da auch jemand vor, einer, der ihm vor einiger Zeit eine Klientin weggeschnappt hatte. Mit seiner kleinen Morbiden könnte er sich rächen. Aber er wollte auch nicht versagen. Und dann war da noch der berufliche Ehrgeiz: Nekrophile waren nicht gerade dicht gesät, und in der gesamten Fachliteratur gab es bisher nur eine einzige Frau. Er konnte sich mit ihr wirklich einen Namen machen. Wenn seine Nerven durchhielten. Daß er sie an der Leine hatte, dessen war er sich ganz sicher. Wo sonst konnte sie so offen von ihrer Liebhaberei schwärmen? Allerdings hielt er sie immer etwas in Angst, zum Beispiel hatte er ihr bisher noch nicht erzählt, daß Nekrophilie in Deutschland kein strafbares Delikt ist. Schließlich sollte sie nicht übermütig werden.

Inzwischen schlief er keine Nacht mehr durch. Morgens erzählte ihm seine Frau stets, wie verzweifelt er um sein Leben geschrien hatte. Er magerte ab und konnte seine Praxisarbeit nur noch notdürftig erledigen. Als ihre Leichen ihn dann aber nicht nur im Traum, sondern sogar in der Wirklichkeit verfolgten, waren seine Grenzen endgültig erreicht. Der Rest ist schnell erzählt: Psychisch haben Psychiater nicht die stabilste Kondition, das weiß man ja.

Am Tag nach seiner Beerdigung saß eine Gruppe äußerst attraktiver junger Frauen zu Hause bei seiner Witwe. Alle waren schwarz gekleidet. Alle waren sehr vergnügt. Eine von ihnen war die ›kleine Morbide‹, über die der Verblichene hatte publizieren wollen. Leider konnte er seine Arbeit nun nicht mehr beenden. Auf dem Tisch stand eine Magnumflasche Veuve Clicquot, und obwohl es erst elf Uhr am Morgen war, zeigte die Heiterkeit der Runde, daß der Champagner seine Wirkung getan hatte. »Der Tip war einfach toll von dir, Martha«, sagte die kleine Morbide zur Witwe, und ihre Stimme schleppte schon ein wenig. »Sex und Leichen zu kombinieren, darauf wäre ich nie gekommen. Es hat teuflischen Spaß gemacht. Einmal mußte er sogar rauslaufen und sich übergeben.« Martha lächelte: »Ich kannte ihn schließlich lange genug und wußte von seiner neurotischen Angst, lebendig begraben zu werden. Wenn man das mit seinem Sextrieb koppelt, das mußte einfach tödlich sein. Aber du hast es auch hinreißend umgesetzt, meine Liebe. Du hast deine Schwester wirklich gerächt. Aber auch ihr anderen wart fabelhaft. Wenn ich an die Show im Schwimmbad denke, diese verrückten Kostüme ohne Kopf. Und dann hättet ihr mal sehen sollen, wie er guckte, als ich aus dem Bad kam und das Kopf-ab-Kostüm anhatte. Er war schon so verstört, er sah gar nicht, daß es nur ein Faschingskostüm war.« Dann wurde sie aber doch noch traurig und fügte hinzu: »Eigentlich hat mein Brief Mirandas Selbstmord ja erst ausgelöst, und ich fühle mich immer noch schuldig.« Aber die anderen bemühten sich, ihr diese Schuldgefühle zu nehmen. »Schau, Martha«, sagte eine ernst, »du hast uns damals durch deinen Brief erst zusammengebracht. Ohne dich wären wir vielleicht alle verloren gewesen, ewig an ihn gekettet wie Miranda. Sie hatte einfach keine Kraft mehr, um sich von ihm zu befreien.« Dann wollten alle noch einmal den Inhalt des Briefes hören, und so kramte Martha ihn aus ihrer Handtasche und las vor:

Sehr geehrte Miranda,
ich glaube, ich darf Sie mit Ihrem Vornamen anreden, da wir so viel gemeinsam haben. Ich danke Ihnen für die Zusendung der Liebesbriefe meines Mannes an Sie. Ich habe sie mit großem Interesse gelesen und möchte zwei Dutzend Exemplare bestellen. Eines in Leder gebunden, der Rest in Pappe. Anbei finden Sie seine Liebesbriefe an mich, aus der Frühzeit unserer Beziehung. Allzu sehr hat er sich nicht weiterentwickelt, oder was meinen Sie? Zu Ihrer Information: das in Leder gebundene Exemplar möchte ich gern in meinen eigenen Bestand aufnehmen, die anderen sende ich weiter an 23 seiner Klientinnen, die sich genau wie Sie für die einzige wahre Liebe seines Lebens halten und ihn erretten wollen. Auch diese Damen haben sich mit einem ähnlichen Ansinnen wie Sie an mich gewandt. Seien Sie froh, wenn ich nicht darauf eingehe. Sie können ihm nicht helfen. Helfen Sie sich selbst. Glauben Sie mir, es ist kein Vergnügen, mit Ihrem Therapeuten verheiratet zu sein. Er hat ja alles schon hinter sich. Früher war ich genauso eifersüchtig wie Sie, habe ihn verfolgt und bei seinen Abenteuern beobachtet. Einmal saß ich sogar verkleidet im selben Zugabteil, in dem er ältere Frauen zu exzentrischen Fußspielen verführte.

Liebe Miranda, ich bin gern bereit, Ihnen die Adressen der anderen 23 Damen zugänglich zu machen, und könnte mir vorstellen, daß Sie vielleicht eine kleine Selbsthilfegruppe gründen möchten.

Ich werde beitreten.

Mit freundlichen Grüßen,

Ihre Martha Everstorff

Als sie geendet hatte, schaute sie in die Runde und sagte: »Er wollte ja unbedingt eingeäschert werden. Aber ich habe mich dann doch für eine ganz normale Erdbestattung entschieden. Wer will, kann heute nacht noch mal testen, ob er wirklich tot ist.« Aber keine hatte Lust.

Keto von Waberer

Zaubern in Davos

Am Hang die Skifahrer, wie sie herumkrochen, aufstiegen, breitbeinig, abfuhren, mit ausgebreiteten Armen. Gertrud sah, während sie kaute, hinaus und ließ den oder jenen hinfallen. Bei manchen brauchte sie ein paar Minuten, mußte die Zähne zusammenbeißen und die Augen zu schmalen Schlitzen verengen. Aber meistens ging es leicht, sie umzuwerfen.

Am Nachmittag legte sie sich in die Sonne, band ihr Haar zurück und rieb sich das Gesicht mit Nußöl ein, auch die Bluse öffnete sie weit. Ihre Beine streckten sich warm und schwer unter der karierten Wolldecke. Die Menschen, die um sie herum auf der Terrasse saßen, wußten nichts von ihr, nichts von ihrem Gespräch mit der Sonne, denn Gertrud sprach mit der Sonne, begrüßte sie, lobte sie, hielt ihr das Gesicht hin zum Kuß. Wie lange hatte sie das nicht mehr getan, viele Jahre nicht mehr. Sie beschloß, Echnatons Gebet an die Sonne zu lesen. Sie wollte die Sonne aufhalten, sie dort festbannen hoch oben, dort über den scharfgezahnten Bergrücken. Aber das gelang ihr nicht, noch nicht, und sie legte sich zurück und atmete tief.

Wenn es dunkel wurde, kam eine Zeit, die Gertrud nur schwer ertrug. Zuerst hatte sie sich in ihrem Hotelzimmer ins Bett verkrochen, aber da fielen sie düstere Gedanken an, ganze Rudel von Gedanken, sie sahen aus wie schwarze behende Tiere, die über die Schneehänge daherkamen, um ihren Tag zu zerfetzen, den schönen sonnigen Tag, den sie verwahren wollte am Abend wie ein kostbares Kleid.

Albrecht saß unter der Lampe und fragte über seine Zeitung blickend: »Was hast du denn heute Schönes getrieben, Gertrud?«

Gertrud hatte den Spiegel verhängt. Das taten die Menschen sonst nur, wenn ein Toter im Zimmer lag. Gertrud dachte darüber nach und verstand es nicht. Sie wollte den Spiegel nicht, wollte nicht hineinsehen, auch nicht zufällig. Er zeigte ihr eine Frau, die sie nicht ertrug. Eine Frau mit Haaren, die grau wurden, und Augen, die ängstlich blickten, als schaute sie da ein kleines verirrtes Mädchen an, zwischen geschwollenen rötlichen Lidern. Ein Kind, das ein böser Zauber in diesem fremden schwergliedrigen Körper gefangenhielt.

Manchmal, wenn es dunkel wurde, setzte sie sich ans Fenster und betrachtete lange den Himmel. Dann stieß sie sich ab und flog durch die Nacht unter den Sternen hin nach Deutschland. Es war ein kalter Flug, der sie erschöpfte, weiße Landschaften, grüne Landschaften, über Städte und Straßen. Sie fand den Weg, senkte sich tiefer, kreiste über der kleinen Stadt und landete lautlos in ihrem Zimmer zu Hause. Sie trat vor Albrechts Bett und löschte die Lampe aus, nahm ihm das Buch aus der Hand und riß ihm die Brille vom Gesicht. Sie hockte sich auf seine Brust wie eine schwere nachtblaue Katze und horchte auf seine röchelnden Atemzüge. Manchmal auch kam sie nackt zu ihm, kalt, mit offenen Haaren voller Schneeflocken und sank auf ihn herab wie ein eisiger Nebel. Er lag und schlief und keuchte im Schlaf. Sie berührte ihn mit ihren Nebelfingern und tat ihm alle möglichen Dinge an, die sie noch nie getan, an die sie noch nie gedacht hatte. »Wie kannst du so lange neben mir leben, Albrecht, und nichts von mir wissen?« fragte sie. »Was hast du nur mit mir angestellt in all dieser Zeit?« Aber sie wußte wohl, daß ihn keine Schuld traf. Sie hatte ihm die Nebelfrau vorenthalten, die Nachtkatze, die Geliebte des Sonnenprinzen. Sie hatte ihn getäuscht. Gertrud weinte.

Am Abend ging sie, als es dunkel wurde, nicht in ihr Zimmer, sondern hinunter in den warmen Raum, in dem Lehnstühle und Sofas auf dem dicken weißen Teppich standen und ein Feuer im Kamin brannte. Sie bestellte sich einen Grog und später einen zweiten. Da saß sie ganz gelassen und beobachtete die Menschen, die hereinkamen, sich begrüßten, umarmten, lachten, sich zusammen hinsetzten oder plötzlich gemeinsam aufstanden und weggingen. Die meisten waren nicht allein. Gertrud langweilte sich nicht, sie genoß das gedämpfte Licht, die Stimmen um sie her, die sie nichts angingen. Sie wagte nicht zu zaubern in diesem Raum, als fürchte sie, man könne sie bemerken, sie erkennen, sie ausstoßen, sie in ihr Zimmer hinauftreiben und dort müsse sie bleiben in der Stille des furchtbaren Zimmers mit seinen karierten Vorhängen, dem hochbeinigen Holzbett, dem schweren Schrank, der nach Harz roch, und dem tückischen Spiegel. Nur einmal, nur einmal, vom Trinken übermütig und erhitzt, löschte sie das Feuer aus. Es rauchte und kämpfte mit ihr, glühte noch immer verbissen, als eine Frau mit einem Korb Holzscheite herbeikam und es neu anfächelte. Keiner im Raum hatte etwas davon bemerkt.

Der Mann mit dem glatt nach hinten gekämmten grauen Haar und den großen baumelnden Händen ging jeden Abend an Gertruds Sessel vorbei, den Rücken gerundet. Seine Augen spähten kurzsichtig in alle Winkel des Raumes, dann hoben sich die Brauen, als sei er erstaunt, nicht zu finden, was er suchte. Er zog die Hosenbeine über den Knien leicht in die Höhe und warf sich dann, nach einem weiteren, diesmal ungläubigen Blick in die Runde, rückwärts in den Ledersessel neben dem runden Tisch mit der Lampe. Er holte eine Zeitung aus der Brusttasche seiner Tweedjacke, sah sich noch einmal um und fing an zu lesen. Schon öfters war sein suchender Blick auf Gertrud gefallen, und eines Abends nickte er ihr zu wie einer alten Bekannten. Auch Gertrud war es, als kenne sie ihn schon lange. Etwas an seiner Art, das Kinn zu recken, war ihr vertraut. Als er danach anfing zu lesen, lächelte er weiter und strich sein Haar zurecht. Gertrud betrachtete sein Kinn, es war breit und in der Mitte von einer Kerbe in zwei runde Hügelchen geteilt. Sicher war es schwierig, diese Kerbe mit dem Rasierapparat zu erreichen. Wenn der Mann den Kopf zur Seite drehte und sein Profil zeigte, war es, als bringe dieses Kinn das ganze Gleichgewicht seines Gesichtes durcheinander. Die niedrige Stirn und die kleine Nase konnten diesen massigen vorspringenden Unterkiefer nicht ausgleichen.

Albrecht, ihr Mann, der sich an ihr vorbeistreckte und schweigend im Küchenschrank zu rumoren begann, hielt seinen Kopf immer etwas nach hinten gelegt, fragend und wartend, das flache Kinn an den Hals gezogen. Vielleicht gehörte diese Kopfhaltung zu seinem Beruf. Wenn er lachte, zischte er leise durch die Zähne und senkte die Lider. Er war Familienrichter.

Der Mann war in das Licht der gelbschirmigen Lampe getreten, unter der Gertrud saß. Er streckte seinen Kopf vor, schloß die Beine und gab seinem Körper einen kleinen Ruck, mit dem er ihr noch näher kam.

»Darf ich mich vorstellen, Knesebeck, Winfried Knesebeck.« Sein Arm fuhr heraus, und seine offene Hand hing vor Gertruds Gesicht. Sie legte ihre Hand hinein, in Erwartung eben des festen trockenen Händedrucks, der nun folgte.

»Setzen Sie sich doch«, hörte sie sich sagen. Da setzte er sich neben sie in den leeren Sessel, nicht ohne vorher die Hosenbeine überm Knie angehoben zu haben, auch ein paar unsichtbare Flusen kehrte er rasch von seiner Jackenbrust. Nun erst beugte er sich zu ihr vor und fragte: »Gnädigste, und mit wem habe ich... das auserlesene Vergnügen?«

Gertrud sagte ihm ihren Namen. So einfach war das. Es war wie ein lächerliches Spiel, das man nicht mehr verlernen konnte, so wie Schlittschuhlaufen und Radfahren.

Gertrud wollte lachen, glaubte auch, der Mann würde lachen, aber an seinem Gesicht sah sie, daß er nichts dergleichen vorhatte.

»Um diese Jahreszeit ist Davos am schönsten«, sagte er, »meinen Sie nicht, gnädige Frau. Man ahnt schon den Frühling und kommt doch noch in den Genuß des Wintersportes.«

So ging es also weiter.

Er deutete Gertruds Schweigen falsch und hob die Hand. »Ich dränge mich doch nicht etwa in Ihren wohlverdienten Abendfrieden. Gewiß sind Sie erschöpft von den vielen Abfahrten. Ich dachte nur, Knesebeck, ein kleiner Plausch täte dir gut und als Gäste desselben Hotels haben wir ja sozusagen fast die Verpflichtung, uns umeinander zu kümmern.«

Albrecht wußte nicht, wo sie war. Albrecht glaubte, sie sei zu ihrer Schwester gereist, um sie zu pflegen. Arme Ada, mit ihrem Asthma, Gertrud scheuchte sie auf, als sie sich keuchend neben ihr in das Sofa niederlassen wollte und den Wollschal um ihre Schultern zusammenzog. Sie konnte den Fichtennadelgeruch ihres Inhalators riechen und warf dem Mann einen schnellen Blick zu. Er hatte nichts bemerkt, saß vornübergebeugt und wartete auf ihre Antwort wie ein großer gutmütiger Hund auf ein Stöckchen, das man ihm zuwirft.

Gertrud lächelte. »Ich fahre nicht Ski.«

»Ich auch nicht. Es ist wieder der Meniskus«, er schlug sich aufs Knie. »Jugendsünden.«

Einen Augenblick glaubte Gertrud, sie könne nicht weiterspielen, gar zu überschaubar erschien ihr das Spielfeld, der Gegner, der Sieg. Vielleicht gab es den Mann gar nicht, und sie selbst war es, die ihn solche Sätze sagen ließ, in ihrer Vorstellung.

»Knesebeck«, sagte sie versuchsweise.

»Ja, Winfried Knesebeck, meine Gnädigste. Sind Sie zum ersten Mal in diesem Weltstadtdorf?«

»Nein, ich kenne Davos.« Warum log sie? Sie befahl seiner Hand, sein Kinn zu berühren, die Kerbe zu betasten, und er tat es sogleich und widerstandslos.

»Ich bin hierhergekommen, um mich zu erholen, ich habe zuviel gearbeitet«, hörte sie sich sagen. Auch das war gelogen.

»Da geht es Ihnen wie mir.« Knesebeck seufzte. »Gnädigste sind nicht verheiratet?« fragte er.

»Ich bin verheiratet.« Einen Augenblick verlor Gertrud die Leichtigkeit und drohte ein Feld zurückzufallen auf dem Spielbrett.

Aber Knesebeck kam ihr zu Hilfe. »Wie schön für Sie. Ich bin geschieden, seit einem Jahr.« Er reckte sein schweres Kinn. »Ein mehr oder weniger frischgebackener Junggeselle.« Er sah sie an. »Mit allen Vor- und Nachteilen, wenn ich so sagen darf.« Er lachte. »Wollen wir etwas trinken, gemeinsam... vor dem Abendessen? Übrigens ausgezeichnet das Essen hier, wie?«

»Einen Roten«, sagte Gertrud und zwang sich hinzuzufügen: »Herr Knesebeck.«

»Meine Firma stellt Haushaltsmaschinen her, wissen Sie, auch große Maschinen für den Hotelgebrauch, da wird man sozusagen zu einem Fachmann der Gastronomie«, sagte Knesebeck und sah sich nach dem Ober um. Nach ihrer Arbeit fragte er nicht, auch nicht nach ihrem Mann.

Albrecht, ihr Mann, liebte das Filet gut durchgebraten. Albrecht haßte es, wenn es zu warm im Haus war. Albrecht verreiste nicht mehr gerne, seit er pensioniert war, er schlief nur gut in seinem eigenen Bett. Nachts lag er so still neben Gertrud, als läge er im Koma, sein Atem pfiff. Gegen Morgen, wenn das Zimmer im Dämmerlicht langsam mit all seinen Möbeln zurückkehrte aus der Dunkelheit der Nacht, sah Gertrud zu ihm hinüber. Sie fürchtete, er wäre nicht mit zurückgekommen und sie läge neben einem Toten.

Auf den Spaziergängen, die Gertrud mit Knesebeck unternahm, entlang den vom Schnee freigeräumten beschilderten Spazierwegen durch den verschneiten Hochwald, erfuhr sie mehr über ihn. Er entstammte einer Gastwirtsfamilie und hatte sich hochgearbeitet, wie er sagte. Der Weg nach oben gipfelte in seiner Heirat mit Erika, deren Vater die Firma gehörte, der Knesebeck jetzt vorstand: Elektrostar, Küchenmaschinen. Erika hatte ihn verlassen, jawohl, sie lebte jetzt allein und widmete sich nun gänzlich der leidenden Kreatur, wie er es nannte. Im großen Stil natürlich. Knesebeck wölbte die Schultern nach vorne und blickte Gertrud forschend ins Gesicht. »Sie veröffentlicht auch Artikel in der Presse und setzt sich öffentlich für das Tier ein. Sie ist großartig, damals, als eine ganze Wildpferdherde zu Hundefutter verarbeitet werden sollte, in Arizona war das, glaube ich, schrieb sie einen öffentlichen Brief an den amerikanischen Präsidenten. Da kennt Erika nichts.«

»Ja und?« fragte Gertrud und blieb stehen.

»Was bitte?«

»Hat sie sie gerettet, die Wildpferde?«

»Das weiß ich nicht, wirklich, ich denke doch, wenn sie sich einmal etwas in den Kopf gesetzt hat...«

»Sie hängen noch sehr an ihr«, sagte Gertrud plötzlich, gerührt von seinen unglücklichen Augen, seinen gespitzten Lippen.

»Wir sind miteinander fertig«, rief Knesebeck entschieden.

»Nein... ich, ich habe mich arrangiert, kein böses Wort über sie, aber nein, mit ihr zu leben... Sie hatte so eine, wie soll ich's sagen, so einen Drang zum Übernatürlichen... nichts für Knesebeck, wollte mich immer auf Séancen schleppen oder wie das heißt. Nein.« Sie schritten weiter. Gertrud stellte sich Erika vor, auf einem Sofa von Katzen umgeben – in einer Runde von Menschen, die mit geschlossenen Augen um einen Tisch saßen und sich an den Händen hielten.

»Sie, Erika... ich denke wohl, daß ich ihr fehle, daß sie noch an mir hängt. Erika schon...« Knesebeck trat nach den Schneehaufen am Rande des Weges. »Jedenfalls was... nun was die Intimitäten angeht, wie soll ich sagen, sexuell... sexuell war sie mir hörig. So was kann man nicht abstreifen wie eine alte Wursthaut.« Er sah Gertrud verschmitzt ins Gesicht und atmete eine weiße Dampfwolke zu ihr hinüber. »Wir sind ja keine heurigen Hasen, über so etwas können wir doch offen sprechen, Gnädigste.« Gertrud ließ ihm einen vereisten Tannenzapfen auf den Kopf fallen, von einem der obersten Äste.

Sie saß vor dem Spiegel und ordnete ihr Haar. Das Mädchen beim Friseur hatte es geschnitten und auf Wickler gerollt. Es war weich und umgab ihr Gesicht bereitwillig mit seinen falschen Locken. Die grauen Haare waren zwischen dem Blond kaum zu sehen. Sie reckte den Hals und betastete ihn unterm Kinn. Sie mußte sich merken, nicht immer das Kinn zu senken, das machte den Hals schlaff und runzlig. Gertrud puderte ihre Nase, nicht zuviel, behutsam strichelte sie an den Brauen entlang, brauner Stift, nicht schwarzer.

»Sie sind eine schöne Frau«, sagte Knesebeck, »eine natürliche Schönheit, nicht im landläufigen Sinne, verstehen Sie, Sie haben so etwas Bäuerliches an sich, im besten Sinne, so eine Ehrlichkeit, so einen klaren Blick. Ich habe ein Auge für Frauen, glauben Sie mir. Und Ihre Figur... Sie verzeihen... blendend, blendend für Ihre Jahre.«

Gertrud lächelte sich zu. Sie stand auf und besah sich im Spiegel. »Sie müssen Blau tragen, das bringt Ihre Augen zur Geltung.«

Blau trug Gertrud nie. Vielleicht lag es daran, daß es Albrecht gefiel, wenn sie blau gekleidet war. Als sie jung war, hatte er ihr blaue Kleider gekauft. Sie waren zum Blautopf gereist, um gemeinsam in die azurblaue Tiefe zu starren, Hand in Hand. Gertrud war der Gedanke an diese junge Frau peinlich, die junge Frau, die sich von jedem Gefühl ihres Mannes mitreißen ließ, als sei es ihr eigenes, die die Welt betrachtet hatte durch seine Augen.

Knesebeck, dem das Knie schmerzte nach dem langen Spaziergang, hatte sich zurückgezogen, wie er es nannte. Sicher lag er im Bett und schlief mit leisem Schnarchen. Gertrud beugte sich über ihn, sog seinen Lavendelgeruch ein. »Jardley, meine Gnädigste, alles von Jardley. Ich kenne den Generalvertreter der Firma sehr gut. Ein überaus gepflegter Herr.« Gertrud beugte sich tief über den schlafenden Mann und blies ihm leise ins Gesicht, nicht um ihn zu wecken, sondern um ihm ihren Geruch zuzutragen. »Du wirst dich in mich verlieben, du wirst den Kopf verlieren, du wirst nicht mehr aus noch ein wissen, mein kleiner Rührmaschinenhersteller.« Gertrud lachte. Sie berührte ihre Brüste, ihre Hüften, ihre Schenkel mit ihrer Hand, mit Knesebecks Hand, die geöffnet auf der Steppdecke lag.

Sie atmete tief und legte sich vorsichtig aufs Bett, um ihr Kleid nicht zu verknüllen, um ihre Frisur nicht zu zerdrücken am Hinterkopf. Sie murmelte vor sich hin. »Träum von mir, so ist es gut. Siehst du mich, siehst du uns, du kannst nichts dagegen tun, hörst du wohl, Winfried Knesebeck.«

Wie kam es, daß Albrecht ihre Zauberkraft zum Versiegen gebracht hatte? Wann war das geschehen? Wann hatte sie es geschehen lassen? Irgendwann hatte sie die Macht verlassen, langsam, wie Blut einen Körper verläßt. Ihre Hände waren Menschenhände geworden. Einmal, vor langer Zeit, waren sie eine schöne irdene Schale, in denen sie die blauen Tage für Albrecht auffing wie eine kostbare Flüssigkeit.

Eine Weile ging Gertrud Knesebeck aus dem Weg. Sie frühstückte in aller Eile und machte sich dann auf, um die gut beschilderten Fußwege allein zu erkunden. Der Schnee knirschte unter ihren Bergschuhen, kleine glitzernde Schneewolken stäubten von den Baumästen, die Luft roch nach Schmelzwasser und feuchtem Holz. Es war Gertrud, als habe sie jahrelang darauf gewartet, so allein zwischen den Bäumen zu stapfen, als habe sie immer geahnt, daß es dieses Winterland gäbe, das ihr unwirklich schien, als sei sie eine der kleinen Figuren, die auf den Postkarten im Hotel zu sehen waren, unterwegs zwischen den lächerlich blauen, mit unwirklichem Schnee beladenen Tannen. Das alles war immerzu für sie bereitgehalten worden, all die Jahre, in denen sie vergessen hatte, wie es sich anfühlte, im Schnee zu liegen, auf dem Rücken, um mit den ausgebreiteten Armen neben dem Körper einen Fächer von Abdrücken wie Flügel in die weiße Oberfläche zu drücken, um dann vorsichtig aufzustehen und den ›Adler‹ zu betrachten, in den Schnee gezeichnet. ›Adler‹ hatten sie als Kinder diesen Abdruck des Körpers genannt. Der Gedanke an ihre Kindheit streifte Gertrud mit dem Gefühl der Kraft, ihrer eigenen Körperkraft, die ihr bewußt wurde, erstaunt und voller Entzücken, wenn sie, vom Weg abweichend, die steilen Hänge hinaufkletterte, sich an Baumzweigen und Felsen festhielt und, oben angekommen, keuchend, die Brust voll feiner Nadelstiche, Hände voll Schnee in den Mund steckte, um ihren Durst zu stillen.

Sie schlich sich an Knesebeck vorbei, der in der Empfangshalle auf sie lauerte, die zu einem länglichen Brett gefaltete Zeitung vor dem Gesicht. Man durfte die Zauberkraft nicht überziehen, es war wichtig, ihm Zeit zu lassen für seine Phantasien, und die hatte er. Gelegentlich sprach er von nächtlichen Schlittenfahrten, unter einem warmen Luchsfell zusammengekuschelt, er und eine Frau, die zu ihm gehörte, die wie er die Großartigkeit des Sternenzeltes über den ungeheuren Schneefeldern genoß, oder er malte sich aus, wie er ein Iglu baute, er hatte darüber gelesen, wie man kantige Ziegel mit dem Jagdmesser aus der vereisten Schneedecke schnitt und sie zu einer kleinen Kuppel zusammenfügte, oben ein Loch, um den Rauch des Feuers abziehen zu lassen. Und wieder war sie bei ihm, diese Frau, die ihn verstand. Ein Schneesturm zog auf, und er rettete sich und sie vor dem Erfrieren.

Gertrud mochte ihn gerne, wenn er sich in solche Geschichten verrannte, auszumalen begann, wie die Natur sich gegen den

Menschen erhob oder aber zu einem romantischen und sinnesberauschenden Rahmen wurde für eine abenteuerliche Begegnung. Er warf beim Erzählen Gertrud prüfende Blicke zu, lachte sie womöglich? Auch das gefiel Gertrud. Sie lauschte geduldig. Knesebeck hatte ihr gestanden, daß seine Frau ihn für unreif hielt, für einen, der nicht erwachsen wurde.

In ihrem Zimmer betastete Gertrud ihre Schenkel, als verfolge sie das Wachstum neuer und im Schnee gewachsener Muskeln. Der Geruch ihres Schweißes schien ihr selbst erregend und fremd. Manchmal wusch sie sich nicht, ehe sie sich fürs Abendessen umzog, als hinge ihr körperliches Wohlgefühl und die Gesundheit, mit der sie sich aufzuladen glaubte, in der klaren kalten Luft draußen, auch mit diesem Geruch zusammen, der sie an einen jungen Sportler nach dem Training erinnerte.

Die Abende gehörten häufig Knesebeck.

Wenn er mit Gertrud ausging, rief er sogleich nach Champagner, und die Ober gehorchten eilfertig. Er hatte eine mächtige Stimme, die gewohnt war zu befehlen, es gelang ihm auch mühelos, einen ruhig dastehenden Hotelboy mit einem Blick an den Tisch zu zwingen oder durch ein Heben der Brauen anzudeuten, daß der Tisch, an den man ihn und Gertrud setzen wollte, ihm nicht behagte.

»Diese Maschine, ich habe sie Lektromix getauft. Sie zerkleinert alles in Sekundenschnelle. Sie können Eier sogar mit der Schale hineinwerfen, das schafft die, die schlägt Ihnen die Schale zu Staub.«

Auch das mochte Gertrud, wenn er so sprach, und er sprach oft so. Seine Augen wurden lebendig, wenn es um seine Maschinen ging, seine Schultern strafften sich. »Natürlich kann man auch Milchmixgetränke herstellen, das ist der neueste Knüller aus Amerika. Man wirft die Erdbeeren hinein, Milch dazu, Zukker und wrrr – fertig. Eine Teufelsmaschine.«

Gertrud befeuchtete die Lippen mit der Zunge, machte die Augen zu und hielt den Atem an. Sie neigte ihr Gesicht zu Knesebeck hinüber und heftete ihren Blick auf seinen Mund.

»Den Glasbehälter, damit man sehen kann, was man da braut,

den kann man abnehmen...« Er bemerkte, wie Gertrud ihn ansah, und verlor den Faden. Er öffnete und schloß den Mund ein paarmal unter Gertruds Blick.

»Liebe, liebe, gnädige Frau«, stammelte er. »Sie... ich, Sie dürfen mich nicht so ansehen.«

»Wie ansehen?« fragte Gertrud langsam und ohne seinen Mund aus den Augen zu lassen.

»Ich bin auch nur ein Mann, ein einsamer Mann, der...«

»Was?« Gertrud sah ihm jetzt in die Augen.

»Nun, jeder Mensch sehnt sich nach, nun, nach Zuneigung, und wenn Sie mir so zuhören... Und ich bemerke, daß Sie sich wirklich interessieren für meine Probleme, für das, was mich wirklich bewegt...«

»Ja.« Gertrud legte ihre Hand auf seine Hand, die die zusammengeknüllte Serviette umklammert hielt.

Knesebecks Adamsapfel hob und senkte sich.

»Da spreche ich von Maschinen, und Sie sitzen bei mir, liebe, schöne, gnädige Frau, und ich spreche von einem elektrischen Gerät.«

Der Ober kam an den Tisch und nahm die beiden Teller fort, rückte die Blumen zurecht, wedelte Krümel vom Tischtuch.

»Zweimal Reis Trautmannsdorf, kommt sofort«, sagte er.

Knesebeck hatte nun seinerseits Gertruds Hand ergriffen, die noch immer auf seiner anderen Hand über dem Serviettenbündel lag.

»Manchmal denke ich, das Leben geht vorbei mit Terminen, Verhandlungen und Verkaufskampagnen und ich... in mir ist so ein ungestilltes Verlangen... wie soll ich sagen, so eine Sehnsucht, ja Sehnsucht nach dem Schönen...« Er machte eine Pause.

»Ja«, sagte Gertrud. Ob sie ihr Knie an sein Knie drücken sollte? Nein, das war zuviel.

»Das Schöne im Leben...« Knesebeck blickte über die Tische mit den essenden Menschen hin, als suche er das Schöne im Raum.

Gertrud sah ihn an, schwieg.

»Ein Mann ohne Frau ist oft so einsam«, sagte Knesebeck

und blinzelte unter dem Ansturm der Gefühle ein paarmal rasch hintereinander.

»Ja«, sagte Gertrud leise.

Der Ober stellte zwei Glasschalen mit Reis und kandierten Früchten vor sie auf den Tisch.

Knesebeck wollte Wein trinken, wagte aber nicht, seine Hände wegzuziehen. Gertrud schaute ihm in die Augen.

»Mein Gott, Gertrud, ich darf Sie doch Gertrud nennen.« Er seufzte. »Wieviel Zeit habe ich versäumt.« Jetzt hob er seine Hand aus dem Haufen und nahm einen großen Schluck Wein.

Und nun das Knie, dachte Gertrud.

Über den glitzernden Reisnäpfen, auf jedem lag in der Mitte eine glasige tiefrote Kirsche, sahen sie sich an. Knesebeck mit verwirrten Augen und einem Mund, der nicht wußte, ob er lächeln sollte. Gertrud ruhig und aufmerksam.

»Gertrud«, sagte Knesebeck.

»Winfried«, sagte Gertrud.

Schon auf der Treppe gewann er seine alte Selbstsicherheit zurück, so daß ihn Gertrud zweimal stolpern lassen mußte. Er hielt sie leicht am Ellbogen, und an der Treppenbiegung legte er den Arm um sie und zog sie zu sich heran.

»Ich habe Champagner hinaufbestellt«, flüsterte er in ihr Haar. »Lassen Sie Knesebeck nur machen.«

Gertrud war leicht und neugierig zumute. Vor seiner Tür blieben sie stehen, Knesebeck hielt den Schlüssel schon in der Hand. Im Vorbeigehen hatte er seine Krawatte vor dem Spiegel zurechtgerückt, die ganze Zeit lang ein kaum wahrnehmbares zufriedenes Lächeln um den Mund, auch jetzt, als er vor Gertrud stand, sich verbeugte, ihre beiden Handrücken zum Mund hob und sie küßte. Er hatte feuchte Augen.

Gertrud wollte plötzlich nicht mitgehen durch diese Tür. Sie wünschte sich einen Aufschub, versuchte rasch sein Gesicht mit liebevollen Augen zu betrachten, versuchte es neben ihr Gesicht zu legen aufs Kissen, es über sich zu halten, mit Haaren, die sich aus der aufgezwungenen Glätte befreiten und wirr abstanden. Ihr Zögern teilte sich Knesebeck mit. Er warf rasch einen Blick den leeren Hotelflur entlang und riß sie an seine Brust, ganz so, wie Gertrud es die Männer im Kino hatte tun sehen. Aber ehe sie lachen konnte, küßte Knesebeck sie, und sein Mund geriet dabei so außer sich, daß Gertrud um ihre Nase fürchtete, um ihre Oberlippe, um ihre Zunge. Zudem atmete Knesebeck in heftigen Stößen. »Auffressen könnte ich Sie.« Er bog Gertrud dabei nach hinten wie ein Tangotänzer.

»Nicht auf dem Gang«, gelang es ihr schließlich hervorzugurgeln. Knesebeck sperrte auf. »Ich bin eine leidenschaftliche Natur, Gertrud.« Das war ein Versprechen.

Aus dem Radio auf dem Nachttisch klang noch immer Walzermusik. Die hatte Knesebeck sorgsam gesucht, nachdem er die Tür verschlossen hatte, nachdem er Gertrud ein Glas Champagner gereicht hatte, nachdem er sie zum Bett geführt hatte, wortlos und ohne den Blick von ihr abzuwenden. Gertrud lächelte und kostete noch einmal aus, wie er sie ausgezogen hatte, zuerst die Schuhe, dann die Strümpfe, dabei verstreute er viele kleine feuchte Küsse auf ihren Beinen, Armen, Schultern.

»Ganz gemächlich, wir haben Zeit«, flüsterte er keuchend. Gertrud sah ihm ganz ruhig dabei zu, er aber verhedderte sich in den Bändern und Ösen ihrer Unterwäsche und schwitzte. Noch einmal überschwemmte er mit einem ausführlichen Kuß ihre Backen und ihr Kinn, noch einmal drückte er seine Lippen auf Hände und Ellenbeuge. Es war Gertrud, als gehe er nach einem bestimmten Rezept vor, als seien die Küsse abgezählt und dazu gedacht, an den richtigen Stellen plaziert zu werden, aber Knesebeck war zu ungeduldig, um sich an sein Programm zu halten. Er grunzte und hastete immer tolpatschiger durch das Ritual des Ausziehens, und dann ging alles sehr schnell. Knesebeck, eben noch in schwarzen Kleiderhüllen, trat hell und faltig zutage, in Unterwäsche, langen Hosen, langen Ärmeln, dann schälte er auch diese Hüllen ab, behende, wie man einer Weißwurst die Haut abzieht, und nun war er auch schon über ihr, ein rosiges graubehaartes Gewitter, mit zappelnden kalten Beinen, einem erstaunlich hartgewölbten Bauch und baumelndem Amulett.

Und nun schlief er.

»Ach, die Liebe ist doch schön«, hatte er gemurmelt, ehe er einschlief.

Gertrud drehte das Radio ab.

Im Hochgefühl ihrer Zaubermacht über diesen Mann erlaubte sie sich gelegentlich Augenblicke der Rührung, der Zärtlichkeit. Wenn er zuerst sorgsam seine Garderobe auf dem Stuhl zurechtlegte, ehe er sich umsichtig ans Anziehen machte, Stück um Stück, wenn er die Augen einer anderen Frau auf sich fühlte und ihr, Gertrud, einen stolzen prüfenden Blick zuwarf. Wenn er Gertruds Schuhe aufhob, ein paar Staubfasern abwischte und sie vor die Tür trug, um sie neben seine auf den Gang zu stellen.

In diesen Momenten wäre Gertrud gerne eine andere Frau gewesen, seine Frau, die ihn liebte und mit ihm lebte. Sie packte Knesebeck, beutelte ihn an seinem breiten Kinn, zerraufte sein Haar, warf ihn im Bett hin und her, nannte ihn ihren Nußknakker, ihren haarigen Orang-Utan, ihren wilden Lektromix.

Knesebeck ließ diese Augenblicke des Überflusses so geduldig über sich ergehen wie die Zeiten der Dürre, ihr Schweigen, ihre schlechten Launen.

Gertruds Launen, wie Knesebeck es nannte, plagten sie an gewissen Tagen wie eine Migräne, verdarben ihr das Essen, färbten den Schnee, zerstörten das angenehme Gefühl der Schwerelosigkeit, in dem sie sich wiegte. Die weißen Ränder, die das Magenpulver, das Knesebeck vor den Mahlzeiten schluckte, an seinen Mundwinkeln zurückließ, erfüllten sie mit vagen Ängsten. Sie riß ihm grollend die Mütze vom Kopf, wenn sie sah, daß ein Ohr umgebogen und fühllos vor Kälte unter dem Mützenrand hervorragte, als habe er vergessen, es einzupacken. Wenn er neben ihr herhinkte, nach einem langen Spaziergang, und sie bemerkte, daß er seinen Schmerz unterdrückte und verbissen ausschritt, sobald das Hotel in Sicht kam, fühlte Gertrud eine eigenartige und schmerzliche Ungeduld mit ihm. Sie bemühte sich, sie zu bemänteln, klopfte Schnee von seinem Kragen und blieb dicht bei ihm stehen, um seine blaugeäderten Backen zu reiben. Nicht aus Zärtlichkeit, sondern aus Unruhe. In solchen Augenblicken fürchtete sie sich davor, daß er ihr zu nahe kam, daß sie sich zu sehr mit ihm einließ, daß er ihr zu vertraut werden könnte, so wie er war, ein alternder Mann, über den sie lächelte, allein in ihrem Zimmer vor dem Spiegel sitzend, weil sie sich einbildete, unverletzlich und ihm überlegen zu sein.

Die Leute im Hotel steckten die Köpfe zusammen, wenn Gertrud mit Knesebeck am Abendessentisch Platz nahm. Schon lange sprach niemand von den Gästen mehr mit ihnen. Knesebeck litt darunter und genoß es gleichermaßen. Er schwankte zwischen peinlicher Scham und einem auftrumpfenden Gefühl des Stolzes. »Soweit ist es mit Knesebeck gekommen«, sagte er manchmal oder: »Das hätte mir hier wohl keiner zugetraut, seit fünfzehn Jahren wohne ich im ›Goldenen Hirsch‹.« Er führte lange Telefongespräche, bei denen er so schwitzte, daß das Glas der Telefonzelle beschlug. Gertrud fing an, sich zu langweilen, wenn er ihr genau aufzählte, was in der Firma schiefgelaufen war, was alles noch schieflaufen werde und welche Termine er ihretwegen versäumte. Er drängte immer häufiger auf eine Entscheidung ihrerseits, wollte ihr die Adresse ihres Mannes abringen, wollte ihn anrufen oder noch besser mit ihm sprechen, von Mann zu Mann. Erika, so sagte er, mache sich Sorgen um ihn und das Geschäft und werde, was der Himmel verhüten möge, eines Tages in Davos auftauchen.

Anfangs hatte Gertrud versucht, an Knesebeck herumzuerziehen, ihn bei bestimmten Sätzen, die er sagte, auszulachen, seine kleinen Angebereien aufzudecken, ihn auflaufen zu lassen, wenn er über ihren Kopf weg ein Tagesprogramm festlegte und ihr vortrug, als organisiere er die Freizeit ausländischer Kunden. Sie hatte bestimmte Kleidungsstücke aus seiner Garderobe verbannt und bei Diskussionen versucht, ihn bei Oberflächlichkeiten und Sentimentalitäten zu ertappen und nachzubohren. Er reagierte höflich, erstaunt nachgiebig und immer bemüht, auf ihre Eigenarten, wie er es nannte, einzugehen. »Du bist eine seltsame Frau, Gertrud.« Seine Anzüge umgaben ihn wie Schutzhüllen. Seine Höflichkeiten und altmodischen Herrenattitüden schufen Barrieren, hinter denen er sich geübt ihrem Zugriff entzog.

Nur an den Nachmittagen, bei zugezogenen Vorhängen, neben ihr unter dem karierten Federbett, lieferte er sich aus, wurde zu einem gelehrigen Schüler, einem geduldigen Erkunder ihres Körpers, zu Gertruds unermüdlichem und willigem Diener, um sich im richtigen Moment zum triumphierenden Potentaten aufzuschwingen, zum herrschsüchtigen Gebieter, zum Sieger, der Gertrud aufspürte, sie niederzwang und besetzte.

Wenn sie im Bett in seinen Armen lag, liebte sie ihn, nicht Winfried Knesebeck, den vergaß sie, sobald sie die Augen schloß. Sie liebte die Lust, die er ihr verschaffte, die Wärme jenes Körpers, die Auflösung, in die er geriet und mit der er sie ansteckte. Sie liebte die Frau, in die sie sich verwandelte, eine schamlose und triebhafte Person, die ungeduldig und atemlos durch nie gesehene Räume taumelte, durch feuchtes Pflanzendickicht kroch, über geriffelte Wüstenflanken segelte. Ein geflügeltes Wesen, das aufstieg in hochgewölbte wassergrüne Himmelskuppeln, den Wind im Haar und umgeben von Vogelschwärmen und wimmelnden Sternen.

Später, wenn sie zurückkam, wenn sie gegen seine Brust prallte und sein Geruch nach Lavendel und Hühnersuppe sie überschwemmte, wenn sie an seinem Atem und seinem Gewicht auf ihr erkannte, daß sie zurückgekehrt war in das Hotelzimmer, in das zerwühlte Bett an seiner Seite, ins Blickfeld seiner Menschenaugen, überkam sie eine hilflose und grausame Wut. Sie scheuchte ihn an die Wand, wollte nicht berührt werden, an keiner Stelle ihres Körpers, von seinen Gliedern auch nur zufällig, zwang ihn aufzustehen und ihr zu trinken zu holen, zwang ihn, Essen zu bestellen, mitten in der Nacht, ließ ihn im Radio nach Musik suchen, erlaubte ihm nicht, den Bademantel dabei anzuziehen, um dann einzuschlafen, wenn er ihr ein Brötchen mit Kaviar reichte oder ihr gerade die Zehennägel schnitt.

»Wenn ich denke, daß mir früher nur junge Mädchen gefallen haben, Mädchen, die ich aufbauen konnte, die mich bewunderten, junge, straffe Körper«, sagte er eines Abends.

Zur Strafe mußte er ihre Tasche aus dem Bad holen zwischen seinen Zähnen, über den Teppich krabbelnd, nackt, von der Badezimmertür bis zum Bett.

»Das muß der Mensch alles mal mitmachen im Leben«, sagte

er später, als sie ihn scheinheilig fragte, wie er sich gefühlt habe, so nackt auf dem Teppich kriechend. Gertrud glaubte ihm diese Gelassenheit nicht. Die ganze Nacht war er zu nichts mehr zu gebrauchen danach, und sie beschloß, sich nicht mehr so gehenzulassen.

An einem Nachmittag, an dem draußen der Schnee fiel, dachte Gertrud zum ersten Mal nach vielen Tagen an ihr Bett zu Hause. Sie lag, und es fiel ihr schwer, die Augen offenzuhalten. Die Berge vor dem Fenster verschwanden hinter den Wolkenschleiern, die sich über sie legten und immer mehr aufbauschten und zusammenflossen. Ihr Albrecht – sie beugte sich über ihn, schob ihre Hand zwischen das Kissen und seinen kahlen Kopf, schaute in sein Gesicht. »Schau, wie es schneit«, sagte sie. Und Albrecht fuhr mit der Hand in ihr weißes Haar und deckte es über seine Augen.

Als Gertrud an diesem Abend in einem Zustand besonderer Auflösung ein »Ich liebe dich, du Scheusal« entschlüpfte, als sie danach eine halbe Stunde vergeblich versuchte, Knesebeck einen Schluckauf anzuhexen, und als er davon zu sprechen anfing, einfach Geschäft Geschäft sein zu lassen und mit ihr nach Teneriffa zu fliegen, weil er den ewigen Schnee satt habe, beschloß Gertrud abzureisen.

Noch am Bahnhof ließ sie ein heftiges Schneetreiben einsetzen und versprach sich, zu Hause angekommen, Knesebeck zurückzuwünschen zu Erika. Sie zweifelte keinen Augenblick daran, daß ihr das gelingen würde.

Margaret Atwood

Vergewaltigungsphantasien

So, wie die in den Illustrierten darauf rumreiten, würde man glatt denken, es wär gerade erst erfunden worden, und nicht nur das, sondern daß es etwas Tolles ist, so wie ein Impfstoff gegen Krebs. Sie schreiben es in Großbuchstaben über das Titelblatt, und innen bringen sie diese Fragebögen, so wie die, die sie immer brachten, ob man eine gute Ehefrau ist oder ein introvertierter oder extrovertierter Typ, wissen Sie noch, mit der auf dem Kopf stehenden Punktewertung auf Seite 73, und dann diese numerierten Selbermachen-leichtgemacht-Dinger, wissen Sie. VERGEWALTIGUNG, ZEHN TIPS, WIE MAN SICH VERHÄLT, wie wenn es zehn neue Frisuren wären oder so. Also, was ist denn so neu daran?

Deshalb müssen sie auch bei der Arbeit alle darüber reden, weil, egal, welche Illustrierte man aufschlägt, da steht es, starrt dir mitten zwischen die Augen, und jetzt bringen sie's auch schon im Fernsehen. Ich persönlich würde ja jederzeit einen netten Film mit June Allyson vorziehen, aber es werden keine mehr gedreht, und auch im Spätprogramm zeigen sie kaum mehr welche. Zum Beispiel vorgestern, also Mittwoch war das, Gott sei Dank ist Freitag, wie man immer so sagt, da saßen wir im Damenaufenthaltsraum – im Aufenthaltsraum! –, also, man sollte denken, man könnte da ein bißchen Ruhe und Frieden haben – da schlägt Chrissy die Illustrierte zu, die sie gelesen hat, und sagt: »Na, wie sieht's denn bei euch aus, Mädels, habt ihr Vergewaltigungsphantasien?«

Wir vier spielten grade Bridge wie immer, und ich hatte armselige zwölf Punkte, Single mitgezählt, und nichts Richtiges zum Reizen. Also sagte ich: »Ein Treff« und hoffte, Sondra würde sich an die Ein-Treff-Abmachung halten, denn das Mal davor, als ich das machte, dachte sie, ich meinte wirklich Treff, und sie ist gleich auf Drei gesprungen, und ich hatte doch nur vier kleine und nichts höher als eine Sechs, und da haben wir vier runtergemacht, und dazu waren wir noch in Gefahr. Sie ist nicht gerade die beste Bridgespielerin der Welt, also, ich ja auch nicht, aber es gibt eben Grenzen.

Darlene paßte, aber das Unglück war schon geschehen, Sondras Kopf fuhr rum, als säße er auf einem Kugellager, und sie sagte: »*Was* für Phantasien?«

»Vergewaltigungsphantasien«, sagte Chrissy. Sie ist Empfangsdame, und so sieht sie auch aus; sie ist hübsch, aber eiskalt, als wäre sie von Kopf bis Fuß mit Nagellack angemalt, wenn Sie wissen, was ich meine. Gelackt. »Hier steht, alle Frauen haben Vergewaltigungsphantasien.«

»Jetzt hört's aber auf! Ich ess gerade ein Eisandwich«, sagte ich, »und habe ein Treff gereizt, und Darlene hat gepaßt.«

»Du meinst, wenn so ein Kerl dich in einer Gasse oder so anspringt«, sagte Sondra. Sie aß ihr Mittagessen, wir essen alle unser Mittagessen beim Spielen, und sie biß ein Stück von ihrem Sellerie ab, den sie immer mitbringt, und fing an, mit so einem nachdenklichen Ausdruck in den Augen darauf herumzukauen, und ich wußte, daß wir so gut wie einpacken konnten, was das Spiel anging.

»Jaja, so ähnlich«, sagte Chrissy. Sie wurde ein bißchen rot, man konnte es sogar unter ihrem Make-up sehen.

»Ich finde nicht, daß man nachts alleine ausgehen soll«, sagte Darlene, »man bringt sich da in eine Lage«, und ich kann mich täuschen, aber sie sah mich dabei an. Sie ist die Älteste, sie ist einundvierzig, obwohl man das nicht denkt und sie selbst auch nicht, aber ich habe in der Personalakte nachgesehen. Ich rate gern das Alter von jemand und sehe dann nach, ob ich recht habe. Ich gönne mir ein zusätzliches Päckchen Zigaretten, wenn ich recht habe, obwohl ich versuche, weniger zu rauchen. Ich nehme an, es ist harmlos, solange man es keinem weitererzählt. Ich meine, nicht jeder hat Zugang zu der Kartei, sie ist mehr oder weniger geheim. Aber es macht nichts, wenn ich es Ihnen erzähle, ich denke nicht, daß Sie sie jemals kennenlernen, obwohl man nie wissen kann, die Welt ist klein. Na ja.

»Du *lieber* Himmel, wir sind doch schließlich nur in *To-*

ronto«, sagte Greta. Sie hat drei Jahre in Detroit gearbeitet, und sie erinnert einen ständig daran, es ist, wie wenn sie denkt, sie ist ein Kriegsheld oder so was, wir müßten sie alle bewundern, nur weil sie immer noch lebendig herumläuft, obwohl sie in Wirklichkeit die ganze Zeit in Windsor gewohnt hat, sie hat nur in Detroit gearbeitet. Und für mich zählt das eigentlich nicht. Es kommt doch darauf an, wo man schläft, hab ich recht?

»Und, habt ihr welche?« sagte Chrissy. Sie war offensichtlich scharf darauf, uns von ihren zu erzählen, aber sie wollte nicht den Anfang machen, sie ist vorsichtig, ist die.

»Ich bestimmt nicht«, sagte Darlene, und sie zog die Nase kraus, so, und ich mußte lachen. »Ich finde das widerlich.« Sie ist geschieden, das habe ich auch in der Akte gelesen, sie redet nie drüber. Es muß sowieso schon Jahre hersein. Sie stand auf und ging rüber zur Kaffeemaschine und drehte uns den Rücken zu, wie wenn sie nichts mehr damit zu tun haben wollte.

»Also«, sagte Greta. Ich merkte schon, daß es zwischen ihr und Chrissy ablaufen würde. Das sind beides Blondinen, ich will ja nicht gemein sein, aber die versuchen wirklich, sich in der Aufmachung zu übertrumpfen. Greta würde gern aus der Registratur rauskommen, sie wäre auch gern Empfangsdame, damit sie mehr Leute kennenlernt. Man trifft eben kaum einen in der Registratur, außer den anderen Leuten, die da arbeiten. Ich mache mir da nicht viel draus, ich hab ja andere Interessen außerhalb.

»Also«, sagte Greta. »Ich denke manchmal dran, ihr kennt ja meine Wohnung, oder? Sie hat so einen kleinen Balkon, ich sitze im Sommer gern draußen, und ich hab ein paar Pflanzen da stehen. Ich mach mir nie die Mühe, die Tür zum Balkon abzuschließen, es ist so eine Schiebetür aus Glas, ich wohne im achtzehnten Stock, lieber Himmel, ich hab einen schönen Blick auf den See und den Fernsehturm und alles. Aber eines Abends sitze ich da in meinem Morgenmantel und sehe fern, hab die Schuhe ausgezogen, wie man es eben macht, und da sehe ich die Füße von diesem Kerl vor dem Fenster runterkommen, und dann steht er schon auf dem Balkon, er hat sich an einem Seil mit einem Haken am Ende vom Stockwerk drüber heruntergelassen, das ist der neunzehnte Stock, und bevor ich auch nur vom Sofa aufstehen kann, ist er schon in der Wohnung. Er ist ganz schwarz angezogen, mit schwarzen Handschuhen« – ich wußte sofort, aus welchem Film sie die schwarzen Handschuhe hat, weil ich den auch gesehen habe –, »und dann, na ja, ihr wißt schon.«

»Was wissen wir schon?« fragte Chrissy, aber Greta sagte: »Und danach erzählt er mir, daß er so die ganze Fassade von dem Apartmenthaus durchmacht, von einem Stockwerk zum nächsten, mit seinem Seil und seinem Haken... und dann geht er raus auf den Balkon und wirft sein Seil nach oben und klettert daran hoch und verschwindet.«

»Genau wie Tarzan«, sagte ich, aber keiner lachte.

»Ist das alles?« fragte Chrissy. »Denkst du nie, daß... na ja, ich denke, daß ich in der Badewanne sitze, ohne Kleider...«

»Wer badet denn schon in Kleidern?« sagte ich. Sie müssen doch zugeben, das ist dumm, wenn man es recht bedenkt, aber sie redete einfach weiter: »...mit viel Schaum, also ich nehme immer Vitabad, das kostet mehr, aber es ist so entspannend, und die Haare hochgesteckt, und die Tür geht auf, und dieser Typ steht da...«

»Wie ist er denn reingekommen?« fragte Greta.

»Ach, ich weiß nicht, durch ein Fenster oder so. Na ja, ich kann nicht aus der Badewanne raus, das Badezimmer ist zu klein, und außerdem versperrt er die Tür, also liege ich einfach da, und er fängt an, ganz langsam, auch seine Kleider auszuziehen, und dann steigt er zu mir in die Badewanne.«

»Schreist du nicht oder sonstwas?« fragte Darlene. Sie war mit ihrer Tasse Kaffee zurückgekommen, sie wurde langsam richtig neugierig. »Ich würde Zeter und Mordio schreien.«

»Wer würde mich denn hören?« sagte Chrissy. »Außerdem steht in allen Artikeln, es ist besser, keinen Widerstand zu leisten, dann passiert einem jedenfalls nichts.«

»Der Schaum könnte dir aber in die Nase steigen«, sagte ich, »beim leidenschaftlichen Atmen«, und ich schwör, alle vier haben mich angesehen, als wär das der Gipfel der Geschmacklosigkeit, wie wenn ich die Jungfrau Maria beleidigt hätte oder so. Ich meine, ein kleiner Witz hier und da kann doch wohl nichts schaden. Das Leben ist so kurz, hab ich recht?

»Hört mal«, sagte ich, »das sind keine *Vergewaltigungsphantasien*. Ich meine, ihr werdet gar nicht *vergewaltigt*, es ist nur so ein Typ, den ihr eben nicht offiziell kennengelernt habt und der zufällig attraktiver ist als Derek Cummins« – das ist der stellvertretende Direktor, er trägt Liftschuhe, oder jedenfalls haben sie solche dicken Sohlen, und er hat so eine komische Art zu sprechen, wir nennen ihn Derek Duck –, »und es macht euch Spaß. Vergewaltigung ist, wenn der ein Messer hat oder so und man nicht will.«

»Also, wie ist es bei dir, Estelle?« sagte Chrissy, sie war beleidigt, weil ich über ihre Phantasie gelacht hatte, sie dachte, ich wollte sie schlechtmachen. Sondra war auch beleidigt, inzwischen hatte sie ihren Sellerie aufgegessen und wollte ihre Phantasie erzählen, aber sie war nicht schnell genug gewesen.

»Na gut, ich will euch eine erzählen«, sagte ich. »Ich gehe nachts so eine dunkle Straße entlang, und dieser Bursche kommt her und packt mich am Arm. Ganz zufällig habe ich eine Plastikzitrone in der Handtasche, ihr wißt doch, daß es immer heißt, man soll eine Plastikzitrone in der Handtasche haben. Ich habe das in Wirklichkeit nicht, ich habe es einmal versucht, und das blöde Ding lief aus, auf mein Scheckheft, aber in dieser Phantasie habe ich also eine, und ich sage zu ihm: ›Sie wollen mich wohl vergewaltigen?‹ Und er nickt, also mache ich meine Tasche auf, um die Plastikzitrone rauszuholen, aber ich kann sie nicht finden! Meine Tasche ist voll mit all dem Kram, Tempotaschentüchern und Zigaretten und meinem Portemonnaie für die Münzen und meinem Lippenstift und meinem Führerschein, ihr kennt ja das Zeug; also bitte ich ihn, daß er die Hände hinhält, so, und ich packe den ganzen Kram drauf, und ganz unten drin liegt die Plastikzitrone, aber ich kriege den Deckel nicht auf. Also geb ich sie ihm, und er ist sehr hilfsbereit, er dreht den Deckel auf und gibt sie mir zurück, und ich spritze ihn in die Augen.«

Hoffentlich finden Sie das nicht zu gemein. Wenn man es recht bedenkt, ist es ein bißchen fies, besonders, wo er doch so höflich war.

»*Das* ist deine Vergewaltigungsphantasie?« sagte Chrissy. »Das kann ich nicht glauben.«

»Sie ist eben ein Unikum«, sagte Darlene, sie und ich, wir sind schon am längsten hier, und sie wird nie vergessen, wie ich einmal bei einer Büroparty betrunken war und darauf bestand, unter dem Tisch zu tanzen statt obendrauf, ich machte so eine Art Kosakentanz, aber dann schlug ich mir den Kopf unten am Tisch an – es war genauer gesagt ein Schreibtisch –, als ich aufstehen wollte, und ich schlug mich glatt selbst k. o. Sie ist zu dem Schluß gekommen, daß das der Beweis für einen originellen Geist ist, und sie erzählt allen Neuen davon, und ich bin nicht so sicher, ob das fair ist. Obwohl ich es wirklich getan habe.

»Ich meine es vollkommen ehrlich«, sagte ich. Ich bin immer ehrlich, und das wissen sie. Es lohnt sich gar nicht, anders zu sein, so sehe ich das, früher oder später kommt die Wahrheit doch ans Licht, also braucht man doch erst gar keine Zeit zu vergeuden, hab ich recht? »Ihr müßtet erst mal die mit dem Spray-und-frei-Backofenreiniger hören.«

Aber da war die Mittagspause vorbei und ein Bridgespiel im Eimer, und am nächsten Tag verbrachten wir den größten Teil der Zeit damit, darüber zu streiten, ob wir ein neues Spiel anfangen oder mit den Karten weiterspielen sollten, die noch vom Tag vorher dalagen, deshalb kam Sondra doch nicht mehr dazu, ihre Vergewaltigungsphantasie zu erzählen.

Es hat mich aber zum Nachdenken über meine Vergewaltigungsphantasie gebracht. Vielleicht bin ich abnorm oder was. Ich meine, ich habe auch Phantasien von gutaussehenden Unbekannten, die durchs Fenster hereinsteigen, wie Mr. Clean, ich wünschte, es würde einer tun und um Gottes willen einer ohne Plattfüße und Schweißflecken unter den Achseln und über eins fünfundsiebzig groß, glauben Sie mir, es ist nicht einfach, groß zu sein, obwohl es langsam besser wird, die großen Männer mögen jetzt allmählich auch Frauen, die ihnen nicht nur mit der Nase bis zum Bauchnabel gehen. Aber wenn man richtig ehrlich ist, kann man das nicht als Vergewaltigungsphantasien zählen. In einer echten Vergewaltigungsphantasie müßte man doch eigentlich Angst haben, so, wie wenn man sich vorstellt, daß das Haus brennt und man nicht weiß, ob man den Fahrstuhl nehmen soll oder die Treppe oder vielleicht nur den Kopf unter ein nasses

Handtuch stecken, und wenn man versucht, sich an alles zu erinnern, was man darüber gelesen hat, was zu tun ist, sich aber nicht entscheiden kann.

Zum Beispiel: Ich gehe nachts eine dunkle Straße entlang, und so ein kleiner, häßlicher Bursche kommt her und packt mich am Arm, und er ist nicht nur häßlich, wissen Sie, mit so einem aufgedunsenen, nichtssagenden Gesicht wie diese Kerle, zu denen man auf der Bank geschickt wird, wenn das Konto überzogen ist – ich meine natürlich nicht, daß sie alle so sind –, sondern er ist noch dazu total mit Pickeln übersät. Er drückt mich also gegen die Wand, er ist klein, aber kräftig, und er fängt an, seine Hose aufzumachen, und der Reißverschluß klemmt. Ich meine, das ist doch einer der wichtigsten Augenblicke im Leben einer Frau, es ist fast wie heiraten oder ein Kind kriegen oder so, und er klemmt den Reißverschluß ein!

Ich sag also ziemlich angewidert: »Na also ehrlich!« Und er fängt an zu weinen. Er erzählt mir, noch nie in seinem ganzen Leben hat er irgendwas richtig hingekriegt, und das bringt jetzt das Faß zum Überlaufen, und er will sich von einer Brücke stürzen.

»Schauen Sie mal«, sag ich, er tut mir so leid, meine Vergewaltigungsphantasien enden immer damit, daß mir der Kerl leid tut, ich meine, es muß doch was mit denen *nicht stimmen*, wenn sie Clint Eastwood wären, wär's ja was anderes, aber dummerweise sind sie es eben nicht. Ich hab schon als kleines Mädchen immer tote Vögel begraben, der Typ war ich, verstehen Sie, was ich meine? Es hat meine Mutter immer auf die Palme gebracht, sie wollte nicht, daß ich sie anfasse, wegen der Keime, nehme ich an. Ich sag also: »Hören Sie mal, ich weiß, wie Sie sich fühlen. Sie sollten wirklich was gegen die Pickel tun, wenn Sie sie wegkriegten, würden Sie ganz gut aussehen, ehrlich; dann würden Sie nicht rumlaufen müssen und so was wie das hier machen. Ich habe früher auch welche gehabt«, sage ich, um ihn zu trösten, aber ich habe wirklich welche gehabt, und es endet damit, daß ich ihm den Namen meines alten Hautarztes gebe, zu dem ich während meiner Schulzeit immer ging, das war zu Hause in Leamington, aber zum Hautarzt bin ich immer nach Saint Catherine's gefahren. Ich kann Ihnen sagen, ich war richtig einsam, als ich hierherkam; ich dachte, es würde so spannend werden und alles, aber es ist viel schwieriger, in einer Großstadt Leute kennenzulernen. Aber ich nehme an, bei Männern ist das was anderes.

Oder ich liege im Bett mit einer fürchterlichen Erkältung, mein Gesicht ist ganz geschwollen, meine Augen sind rot, und meine Nase tropft wie ein lecker Wasserhahn, und so ein Kerl steigt durchs Fenster rein, und er ist auch fürchterlich erkältet, es ist eine neue Art von Grippe, die umgeht. Er sagt also: »Ich ferd Sie jezd vergewaltiged« – ich hoffe, Sie machen sich nichts draus, daß ich mir so die Nase zuhalte, aber so stelle ich es mir eben vor –, und aus ihm bricht dieser wahnsinnige Nieser raus, der ihn ein bißchen bremst, und ich bin ja selbst auch kein Muster an Schönheit, man müßte schon ziemlich pervers sein, um jemand mit so einer Erkältung, wie ich sie habe, vergewaltigen zu wollen, es wäre, wie wenn man einen Topf Tapetenkleister vergewaltigt, so wie meine Nase läuft. Er guckt sich wild im Zimmer um, und ich merke, er tut's, weil er kein einziges Tempo dabeihat. »Hier, dehbm Sie«, sag ich und reiche ihm die Packung, der Himmel mag wissen, warum er sich überhaupt aus dem Bett gequält hat, man sollte doch denken, wenn einer rumlaufen und in Fenster einsteigen will, würde er warten, bis er gesund ist, hab ich recht? Ich meine, dazu braucht man doch eine Masse Energie. Also frage ich ihn, ob ich ihm nicht ein NeoCitran mit Whisky machen soll, das nehm ich immer, man ist die Erkältung dann zwar nicht los, aber man merkt nichts mehr davon, und ich mach es, und es endet damit, daß wir zusammen das Spätprogramm angucken. Ich meine, das sind doch nicht alles Sexbesessene, die übrige Zeit müssen die doch ein normales Leben führen. Ich nehm an, die gucken genausogern den Spätfilm an wie andere Leute auch.

Ich habe aber noch eine grusligere... in der der Kerl sagt, er hört Stimmen, die ihm befehlen, daß er mich umbringen soll. Sie wissen schon, so was liest man immer in der Zeitung. In dieser Phantasie bin ich nicht in der Wohnung, in der ich jetzt wohne, ich bin zu Hause bei meiner Mutter in Leamington, und der Kerl hat sich im Keller versteckt, er packt mich am Arm, als ich nach unten gehe und ein Glas Marmelade holen will, und er hat die Axt gepackt, aus der Garage, die Geschichte ist wirklich schaurig. Ich meine, was sagt man denn zu so einem Spinner?

Ich fange also an zu zittern, aber nach einer Weile hab ich mich wieder in der Hand, und ich frage ihn, ob er sicher ist, daß die Stimmen die richtige Person meinen, denn ich höre dieselben Stimmen, und sie sagen mir schon einige Zeit, daß ich die Reinkarnation der heiligen Anna gebären werde, die dann wieder die Jungfrau Maria bekommt, und direkt danach kommt Jesus Christus und das Ende der Welt, und da will er mir doch nicht in die Quere kommen, oder? Da wird er ganz verwirrt und hört noch ein bißchen weiter zu, und dann fragt er nach einem Zeichen, und ich zeige ihm meine Impfnarbe, da sehen Sie, die hat eine komische Form, sie hat sich infiziert, weil ich die Kruste abgekratzt hab, und das bringt's, er entschuldigt sich und klettert zur Kohlenschütte hinaus, so ist er nämlich auch reingekommen, und ich sage zu mir selbst, es ist doch von Vorteil, wenn man katholisch erzogen worden ist, obwohl ich nicht in der Kirche war, seit sie die Messe jetzt auf englisch lesen, es ist einfach nicht das gleiche, da kann man ja genausogut gleich protestantisch sein. Ich muß an Mutter schreiben und ihr sagen, daß sie die Kohlenschütte zunagelt, vor der hat mir immer gegruselt. Komisch, ich könnte Ihnen überhaupt nicht sagen, wie dieser Mann aussieht, aber ich weiß genau, was für Schuhe er anhat, denn das ist das letzte, was ich von ihm sehe, seine Schuhe, die die Kohlenschütte rauf verschwinden, und sie sind von der altmodischen Sorte, die bis über die Knöchel geschnürt sind, obwohl er noch jung ist. Das ist seltsam, oder?

Ich kann Ihnen sagen, ich schwitze richtig, bis ich sehe, daß er wohlbehalten draußen ist, und ich gehe auf der Stelle nach oben und mach mir eine Tasse Tee. An die denke ich nicht oft. Meine Mutter hat immer gesagt, man soll sich nicht bei unerfreulichen Dingen aufhalten, und grundsätzlich stimme ich da zu, ich meine, sich bei ihnen aufzuhalten schafft sie auch nicht aus der Welt, wenn man's recht bedenkt.

Manchmal habe ich ganz kurze, wo der Kerl mich am Arm

packt, aber ich bin in Wirklichkeit eine Kung-Fu-Expertin, wie finden Sie das? Im richtigen Leben wär es bestimmt nur ein Schlag auf den Kopf und Schluß, aus, wie wenn man die Mandeln rausgemacht kriegt, man würde aufwachen, und alles wäre vorbei mit Ausnahme der Wunden, und man könnte von Glück sagen, wenn einem nicht das Genick gebrochen ist oder so, ich hab im Turnen nicht einmal den Volleyball getroffen, und ein Volleyball ist doch ziemlich groß, nicht? – Und ich mache nur *wupp* mit den Fingern, ihm in die Augen, und das war's, er fällt um, oder ich werf ihn gegen die Wand oder so. Aber in Wirklichkeit könnte ich niemals jemand die Finger in die Augen stecken, könnten Sie das? Das würde sich anfühlen wie warme Götterspeise, und ich mag nicht mal kalte Götterspeise, schon beim Gedanken daran kriege ich eine Gänsehaut. Bei der Geschichte habe ich auch ein etwas schlechtes Gewissen, ich meine, wie fänden Sie das, rumzulaufen und zu wissen, daß jemand sein Leben lang blind ist Ihretwegen?

Aber vielleicht ist das bei Männern was anderes.

Am meisten geht mir die zu Herzen, wo der Kerl meinen Arm packt und ich traurig und voller Würde sage: »Sie würden eine Leiche vergewaltigen.« Er ist von den Socken, und ich erkläre ihm, daß ich gerade rausgefunden habe, daß ich Leukämie habe und mir die Ärzte nur noch ein paar Monate zu leben geben. Deshalb bin ich auch in der Nacht draußen und wandere allein durch die Straßen, ich muß nachdenken, wissen Sie, mit mir ins reine kommen. Ich habe gar nicht Leukämie, aber in dieser Phantasie habe ich sie, ich glaube, ich habe gerade diese Krankheit ausgesucht, weil ein Mädchen in meiner vierten Klasse daran starb, die ganze Klasse schickte ihr Blumen, als sie im Krankenhaus war. Damals habe ich nicht verstanden, daß sie im Sterben lag, und ich wollte auch Leukämie haben, damit ich Blumen geschenkt bekäme. Kinder sind komisch, nicht? Na, es stellt sich raus, daß er selbst auch Leukämie hat, und *er* hat nur noch ein paar Monate zu leben, deshalb geht er rum und vergewaltigt Leute, er ist verbittert, weil er noch so jung ist und ihm das Leben genommen wird, bevor er es noch richtig gelebt hat. Also gehen wir sachte unter den Straßenlaternen dahin, es ist Frühling und irgendwie neblig, und am Schluß gehen wir Kaffee trinken, wir sind glücklich, daß wir beide den einzigen Menschen auf der Welt gefunden haben, der verstehen kann, was wir durchmachen, es ist fast wie eine Fügung, und nach einer Weile gucken wir uns nur so an, und unsere Hände berühren sich, und er geht mit mir und zieht mit in meine Wohnung, und wir verbringen unsere letzten Monate zusammen, bevor wir sterben, wir wachen einfach eines Morgens nicht mehr auf, obwohl ich eigentlich noch nicht entschieden habe, wer von uns zuerst stirbt. Wenn er es ist, muß ich weitermachen und mir die Beerdigung ausdenken, wenn ich es bin, brauch ich mir darüber keine Gedanken zu machen, deshalb hängt es mehr oder weniger davon ab, wie müde ich gerade bin. Sie glauben das vielleicht nicht, aber manchmal fang ich sogar an zu weinen. Ich weine auch am Schluß von Filmen, auch bei denen, die gar nicht so traurig sind, ich nehme an, das ist dasselbe. Meine Mutter ist auch so.

Das Komische an diesen Phantasien ist, daß der Mann immer jemand ist, den ich nicht kenne, wo doch die Statistik in den Zeitschriften oder jedenfalls die meisten, die geben an, daß es oft jemand ist, den man kennt, zumindest ein bißchen, so wie der Chef oder so – ich meine, bei mir wäre es nicht gerade *mein* Chef, der ist über sechzig, und ich bin sicher, der könnte nicht mal eine Fliege vergewaltigen, das arme Alterchen, aber es könnte jemand sein wie Derek Duck, in seinen Liftschuhen, entsetzlicher Gedanke – oder jemand, den man gerade kennengelernt hat, der einen zu einem Drink in seine Wohnung einlädt, langsam wird's so, daß man kaum mehr zu jemand freundlich sein kann, und wie soll man wohl Leute kennenlernen, wenn man ihnen nicht mal so weit trauen kann? Man kann doch nicht sein ganzes Leben in der Registratur verbringen oder in seiner Wohnung eingesperrt, bei geschlossenen Türen und Fenstern und runtergezogenen Jalousien. Ich bin weiß Gott nicht dem Alkohol verfallen, aber ich gehe gerne ab und zu einen trinken in einem netten Lokal, auch wenn ich allein bin, da bin ich ganz mit den Emanzen einverstanden, obwohl ich bei vielen anderen Sachen, die die verkünden, nicht zustimmen kann. Hierher zum Beispiel, die Kellner kennen mich alle, und wenn jemand mich, sagen wir mal, belästigt… Ich weiß nicht, warum ich Ihnen das alles erzähle, nur denke ich eben, man lernt jemand besser kennen, vor allem am Anfang, wenn man ein bißchen hört, was er so denkt. Im Büro nennen sie mich die Grübelnuß vom Dienst, aber es ist gar nicht so sehr Grübeln, es ist mehr, daß ich mir ausdenke, was man in einem Notfall tun soll, hab ich ja vorhin schon gesagt.

Jedenfalls, noch eine andre Sache ist, daß immer viel geredet wird, die meiste Zeit, jedenfalls in der Phantasie, verbringe ich damit, daß ich mir überlege, was ich wohl sage und was er wohl sagt, ich denke, es ist besser, wenn man eine Unterhaltung in Gang bringen kann. Nämlich wie könnte ein Kerl das einer Person antun, mit der er sich grade lange unterhalten hat, wenn man ihn erst mal hat wissen lassen, daß man auch ein Mensch ist und auch ein Leben hat, ich kann mir nicht denken, wie der das dann noch durchziehen könnte, hab ich recht? Ich meine, ich weiß, daß es passiert, aber ich versteh's einfach nicht, das ist es, was ich daran wirklich nicht verstehe.

Angeles Mastretta

Unanständige Worte

Laura Guzmáns Mann war es recht, daß ihr gemeinsames Schlafzimmer zur Straße hin lag. Er war ein Mann fester Gewohnheiten und entsprechender Zeiteinteilung, der kurz nach neun schlafen ging und kurz vor sechs wieder aufstand. War sein Kopf einmal auf das Kissen gebettet, so dirigierte er sein Unterbewußtsein sogleich in den Zustand, in dem es dann die ganze Nacht über verharren sollte. Wenn er nämlich auf eines stolz war, so darauf, daß er seine vielbeanspruchten geistigen Kräfte nicht auf so chaotisch unnützes Zeug, wie es Träume waren, verschwendete. Er hatte in seinem ganzen Leben noch nicht geträumt, und er war überzeugt, daß er sich auf einen solchen Aberwitz auch niemals einlassen würde. Kurz vor sechs wurde er von allein wach und drehte sich zu dem Schweizer Wecker herum, den er allabendlich sorgfältig stellte und aufzog.

»Bin wieder mal erster«, triumphierte er, stolz auf die innere Mechanik, die ihm schon seine Mutter eingebaut hatte. Anschließend ertönte der Pfiff des Zeitungsjungen, das Scharren des Straßenkehrerbesens auf dem Gehweg, der Tritt der ersten zwei Arbeiter, die sich auf dem Weg nach Mayorazgo unterhielten, das Getuschel zweier Frauen aus der Nachbarschaft, die frische Tortillas holten, die laute Stimme, mit der die Frau von gegenüber ihre Kinder zur Schule schickte, und die Fahrgeräusche der ersten Autos. All das riß auch die eben erst entschlafene Laura Guzmán aus den Kissen und machte alle Träume, deren sie vor elf Uhr noch bedurfte, mit einem Schlag zuschanden.

Anders als ihr Mann, schlug sie sich die Nächte gewohnheitsmäßig um die Ohren. Sie nahm sich, wenn im Haus Ruhe eingekehrt war, gern noch eine Arbeit vor, sie tappte vom Keller in die Küche, von der Küche ins Nähzimmer und von dort in die Speisekammer, wo sie allnächtlich penibel in einem Tagebuch festhielt, was ihr im Leben so alles zustieß. Eine ganze Reihe Hefte hatte sie so schon vollgeschrieben, die, wenn der Tag damit wirklich zu Ende war, dann neben die Kochbücher gestellt wurden. Danach konnte sie noch darauf verfallen, sich die Nägel zu schneiden, sich die Haare zu bürsten, leise eine Platte mit Gassenhauern zu hören, die aufzulegen ihr Mann sich in seinem Hause verbeten hatte, und nachzusehen, ob auch jedes Kind schön zugedeckt in seinem Bett lag, oder sich hinzusetzen und aufzupassen, ob zwischen Küche und Eßzimmer etwa Mäuse hin und her huschten. Es konnte auch vorkommen, daß sie, um sich vom Mond bescheinen zu lassen, noch auf den Hof ging oder neben der Katze auf den Sessel gekauert ihren Gedanken nachhing. Was sie auch tat, es diente dazu, so spät wie möglich und jedenfalls nicht vor drei Uhr nachts ins Bett zu kommen und so die Gabe der Nacht, die Zeit, da sie allein sein konnte, in die Länge zu ziehen. Damit war sie um sechs Uhr morgens natürlich ein geknickter Stengel und hätte, um sich wieder in eine aufmerksame Ehefrau zu verwandeln, noch gut vier Stunden Schlaf brauchen können. Ab sieben Uhr war jedoch an Weiterschlafen nicht zu denken, und sie schwor dann bei der Heiligen Schrift, ab sofort um neun Uhr abends ins Bett zu gehen. Sie steckte den Kopf noch einmal unters Kissen und zählte bis sechzig – bis dahin mußte sie sich wieder aufgerappelt haben.

Dabei war ihr nicht einmal in dieser einen Minute Ruhe vergönnt. Draußen war das Geräuschtoben seit fünf Uhr in Gang, und keine Macht der Welt konnte es stoppen. Gelegentlich hatte sie es, wenn sie schon ein oder zwei Stunden nach dem Zubettgehen wieder aus dem Schlaf geschreckt war, weil sie tags zuvor einen Traum aufzuschreiben vergessen hatte, sogar vom allerersten Laut an mitverfolgt. Erst mittags hatte sie sich dann auf dem Flachdach, ihrer einzigen Zuflucht, zusammengerollt in der prallen Sonne, noch einmal zum Schlafen hinlegen können. Im Schlafzimmer nie. Im Schlafzimmer ging es tagsüber wie an einer Marktbude zu. Was immer auf der Straße vorbeikam, Kind, Auto, Hund, Säufer oder fliegender Händler, marschierte tagsüber anscheinend geradewegs über ihr Bett weg, so qualvoll laut hörte sie es selbst unter der Decke. Das mußte man ihr glauben, da war sie Expertin, wer außer ihr hatte schließlich seine Zeit damit verschwendet, im Schlafzimmer tagsüber schlafen zu wollen?

Wenn sie ihre Zeit aber damit verschwendete, lernte sie von der Straße einen Wortschatz, wie man ihn ihr weder in der Schule noch zu Hause beigebracht hatte und wie sie ihn weder bei ihrem Mann noch bei ihren Eltern und Freundinnen, ja, bei überhaupt niemandem ihres Umgangs, je zu hören bekommen konnte. In dieser Sprache hatte sie sich heimlich geübt und war inzwischen darin firm, und auch ihre Nächte und Tagebuchhefte waren davon freier und kesser geworden.

Wer dumm war, hieß in dieser Sprache ein Rindvieh und war damit gleich noch dümmer, so wie Mistkerle gemeiner als gemeine Menschen und Schweinehunde am allergemeinsten waren.

Doch nicht nur Vokabeln spielten in dieser Sprache eine Rolle, sondern auch Tonfall und Stimme. Laura selbst lebte in einer Welt, in der die schlimmsten Beschimpfungen so leise hingesagt wurden, daß sie gleichsam unausgesprochen wirkten. Anders auf der Straße, dort konnte im Gegenteil jedes Wort anzüglich gebraucht werden, sogar der Name dessen, den wir nicht eitel nennen sollen. Noch immer klang Laura das verzweifelt ausgerufene: »Oooh mein Gooottt!« eines Betrunkenen im Morgengrauen in den Ohren. Der gellende Ton, in dem diese drei Worte herausgeschleudert worden waren, brannte sich in ihre Erinnerung ein und kehrte selbst in ihren Träumen wieder. Wieviel Erbitterung und Zorn in der Stimme des Mannes mitgeschwungen hatte! Der Stimme eines armen Tropfes, der das Tropfsein satt hatte und der Gott nur in der Form von Lästerungen, Klagen und Flüchen anrufen konnte. Die Erinnerung daran versetzte Laura in Angst, in Angst und zugleich in Ekstase. »Oooh mein Gooottt!« Das tönte in ihrem Schädel weiter, und sie fand es beschämend, weil dieser Aufschrei für sie eben auch unerhört lustvoll war.

»Ich bin ein Scheusal!« schalt sie sich laut und versorgte sich mit Arbeiten, bei denen es laut zuging. Warum lebte sie mit diesem Mann zusammen, der nichts als Alltagstrott und Disziplin kannte? Weiß der Kuckuck. Sie jedenfalls wußte es nicht, und wenn sie an ihre nächtlichen Grübeleien dachte, war es offenbar zwecklos, weiter nach dem Grund zu suchen. Sie würde ja doch bei ihm bleiben, wie sie es vor dem Altar versprochen hatte, weil sie an ihren Kindern hing und weil es sich eben so gehörte. Sie war keine Jeanne d'Arc, ihr stand der Sinn nicht danach, von den Flammen des Scheiterhaufens umlodert zu werden. Im Grunde kannte sie ja nur im Traum Plätze, an denen es sich besser lebte als bei ihr zu Hause. Und selbst ihr Zuhause gehörte ihr eigentlich nur leihweise und nur, weil sie mit seinem Besitzer das Bett teilte.

Vernunftehen hatten eben ihre unangenehmen Begleiterscheinungen. Als eine der unangenehmsten aber empfand es Laura, wenn sie vor Publikum gepriesen wurde. Und darin war ihr Mann Meister. Er konnte wochenlang außer Haus sein, unterwegs in Geschäften und in Nebenfrauen, die wahrscheinlich nicht so chaotisch waren wie sie, und er konnte zu Hause tagelang neben ihr herleben, ohne mehr als drei Worte mit ihr zu wechseln, und sich nur stumm vom Bett ins Eßzimmer und von dort in sein Büro begeben. Bei Tisch blickte er brütend durch alle hindurch, und die Kinder stießen sich, wenn sie das Salz wollten, mit den Ellbogen an, um den Ernährer nicht zu stören. Danach ging er zum Würfeln in den Spanischen Verein, und wenn er wiederkam, stellte er auch schon den Wecker, ging zu Bett, rang sich noch ein zähes »Gute Nacht!« ab und pflegte dann der Ruhe. Und oft fiel ihm tagelang nicht auf, welche Farbe die Kleider seiner Frau hatten.

Kaum aber war ein Diner anberaumt, von der Sorte, zu denen Männer einander »mit Damen« einladen, stand er neben ihr und sah ihr schon zu, wenn sie noch gemächlich ihre Haare bürstete und nachdachte, in welcher Frisur sie da hingehen sollte. Dann ließ er kein Auge von ihr, während sie in den Spitzenunterrock schlüpfte, auf der Suche nach der passenden Robe ihren Kleiderschrank durchging, sich die Strümpfe überzog, die sein Mitbringsel aus der Hauptstadt waren, sich Rouge auf die Wangen legte, ihre Lippen rot schminkte und ihre Wimpern blau tuschte. Da mußte er miterleben, wie sie in ihren hochhackigen Seidenschuhen größer wurde und wie sie an ihren Ohrläppchen nach den Löchern tastete, um die Gehänge, die er ihr aus dem Tresor holte, durchzustecken. Und wenn die Verschönerungsarbeiten abgeschlossen waren, mußte sie sich anhören: »Besser als mit dir konnte ich es nicht treffen. An dir stimmt alles.«

Er legte ihr den Mantel um die Schultern und führte sie am Arm zum Wagen.

Während der Fahrt erging er sich dann darin, wie sehr er sie liebe, wie gern er einmal mit ihr nach Italien fahren würde, welch lästige Scherereien doch Vermögen auch mit sich bringe und wie angenehm er es finde, sie an diesem Abend an seiner Seite zu wissen. Und dabei war das erst der Anfang, doch da Laura daran gewöhnt war, ließ sie es geduldig über sich ergehen. Schlimmer war, was danach kam. Da mußte sie liberal bei Liberalen sein und konservativ bei Konservativen, eine Kommunistenfeindin bei dem alten Jaime Villar und eine USA-Freundin am Tisch der Adames. Bei den Pérez Riveros war Sanftmütigkeit die Losung und Dynamik und Tatendrang bei den Uriartes. Und überall pries ihr Mann auch noch ihre Tugenden, daß sie je nach der Werteskala der Dame des Hauses bald als leidenschaftliche Leserin und sensible Pianistin, bald als vorzügliche Kuchenbäckerin, aufopferungsvolle Mutter und milde und zugleich aristokratisch geschmeidige Gattin dastand.

Ihr Mann wußte immer, auf welche Eigenschaften er bei wem sein Loblied singen mußte. Das war auch nicht weiter schwierig. In der Stadt herrschte eine konservativ träge Atmosphäre, da bestand keine Gefahr, daß man sich, war man einmal in eines der Lager hineingeboren, an dem ansteckte, was in dem anderen gedacht wurde. So wie es in den einen Häusern ausgeschlossen war, daß die neumodische laizistische Schule akzeptiert wurde, so hätte es in den anderen als abwegig gegolten, sich negativ über den amtierenden Präsidenten Calles zu äußern.

Eines Abends dinierten sie bei den Rodríguez, wo sie mit Vertretern des hohen Klerus, mit denen ihr Mann diverse Geschäfte vorhatte, bekannt gemacht werden sollten.

Die Eheleute Rodríguez standen in hohem Ansehen beim Erzbischof, dem Bischof, dem päpstlichen Ehrenprälaten und den an diesem Abend sonst noch anwesenden geistlichen Investoren.

Die Rodríguez versäumten auch keinen Gottesdienst, sie saßen mit ihren dreizehn Kindern täglich komplett in der Kathedrale, und sie waren so gesinnt, daß sie auch jedes weitere Kind, das der Herr in seiner Gnade in Señora Rodríguez' gebärfreudigen Schoß legen wollte, willkommen geheißen hätten. Als glaubensfeste Christin und vorbildliche Mutter verlor Madame Rodríguez auch unter Windelbergen, bei Babygebrüll und nach durchwachten Nächten nicht ihr lilienfeines und gütiges Lächeln. Nun hätte man meinen können, mit so vielen neuen kleinen Christenmenschen wäre sie ausgelastet gewesen, aber nein, sie hatte an diesem Abend auch noch für die ältere Christenheit ein üppiges Mahl ausgerichtet. Jetzt küßte sie die Ringe an den Altmännerfingern der heiligen Mutter Kirche und zeigte sich von einer an Verblödung grenzenden Sanftmut oder, wie es Laura vorkam, von einer als Sanftmut getarnten Blödheit.

Mannhaft ertrug Laura das Tischgespräch über die Heiligkeit seiner Heiligkeit des Papstes und die anschließenden stichhaltigen theologischen Begründungen der Notwendigkeit, irgendwelche Liegenschaften zu kaufen und andere zu verkaufen, wobei erstere nach Abschluß der Transaktion als Erwerb ihres Mannes verbucht werden sollten. Sie wurden so dem Zugriff des bekanntermaßen vor nichts zurückschreckenden Staates entzogen, der der Kirche ja, kaum daß sie etwas besaß, alles gleich wieder wegnehmen wollte. Diesen Freundschaftsdienst, in dem man ein frommes Werk zu sehen hatte, wollte die Kirche Lauras Mann mit einem päpstlichen Segen, drei Rosenkränzen mit Rosenblattkugeln, einem Splitter vom Kreuz des Erlösers, einem Nagel, der mit den Nägeln des Gekreuzigten in Berührung gewesen war, und mit fünfhundert Quadratmetern von den zwanzigtausend, die ihm formell überschrieben würden, vergelten.

Lauras bessere Hälfte war über das Geschäft so entzückt, daß die Lobpreisung seines Weibes an diesem Abend alles Bisherige übertraf. Laura hörte sich die Aufzählung ihrer christlichen Tugenden mit Engelsgeduld an, und für Augenblicke tat es ihr sogar gut zu erfahren, daß ihrem Mann nicht entgangen war, wie großzügig sie mit anderen Menschen umging, wie ergeben sie zu der obligaten Messe eilte und wieviel Zeit sie für wohltätige Zwecke verwendete. Doch während sie sich bei Suppe und Fleischgang in seiner Schilderung noch annähernd wiedererkannte, fand sie sich, als die Erdbeeren mit Sahne aufgetischt wurden, der widerlichen Betschwester gar nicht mehr ähnlich, die er da zeichnete. Wenn man ihrem Mann folgte, ging sie zweimal am Tag in die Kirche, betete einen Rosenkranz morgens um fünf und den zweiten nachmittags um sechs, gab sie Religionsstunden, betreute sie hundert Kinder aus mittellosen Familien, machte sie Besuche im Krankenhaus und in einer psychiatrischen Klinik, brachte sie in die Trübsal eines Altersheims Heiterkeit und Frohsinn und verehrte sie den seligen Sebastian von Aparicio mit solcher Hingabe, daß er ihr nachts, wenn alle schliefen, gelegentlich sogar erschien. Ihr Mann erkannte das immer daran, daß dann die Küche im himmlischen Glanz seines Heiligenscheins erstrahlte und daß bis in sein Zimmer zu hören war, wie der Gottesmann ihr den Segen erteilte.

Als diese Fabel dargeboten wurde, war durch die gottgefälligen Kehlen der Bischöfe schon so viel Cognac geflossen, daß jeder Lauras bescheidene Frömmigkeit bereitwillig bewunderte. Laura hatte beschlossen, die Tortur bis zum Ende durchzustehen, und stürzte sich darum auf das Erdbeerdessert als ihre einzige Zuflucht. Doch leider Gottes hatte die von ihren Mutterpflichten arg beanspruchte Dame des Hauses übersehen, daß die Sahne ranzig war, und Lauras Zuflucht roch und schmeckte nach Schweinekoben.

»Oooh mein Gooottt!« heulte sie da auf, warf den Löffel fort und spuckte Erdbeeren und ließ die ganze Wut und Ekstase heraus, die der Schrei des Betrunkenen in ihr hervorrief.

Señora Sara Rodríguez schossen die Tränen in die Augen, und sie fiel auf die Knie.

»O Herr, vergib ihr!« betete sie erschüttert.

»Da gibt's nichts zu vergeben«, stellte Laura klar, bei der alle Dämme gebrochen waren und die nun den volkstümlichen Wortschatz herausließ, der ihr den ganzen Abend auf der Zunge gelegen hatte.

Ohne Atem zu holen, zerfetzte sie den Katalog ihrer frommen Tugenden und warf ihrem Mann, Herrn und Frau Rodríguez und den geistlichen Würdenträgern all die denkwürdigen Ausdrücke an den Kopf, die ihr dank des offenen Schlafzimmerfensters in Fleisch und Blut übergegangen waren. Als sie fertig war, machte sie kehrt, und zu Hause angekommen, warf sie sich in dem Zimmer voller Straßengeräusche und lästerlicher Reden aufs Bett, vergaß alles und schlief, ohne einmal den Kopf zu heben, zehn Stunden hintereinanderweg.

Das einzige Geschäft mit dem verdatterten Ehemann, zu dem sich der Klerus noch bereitfand, war die Bearbeitung des Antrags auf Annullierung seiner Ehe, bei dem einer immer draufzahlt.

Doris Dörrie

»Wonderknife«

Ich weiß noch ganz genau, was ich gedacht habe, als ich in der frühen Morgensonne in meinem Auto am Rande des Kornfelds saß und das Alupäckchen aus dem Fenster schleuderte. Ich dachte darüber nach, wie ich es meiner Mutter sagen sollte.

Mama, ich habe etwas Furchtbares getan.

Kindchen, so furchtbar wird es schon nicht sein.

Doch, Mama, doch.

Sie würde seufzend fragen: Was denn?

Ich habe Hermann...

Sie würde warten, ins Telefon atmen.

Was?

Ich habe Hermann... ach nichts, Mama.

Ich könnte es ihr nicht sagen, weil ich nicht wüßte, welches Wort ich verwenden sollte. Jedes mögliche Wort dafür würde sie verletzen, selbst das klinischste. Das würde einem Therapeuten gut gefallen (sie werden mich bestimmt zu einem schicken). Ihre Mutter hat nie ein Wort dafür gehabt? Nein. Sie hatte keinen Sohn. Und meinen Vater habe ich nie nackt gesehen, kein einziges Mal. Aber damit hat es nichts zu tun, gar nichts.

Mama, ich hab's ihm abgeschnitten. Mit einem Küchenmesser der Marke *Wonderknife*. Ein gutes Messer, ich hab's in einer Reklame im Fernsehen gesehen, ein Japaner schnitt damit rohen Fisch.

Mein Gott, Kind, warum denn in aller Welt?

Er hat mich damit erpreßt, er hat mich winseln lassen wie ein Hündchen, wieder und wieder...

Ist dir das denn so wichtig, Kindchen?

Sex?

Sie würde auch dieses Wort nicht in den Mund nehmen.

Ja, Mama. Weil er nur dann der Mann ist, den ich liebe, nur dann.

Spätestens an dieser Stelle würde ich anfangen zu heulen.

Ich habe dich gewarnt, Kindchen, würde meine Mutter sagen, ich habe dich gewarnt. Er ist ein kalter Mann.

Das ist nicht wahr, das ist überhaupt nicht wahr.

Hermann sieht einem nicht in die Augen, das ist immer ein schlechtes Zeichen.

Ach, Mama.

Und sein Vater. Spätestens da haben alle meine Alarmglocken geklingelt. Ich habe dich gewarnt.

Er kann doch nichts dafür, daß sein Vater so ist, wie er ist.

Nein, dafür kann er nichts. Aber er hätte nicht genauso werden müssen.

Ach, Mama, du kennst ihn doch gar nicht.

Kind, sag mir eins, was findest du bei Hermann, was du sonst nirgends findest?

Zärtlichkeit, Mama, Zärtlichkeit.

Sie schweigt. Dann holt sie Luft. Du bist pervers, mein Kind.

Oh, Mama, wenn du wüßtest, wenn du wüßtest, wie er ist, wenn er anders ist! Wenn er der ist, der er wirklich ist.

Sie seufzt. Was nützt es einem denn, wenn jemand nur ab und zu der ist, der er wirklich ist?

Siehst du, Mama, deshalb. Deshalb habe ich es getan.

Lange habe ich so in Gedanken mit meiner Mutter gesprochen, und die ganze Geschichte wurde immer abstrakter, bis sie eigentlich schon gar nicht mehr wahr war. Da fragte meine Mutter: Wie hast du es den Sanitätern erklärt?

Da erst bin ich zur nächsten Telefonzelle gefahren, habe die Ambulanz angerufen und zu unserer Adresse geschickt.

Nur ein einziges Mal habe ich Hermanns Eltern gesehen. Er hatte mir erzählt, seit Jahren schon spräche er nicht mehr mit seinem Vater, ein alter Nazi sei der gewesen und habe nichts dazugelernt, gar nichts, nur um seine Mutter täte es ihm leid, sie sei alt und zuckerkrank und abhängig von dem gräßlichen Kerl.

Ein kugelrunder kleiner Mann kam dann eines Tages in unsere Wohnung geschossen, schwer bepackt wie ein Maulesel keuchte seine Frau langsam hinter ihm her die Treppen herauf. Er wandte sich nicht nach ihr um, auch nicht, als sie endlich schüchtern lächelnd die Wohnung betrat und auf dem erstbesten Stuhl erschöpft zusammenbrach. Sie trug ihre rötlichen, kaum ergrauten Haare in einem langen Zopf, ihre Stimme war hoch und mädchenhaft, sie wirkte verhuscht und so, als sei ihr nicht bewußt, daß sie im Lauf der Zeit fast siebzig Jahre alt geworden war. Wie ein Kind drückte sie ihren Kopf an Hermanns Brust und summte dabei vor sich hin. Vater und Sohn gaben sich nicht die Hand. Allein stolzierte er durch all unsere Zimmer und schimpfte laut vor sich hin über Winkeladvokaten und Geld aus der Tasche ziehen und die allgemeine Undankbarkeit auf dieser Welt. Hermann verdrehte die Augen. Beim Abendessen beschimpfte sein Vater dann alle Politiker dieses Landes, erregte sich über den zunehmenden Schmutz auf den Straßen, die Ausländer und die gestiegenen Lebenshaltungskosten. Hermann ignorierte ihn, sah ihn nicht an, erwiderte nichts, reagierte nicht.

Nach anfänglichen höflichen Versuchen meinerseits, eine halbwegs normale Konversation in Gang zu halten, die vom Vater aber vollständig übergangen wurde, tat ich es Hermann gleich und hob nicht mehr den Blick von meinem Teller.

Einzig und allein seine Frau sprach noch mit ihm, fragte ihn unablässig, ob er noch Kartoffeln wolle oder ein wenig Soße, ein Blatt Salat.

Ist es nicht schön, daß wir hier sind? fragte sie ihn immer wieder, ist das nicht schön, daß wir Hermann sehen und seine süße junge Frau?

Wie einen lästigen Nieselregen ließ er alles, was sie sagte, an sich abtropfen, als wäre sie überhaupt nicht vorhanden, aber das schien sie nicht weiter zu stören.

Unvermittelt fing sie an zu trällern, erzählte dann plötzlich von der Lüneburger Heide und den Heidschnucken, während gleichzeitig ihr Mann dröhnend vor sich hin politisierte. Irgendwann griff er in seine Jackentasche, holte ein Stück Würfelzucker heraus und gab es seiner Frau mit abgewandtem Blick wie einem Pferd.

Sie aß es gehorsam und verstummte. Jetzt redete Hermanns Vater allein, stundenlang, selbst als ich den Tisch schon abgeräumt hatte, Hermann aufgestanden und ins andere Zimmer gegangen war. Nur seine Frau blieb bei ihm zurück, treu hielt sie die Stellung und nickte vor sich hin wie ein Perpetuum mobile.

Später platzte ich versehentlich ins Badezimmer, wo sie im kleingeblümten bodenlangen Nachthemd stand und voller Hingabe ihre langen roten Haare bürstete. Von hinten hätte man sie für eine junge Frau halten können. Sie sah mich im Spiegel an und lächelte.

Sie sind so empfindlich, meine Männer, sagte sie mit ihrer Mädchenstimme, so empfindlich, man muß sie sehr, sehr liebhaben.

Der Chefchirurg faßt mich an den Schultern und ruft: Sie müssen sich doch erinnern, was Sie damit gemacht haben!

Er blickt mir fest in die Augen, fragt mit strenger Stimme wie ein Schullehrer, dann einschmeichelnd wie ein Onkel, der ein kleines Mädchen mit Bonbons verführen will: Wohin? Wohin haben Sie es geworfen?

Er sieht ungesund aus, seine Haut ist fahl, seine Zähne gelb. Ich denke darüber nach, warum er ›es‹ sagt, ich senke den Kopf und schweige.

Sie führen mich zu ihm. Hermann Pratt steht in ungelenker Handschrift an seiner Tür. Klein und blaß liegt er in seinem Bett, er sieht kleiner aus, als ich ihn in Erinnerung habe. Wie eine Marionette hängt er an Plastikschläuchen, ein Püppchen ohne jede Macht.

Ein junger Arzt betritt das Zimmer, dunkelhäutig, Pakistani oder Inder, schwarze Augen mit gelblicher Bindehaut, was ihn ein wenig müde wirken läßt, eine wunderschöne Nase, gerade, schmal mit elegant geschwungenen Nasenflügeln. Er nickt mir zu, tritt dicht hinter mich.

Rund zwanzig Stunden hätten wir noch Zeit, flüstert er, ich bin sicher, Sie werden sich erinnern.

Er riecht nach einem unbekannten Gewürz. Ich lehne mich ganz leicht zurück, atme seinen Atem ein.

Es ist nicht gut, daß es so heiß ist, das verringert die Chancen sehr. Er sieht mich lächelnd an. Sie werden es mir sagen, nicht?

Warum? Damit alles von vorne anfängt?

Mein Mann, so glauben alle, ist ein höflicher, rücksichtsvoller, stiller Mann. Dünn, mit seinen hurtigen Bewegungen, die ganz plötzlich erstarren, immer korrekt gekleidet in Anzug mit Weste, ähnelt er einer Eidechse in ihrem Panzer. Seine Haut ist trocken, schuppig, seine Augen wirken fast lidlos. Er sieht einen unverwandt und dabei ausdruckslos an, wenn man spricht, und man hat das Gefühl, vorurteilsfrei von ihm ernst genommen zu werden. Er ist Rechtsanwalt.

Vor drei Jahren fing ich in seiner Sozietät als Rechtsanwaltsgehilfin an. Ich war ein aus Mangel an Gelegenheit ziemlich unschuldiges, nicht mehr ganz junges Ding. Er imponierte mir mit seiner ernsthaften, bescheidenen Art, seine Kompagnons waren samt und sonders eitle, erfolgsgierige Laffen, die zum Mittagessen in teure italienische Lokale gingen und Sportwagen fuhren.

Er und ich blieben über Mittag im Büro. Ich, weil ich Geld sparen mußte, er, weil er tagsüber keinerlei Hunger verspürte. Er trinkt zwei Tassen Tee, das reicht ihm. Jeder hält ihn deshalb für in jeder Beziehung äußerst genügsam, sie wissen nicht, daß er süchtig nach Liebe ist wie ein Alkoholiker nach der Flasche.

Wenn alle anderen gegangen waren, öffnete er die Verbindungstür zwischen seinem Büro und dem Vorzimmer. Stumm arbeiteten wir nebeneinanderher, ich konnte ihn nicht sehen, denn sein Schreibtisch wurde verdeckt von den großen geöffneten Flügeltüren, aber ich hörte ihn. Ich hörte, wie er leise mit Papier raschelte, ab und zu seufzte, aufstand, eine Akte aus dem Regal zog, sich wieder setzte.

Irgendwann wurde mir klar, daß er mir genauso lauschte wie ich ihm. Jedes Geräusch gewann eine Bedeutung. Nervös räusperte ich mich, hämmerte rhythmisch auf die Computertasten ein, rutschte auf meinem Sitz herum, daß er knarzte, klapperte mit meinen Stöckelschuhen übers Parkett.

Eine seltsame Spannung entstand zwischen uns, die durch kein Wort, keinen Satz von ihm gemildert wurde. Im Gegenteil. Wenn er mir anfangs noch beim Öffnen der Verbindungstür knapp zugenickt hatte, einige Male durch mein Zimmer gegangen war, um irgend etwas zu holen, zeigte er sich bald gar nicht mehr. Wie von Geisterhand ging seine Tür auf, kaum waren wir allein, und ich saß mit klopfendem Herzen an meinem Platz und versuchte, die Geräusche zu dechiffrieren, die aus seinem Büro drangen. Manchmal, wenn der Verkehr kurze Zeit nachließ und es ganz still wurde, hörte ich ihn atmen.

Ich begann, tief ausgeschnittene Kleider zu tragen, und wunderte mich über mich selbst.

Bald sah ich von Arbeitsbeginn an ungeduldig alle fünf Minuten auf die Uhr. Oft bekam ich ihn den ganzen Tag nicht zu Gesicht, aber pünktlich zur Mittagspause ging seine Tür auf, und ich hörte das leise Quietschen seines Sessels, wenn er sich zurücklehnte, das Kratzen seines Füllers, das Absetzen seiner Teetasse.

Ich kaufte mir von meinem mühsam verdienten Geld sündhaft teure Seidenunterwäsche, die erste meines Lebens.

Am fünften Mai hielt ich es nicht länger aus. Ich stand auf und ging mit vorsichtigen Schritten durch die Flügeltüren hindurch in sein Zimmer. Meine Stöckelschuhe sanken in seinen weichen Teppich, es war plötzlich ganz still.

Er saß vollkommen nackt an seinem Schreibtisch.

Lieb mich, sagte er.

Du hast mich erlöst, flüsterte er in mein Ohr, du bist meine Fee, meine Glücksfee, mit dir fühle ich mich frei, du verstehst mich, du verstehst meine Seele und meinen Körper. Ich lasse dich in meinen Träumen sein, wenn ich in deinen sein darf.

Was braucht eine Frau noch?

Vorgestern fuhren wir mit einem befreundeten Ehepaar zu einem Picknick am See. Paul ist Richter, seine Frau Eleonore Innenarchitektin. Sie brachte eine weiße Damasttischdecke mit und einen englischen Picknickkoffer mit Silberbesteck. Wir steuerten den Wein bei und richtige Gläser, Lachs und Weißbrot und Avocadocreme, spanische Chorizo und schwarze Oliven, Käse und Trauben, Himbeeren. Wir Frauen arrangierten alles auf dem weißen Tuch in der Nachmittagssonne, es sah hübsch aus, wie auf einem Bild. Wir drapierten uns dazu und aßen mit vorbildlichen Manieren. Baten uns gegenseitig höflich um das Brot, den Wein, das Messer, mein funkelnagelneues *Wonderknife*. Es funkelte in der Sonne. Paul schnitt für mich immer neue Stücke von der Chorizo ab.

Ich glaube, diese Wurst macht süchtig, stöhnte ich, und Paul lachte, und ich lachte mit, einfach nur so. Noch bevor ich mit Lachen fertig war, wußte ich, daß ich einen Fehler gemacht hatte. Ohne Hermann anzusehen, spürte ich, wie die Luft zwischen uns um einige Grade abkühlte und mir zittrige Angstschauer über den Körper liefen, aus dem Augenwinkel heraus bemerkte ich, wie Hermann sich von mir abwandte. Für einen Tag, zwei, drei, eine Woche oder drei? Einmal hat er mich einen ganzen Monat nicht angesehen, nicht angesprochen, nicht angefaßt. Ich hatte einen Kellner versehentlich am Ärmel berührt.

Ich suchte seinen Blick, aber er hielt die Augen niedergeschlagen, starrte auf seinen Teller, das Gras. Ich löste mich auf, als habe er eine Säure über mich geschüttet. Nichts blieb von mir übrig, nur ein dünner Nebelhauch. Niemand bemerkte, daß ich nicht mehr da war.

Eleonore kicherte, an ihren Ohren schwangen dicke goldene Ohrringe. Ach, rief sie, wie wunderbar kann das Leben sein! Sie ließ sich neben mich ins Gras sinken. Wohlig grunzend knöpfte sie sich die Bluse auf und reckte ihren Busen in die Sonne.

Ach, was haben wir es gut, stöhnte sie.

Die beiden Männer steckten sich eine Zigarette an und vertraten sich die Beine. Hermann trug einen weißen Leinenanzug mit Weste. Er sah dürr und zusammengeschnurrt aus.

Er vergewaltigt mich, sagte ich zu Eleonore. Sie lachte. Hermann, sagte sie, ausgerechnet.

Er hätte verbluten können, sagt der pakistanische Arzt in mein Ohr, wenn er will, kann er Sie wegen versuchten Totschlags verklagen.

Versuchten Mordes, korrigiere ich ihn, mein Mann ist Rechtsanwalt.

Ich schließe die Augen vor dem müden, harten, dünnen Mann

im Krankenhausbett, den er meinen Mann nennt, und ich sehe Hermann vor mir, wie er sich verwandelt. Wie sehr es mich immer wieder fasziniert hat, ihm dabei zuzusehen. Immer wieder und wieder. Ich konnte nicht genug davon bekommen. Es war, als würde jegliche sichere Annahme über einen Menschen durch sein Verhalten hinweggefegt werden. Alles wurde möglich. Der Augenschein galt nichts mehr.

Selbstvergessener, hingebungsvoller, hemmungsloser als er konnte niemand sein auf dieser Welt, niemand. Ich glaubte, ich sei der Auslöser dazu. Das rührte mich, das schmeichelte mir. Die Macht, die er mir gab, brachte mich dazu, mich in ihn zu verlieben. Und der Mensch, zu dem er wurde, wenn er sich verwandelte, brachte mich dazu, ihn zu *lieben*... Aus. Vorbei. Jetzt ist er nur noch der eine, nie mehr der andere. Ich fühle mich unendlich erleichtert.

Riju nimmt mich am Arm, zart, vorsichtig, wie mich schon lang niemand einfach nur so am Arm genommen hat.

Nur deshalb sage ich es ihm schließlich.

Bevor wir gehen, streiche ich Hermann über die Hand. Sie ist trocken und kühl, wie immer. Einmal hat er tagelang nicht mit mir gesprochen, weil er fand, ich hätte ihm professionell und ohne Gefühl im Vorbeigehen über die Hand gestrichen wie eine Hure.

Riju, so heißt der junge Arzt, sitzt am Steuer. Ich friere, klappere mit den Zähnen trotz der Hitze, er sieht mich von der Seite an, dreht wortlos die Heizung auf.

Danke, murmle ich.

Keine Ursache, sagt er lächelnd und zieht seine wunderschöne Nase kraus. Wir fahren aus der Stadt hinaus, durchqueren den Stadtteil, in dem wir wohnen. Vor wenigen Stunden nur habe ich diese Wohnung verlassen, ein kleines Päckchen aus Alufolie in der Hand. Ich weiß noch deutlich, wie ich den länglichen Karton mit der Alufolie aus dem Küchenschrank gezerrt und mich darüber geärgert habe, daß die Zähnchen am Rand des Kartons, die ein problemloses Aufreißen der Folie garantieren sollen, wie immer versagten.

Wir halten an einer Tankstelle, Riju tankt mein Auto voll, geht zur Kasse. Ich sehe ihm nach, er ist schmal, trägt Jeans und weiße Krankenhaus-Clogs. Seine schwarzen Haare glänzen in der Sonne. Ich könnte seine Frau sein, seine Freundin, seine Geliebte, seine Bekannte. Vor ihm hätte ich keine Angst, bei ihm wüßte ich, daß er nicht plötzlich verstummen, sich in sich selbst verkriechen würde wie ein Einsiedlerkrebs, wenn ich nur den geringsten Fehler mache.

Das erste Mal geschah es in Italien, wenige Wochen nach unserem ersten Zusammensein. Ich sprach mit einem Gast am Nebentisch, einem älteren, freundlichen Briten mit Aknenarben im Gesicht. Ich erklärte ihm den Weg nach Siena, vielen Dank, sagte er, vielen Dank, und lächelte mich an.

Ich lächelte zurück, wandte mich wieder an Hermann, da sah er mich nicht mehr an. Er wirkte mit einem Mal graugesichtig, seine Lippen waren fahl, seine Bewegungen, mit denen er sich sein Frühstücksbrot strich, klein und abgezirkelt. Ich erkannte ihn fast nicht wieder, verwirrt streckte ich die Hand nach ihm aus, er ließ sie in der Luft hängen. Was ist los? fragte ich.

Er antwortete nicht.

Bitte, sag mir, was hast du? Schweigen.

Anfangs lächelte ich über sein kindliches Verhalten, schließlich packte mich die Wut. Ich machte mich über ihn lustig. Ohne Erfolg. Ich schrie, ich tobte, dann versuchte ich, vernünftig mit ihm zu reden.

Was hast du? Was? Habe ich etwas falsch gemacht?

Ich bemühte mich, ihn zu umgarnen, zum Lachen zu bringen.

Er sah mich nicht an. Berührungen wich er aus. Er verhielt sich, als sei ich für ihn nicht vorhanden. Luft. Ein Nichts. Zu meinem Entsetzen begann ich mich bald auch so zu fühlen. Wie ausradiert. Er sah mich nicht, also gab es mich nicht.

Dagegen wehrte ich mich, so abhängig wollte ich nicht sein. Niemals. Mit diesem Mann aus Stein wollte ich nichts zu tun haben. Aber die Angst, den anderen Menschen, der er bis jetzt doch auch gewesen war, zu verlieren, war stärker. Wie ein Hündchen lief ich ihm hinterher, wohin er auch ging, ließ ihn nicht aus den Augen.

Wir wanderten durch einen Pinienhain, er sah sich nicht nach mir um. Ich versuchte, mich an dem Schattenspiel der Sonne zwischen den Ästen zu erfreuen, dem Harzgeruch, dem überwältigenden Konzert der Zikaden. Aber ohne ihm meine Freude mitteilen zu können, war sie nicht recht vorhanden, sie zerrann mir zwischen den Fingern.

Hermann, rief ich verzweifelt, bitte, sieh mich an! Sprich mit mir! Nichts. Er ging weiter, als höre er mich nicht.

Was habe ich denn getan? Ich bekam Lust, einen Stein aufzuheben und ihn von hinten zu erschlagen. Ich lief hinter ihm her, griff seinen Arm, rieb mein Gesicht an seiner Wange. Er ließ es geschehen, wie ein Tier Liebkosungen über sich ergehen läßt – ohne jede Reaktion. Bitte, flehte ich, bitte!

Schließlich zog ich mich nackt aus, ohne Rücksicht auf etwaige andere Spaziergänger, rannte ihm vor die Füße und warf mich vor ihm auf den sandigen Boden. Die einzige Möglichkeit, ihn wieder zum Sprechen zu bringen, ihn aufzutauen wie ein tiefgefrorenes Stück Fleisch, war, seinen Körper zum Reden zu bringen, das wußte ich schon damals.

Die Piniennadeln bohrten sich in meine Haut, Ameisen liefen zu Heerscharen aufgeregt herbei und wanderten in Sekundenschnelle über meinen Körper.

Er starrte mich einen Moment lang fast verwirrt an, dann hob er das Bein und stieg über mich hinweg.

Weinend blieb ich zurück, wünschte mir nichts sehnlicher als einen Strick, mit dem ich mich am nächsten Ast hätte aufhängen können.

Ich beschloß, Hermann zu verlassen.

Er ließ mich ohne Widerspruch gehen. Während ich die Koffer packte, las er in einer Zeitschrift.

An der Rezeption stand der Brite. Er bemerkte meine verheulten Augen und mein Gepäck.

I'm sorry, sagte er.

Mein Mann ist sehr empfindlich, sagte ich, in der Minute, in der Sie heute früh mit mir sprachen, glaubte er, ich liebe Sie mehr als ihn.

Das ist doch verrückt, sagte er, und ich dachte: wie rührend, wie süß, wie ein Kind. Ich rannte die Treppe hoch, platzte atemlos in sein Zimmer. Er lag gekrümmt wie von Schmerzen im Bett, seine Haut war kalt, seine Augen schimmerten im Halbdunkel, als hätte er geweint.

Du liebst mich nicht genug, flüsterte er.

Doch, rief ich glücklich, doch, ich werde es dir beweisen.

Was ich nicht bedachte, war, daß ich müde werden könnte.

Das Kornfeld wogt im Wind, wie es sonst nur in chinesischen Filmen wogt. Rijus feines Profil zeichnet sich als Schattenriß vor dem Seitenfenster ab.

Hier, sage ich leise, hier war's.

Hm, sagt Riju, hält an und steigt aus. Der Wind fährt in seine Haare, wirbelt sie durcheinander und läßt ihn zehn Jahre jünger aussehen. Er geht ein paar Schritte in das Kornfeld, teilt die Ähren mit den Händen.

Können Sie gut werfen? ruft er mir durch das geöffnete Autofenster zu.

Ich zucke die Achseln. Die Sonne brennt heiß durch die Windschutzscheibe. Ich schließe die Augen, spüre, daß Riju zurückkommt. Sie fragen mich gar nicht, warum, sage ich mit geschlossenen Augen.

Sie werden schon Ihre Gründe gehabt haben, sagt er dicht neben meinem Ohr.

Er hat mich nicht vergewaltigt oder so etwas, falls Sie das denken... Aber wo fängt eine Vergewaltigung an? Kann man jemanden vergewaltigen, indem man nicht mit ihm schläft?

Immer noch halte ich die Augen geschlossen.

Oh, ich denke schon, sagt Riju dicht neben mir, und wieder rieche ich das fremdartige Gewürz in seinem Atem, ist das nicht eine alte Taktik der Frauen?

Wenn ich einen Fehler mache, hungert er mich aus, dann weigert er sich, derjenige zu sein, den ich liebe. Aber wenn er mich liebt, dann...

Riju fragt nicht, was dann ist. Er schweigt, bewegt sich nicht, leise atmet er neben meinem Ohr.

Wir sollten jetzt anfangen, zu suchen, sagt er.

Er geht an der Breitseite des Feldes entlang, ich an der Längsseite. Insekten stürzen sich auf meine nackten Beine. Ich tue nur so, als suchte ich, in Wirklichkeit bete ich, daß ich das glänzende Alupäckchen nicht finden möge, daß ein Fuchs es gefunden, eine Elster weggeschleppt hat auf Nimmerwiedersehen.

Riju wedelt mit den Armen, als hätte er Erfolg gehabt. Ich sehe ihm quer über das Feld zu, wie er gestikuliert, ich stelle mir das Päckchen auf der Handschuhablage meines Autos vor, wie es dort vor mir liegt, in der Sonne blinkt und mich anklagt. Ich drehe mich um und laufe weg, den Feldweg hinunter, stolpere über Grasnarben, Steine, verliere einen meiner dünnen Stoffschuhe, heute früh in aller Hast übergestreift, ohne nachzudenken. Hinter mir, im Schlafzimmer, lag mein blutender Mann.

Ich hatte nicht das Gefühl, daß ich es war, die das Messer in der Hand hatte, ich sah ihm zu, wie es niedersauste wie eine Guillotine. Er lag auf der Seite, dieses weiche, kleine Stückchen Fleisch, das allein ihn zu einem anderen Menschen zu machen vermochte, unschuldig vor sich auf das Laken gebettet.

Wonderknife. In der Tat. Es blutete nicht sofort. Es lag neben ihm wie ein Stückchen Abfall in der Metzgerei.

Warum ich mir die Mühe gemacht habe, Alufolie aus der Küche zu holen, ein passendes Stück abzureißen, es einzupacken, in die Tasche zu stecken, mitzunehmen, um es dann wegzuwerfen? Ich wollte, daß es weit, weit wegkommt und damit die Macht, die von ihm ausgeht.

Ich höre meinen Atem wie von sehr weit weg. Meine Lungen brennen, meine Seiten stechen, ich muß stehenbleiben, beuge mich vornüber, stütze mich auf meine Fesseln. Keuchend sehe ich durch den dünnen Sommerstoff meines Kleides hindurch die schattenhaften Umrisse eines Mannes. Er kommt näher.

Ich richte mich auf. Das Feld ist zu groß, sagt Riju, wir brauchen Unterstützung.

Fünfzehn Menschen durchkämmen in langsamen Schritten das Feld wie nach einem Verbrecher. Rot geht die Sonne unter. Es wird kühler. Riju kurbelt die Fensterscheiben hoch, dann trommelt er ungeduldig auf das Lenkrad. Ich greife nach seiner Hand. Sie ist kühl und dünn.

Ich habe immer geglaubt, daß ich nur anders sein müßte, dann wäre alles gut, sage ich kläglich, können Sie das verstehen?

Riju sieht mich amüsiert an. Natürlich, sagt er, natürlich. Ich war auch schon verliebt. Ich habe mir deshalb sogar eine andere Nase verpassen lassen.

Wann war das?

Oh, sagt er und seufzt lächelnd, lange her. Mit fünfzehn in Indien. Ich war klein, dünn und häßlich. Man nannte mich ›Nase‹, weil ich aus nicht viel anderem bestand als einer riesigen, krummen Nase. Ich selbst fand sie gar nicht so schlimm, bis ich einmal ein Foto von mir im Profil sah. Ich konnte es nicht fassen, denn sie fühlte sich nicht so riesig an, wie sie aussah, und ich hatte bereits fünfzehn Jahre mit dieser Nase verbracht, ohne zu wissen, wie monströs sie war. Ich fühlte mich von ihr betrogen, rieb von da an beim Reden ständig auf ihr herum, es wurde zu einem Tick.

Ich verliebte mich in ein zwei Jahre älteres Mädchen, das, obwohl es nicht nur älter, sondern auch sehr hübsch war, sich tatsächlich auch für mich zu interessieren schien. Sie warf mir Blicke zu, einmal berührte sie mich wie absichtslos im Vorbeigehen, ein andermal gab sie mir einen Kaugummi. Je mehr Aufmerksamkeit sie mir schenkte, um so größer erschien mir meine Nase, und ich gelangte zu der festen Überzeugung, daß sie das einzige Hindernis zwischen uns beiden darstellte.

Ich bekniete meine Eltern, sie mir operieren zu lassen – meine Eltern sind recht wohlhabend –, und weil sie mein Tick, mir wie ein Verrückter ständig die Nase zu reiben, immer nervöser machte, stimmten sie schließlich zu. Aus einem Katalog suchte ich mir eine griechische Nase aus, schmal und gerade, die Nase von Apollo.

Sechs Wochen lang saß ich mit einem dicken Verband auf der Nase zu Hause vorm Fernseher und sah Liebesschnulzen. Als der Verband endlich runterkam und eine wirklich göttliche Nase enthüllte, war ich der glücklichste Mann unter der Sonne.

Ich konnte es kaum erwarten, meine Angebetete zu sehen und

ihr meine Nase zu zeigen. In aller Früh lauerte ich ihr auf dem Schulweg auf. Als sie endlich kam, sah sie mich nicht an. Ich dachte, sie hätte mich nicht erkannt. Ich lief hinter ihr her, ich bin's, Riju! rief ich aufgeregt und zwang sie dazu, stehenzubleiben. Sie sah mich abweisend an. Ah ja, hallo, sagte sie und ging weiter. Sie hat mich nie wieder beachtet.

Riju lächelt und zieht dabei die Nase kraus.

Eine wirklich schöne Nase, sage ich.

Er zuckt die Achseln. Wir schweigen. Immer noch hält er meine Hand.

Die Sonne ist untergegangen, die Luft wird blau wie das Meer.

Ich habe geschuftet wie ein Pferd, sage ich, um ihn immer wieder weich und warm zu kneten, bis er sich imstande fühlt, mich zu lieben. Gestern nacht hatte ich plötzlich keine Lust mehr.

Aufgeregt ruft jemand aus dem Kornfeld: Wir haben es! Wir haben es!

Riju läßt meine Hand fallen, springt aus dem Auto und rennt quer über das Feld. Nur wenige Minuten später rast eine Ambulanz mit Blaulicht heran.

Riju winkt mit einem Arm, in der anderen hält er das Päckchen.

Mit quietschenden Reifen bleibt das Auto vor ihm stehen. Eilig steigt Riju ein, sie fahren davon. Kurz vor der Einmündung in die Hauptstraße schalten sie das Martinshorn ein.

Langsam sammeln sich die Menschen, die das Feld abgesucht haben, zu einer Gruppe, unschlüssig stehen sie zusammen und sehen zu mir herüber.

Ich rutsche auf den Fahrersitz und mache die Scheinwerfer an. Rückwärts fahre ich auf die Straße. Das Licht der Scheinwerfer wandert über das Kornfeld, dann versinkt es im Dunkel.

Hermann sitzt in seinem Sessel am Fenster und studiert Akten. Mit einem Bleistift macht er sich winzig kleine Notizen, so groß wie Fliegendreck. Außer seinem Arm bewegt sich nichts an seinem Körper. Seine Füße stehen fest nebeneinander auf dem Boden, die Bügelfalten seiner Hosen bilden zwei exakte rechte Winkel. Er hat nicht das Bedürfnis, die Beine unruhig übereinanderzuschlagen, sich am Ohr zu zupfen, durch die Haare zu fahren, zu kratzen, aufzustehen, in die Küche zu laufen und in den Kühlschrank zu starren. Nein, er bleibt sitzen und erledigt das, was er zu tun hat. Meine Anwesenheit scheint er nicht zu bemerken. Ich frage mich, ob ich etwas falsch gemacht habe, aber als ich hinter ihn trete, wendet er ganz leicht den Kopf in meine Richtung, also ist alles in Ordnung. Das ist oft nicht leicht zu unterscheiden, denn die Hälfte der Zeit weiß ich nicht, ob ich etwas falsch gemacht habe. Das ist allein mein Problem, denn er ist nun einmal so, wie er ist.

Er ist wieder so, wie er immer war. Ein medizinisches Wunder. Alles wieder dran, und es funktioniert auch noch. Meine Güte, Kind, sagt meine Mutter, und du willst wirklich bei ihm bleiben?

Ich streiche ihm über die Hand und entferne mich. Leise wie eine Katze gehe ich über den Teppich zur Tür. Ich sehe ihn weit, weit entfernt von mir dort am Fenster sitzen, er rührt sich nicht.

In einer halben Stunde gibt es Abendessen, sage ich, und meine Stimme segelt wie ein Papierflugzeug quer durch das Zimmer und stürzt vor seinen Füßen ab.

Er nickt. Also ist alles gut.

Terry L. McMillan

Berührungen

Von Anfang an hatte ich den Verdacht, daß es da schon vor mir jemanden gegeben hatte. Aber ich habe nicht zugelassen, daß sich dieser Gedanke in meinem Kopf einnistete und womöglich dort Wurzeln schlug. Nein, davon wollte ich erst gar nichts wissen. Bis ich heute in aller Frühe dieses Mädchen an deinem Arm baumeln sah wie eine Umhängetasche. Und das, nachdem du mich mit deinen langen braunen Händen überall berühren durftest und ich mich dir ganz und gar hingegeben habe, so daß ich mich schließlich fühlte, als sei mir der Boden unter den Füßen weggezogen worden.

Als erstes hatte ich heute morgen deine langen dünnen Beine im Visier, die sich auf dem buckligen grauen Bürgersteig auf mich zubewegten. Funkelnde Silberstäubchen sprangen mir in die Augen, glänzten wie tanzende Sterne. Aber ich war nicht geblendet, da konntest du noch so schön in deiner eleganten und zugleich leicht blasierten Art daherflanieren. Du hast mich schon auf dich zukommen sehen, als ich noch mindestens einen halben Häuserblock von dir entfernt war, und diesmal bist du in deinen vierundvierziger Schuhen nicht ganz so leichtfüßig ausgeschritten wie neulich abends, als wir beide in *genau* dieser Straße entlangspazierten.

Ich weiß schon, daß ich es war, die an jenem Abend bei dir angerufen hat, um hallo zu sagen. Aber *du* warst doch derjenige, der mich gebeten hat, bei dir vorbeizukommen und mit dir und deinem Hund Gassi zu gehen. Das klang total harmlos, und trotzdem gehe ich jede Wette ein: du hast die ganze Zeit über gewußt, daß ich endlich herausfinden wollte, wie warm es unter deinem Hemd ist, hinter diesem Reißverschluß, und ob deine Hände so sanft und so stark sind, wie sie aussehen. Ich hatte wirklich gehofft, wir könnten das Gassigehen ganz weglassen, weil ich doch eigentlich nur eines wollte: mich schön langsam auf dich drauffallen lassen und schauen, was sich unter deinen Kleidern verbirgt. Das mit dem Hund konnte ja warten. Aber du hättest mir das falsch auslegen und etwas nicht so ganz Damenhaftes dahinter vermuten können, und so bin ich eben doch in meinem weißen Jogging-Outfit die Straße zu deinem Apartment entlanggehüpft und habe versucht, so verführerisch auszusehen, wie ich nur irgend konnte, ohne dabei gleich geil zu wirken.

Ich habe mir sogar Jasminöl hinter die Ohren, unter beide Brüste und auf die Spitzen meiner Ellbogen getupft, um dich anzulocken, falls du dir noch nicht so ganz sicher sein würdest. Wenn du die Wahrheit wissen willst, ich war ganz schön aufgeregt, weil ich wußte, daß es an diesem Abend nicht bei einem kleinen Schwätzchen bleiben würde wie bisher. Ich habe mir fast einen abgebrochen und es tatsächlich geschafft, mir in nur fünf Minuten zweimal die Zähne zu putzen, eine frische Schicht roten Lippenstift aufzulegen, ein bißchen unter den Armen nachzuwischen, meine Ohren und meinen Bauchnabel mit einem Q-tip zu bearbeiten (ich hatte ja keinen Schimmer, wie weit du nun wirklich gehen würdest) und die intimsten Bereiche meines Körpers zu waschen und auch dort noch etwas Jasminöl zu versprühen.

Obwohl es um die 32 Grad hatte, gingen wir fünfzehn Häuserblocks weit, und der Hund hat überhaupt kein Geschäftchen gemacht. Aber dir war das anscheinend völlig egal. Du hast mir die Leine gegeben, und obwohl ich es eigentlich nicht ausstehen kann, wenn sich erwachsene Männer kleine Putziwutzi-Hündchen halten, habe ich deinen Wauwau nicht allzu brutal hinter uns hergezogen, während wir weiter durch die schwere Nachtluft spazierten. Im großen und ganzen mag ich Hunde ja.

Und als ich plötzlich hochsprang und aufschrie, weil ein herunterfallendes Blatt wie eine tote Maus aussah, ließ ich prompt die Hundeleine los und griff nach deiner Hand. Und du hast meine Hand gedrückt, obwohl du mich hinter dir herschleifen mußtest, um deinem Hund nachzujagen. Der hat sich nämlich auf und davon gemacht und ist den Bürgersteig entlanggerast, um schließlich japsend um einen Baum herumzuspringen. Als wir ihn endlich wieder erwischt hatten, waren wir beide außer Atem. Und es hat mir gar nicht gepaßt, daß ich in diesem durchgeschwitzten Jogginganzug steckte.

»Hast du etwa Angst vor 'ner kleinen Maus?« fragtest du.

»Und wie! Wenn ich diese Biester sehe, kriege ich echt einen zuviel. Dann dreht sich mein Magen um, und ich will sofort auf irgendwelche Stühle springen oder so, bloß um von diesen Viechern wegzukommen.«

Und dann hast du mir von dem einen Mal erzählt, als du auf deiner Küchentheke eine plattgemacht hast, die gerade dabei war, deine Ravioli direkt aus der Büchse zu fressen. Wie du mit einem Besenstiel auf sie eingedroschen hast und sie danach ins Klo runterspülen wolltest, und wie das tückische Ding sich partout nicht runterspülen lassen wollte. Ich habe über diese Geschichte laut und heftig gelacht, aber dann wollte ich dich ebenfalls zum Lachen bringen.

Und deshalb habe ich dir von dem einen Mal berichtet, als ich schon mit einem Fuß in der Wohnungstür stand, weil ich in die Sauna wollte, und plötzlich rein zufällig einen riesigen Kakerlaken sah, der auf meiner Küchentheke ein Freudentänzchen aufführte. Ich hab sofort mit der rechten Hand auf ihn eingeschlagen, hart genug, um ihn für immer zum Krüppel zu machen. (Mäuse erschrecken mich zu Tode, aber Kakerlaken widern mich an.) Der blöde Kakerlak sollte jedenfalls nicht auf der Stelle sterben, weil ich gerade erst neun Dollar fünfundneunzig für irgend so einen Kakerlakentod ausgegeben hatte, den ich über eine Zeitungsannonce bestellt hatte. Und nun wollte ich natürlich herausfinden, ob das Mittel auch tatsächlich wirkte. Während der Kakerlak verzweifelt versuchte, irgendwo in der Mauer einen rettenden Spalt oder Ritz zu finden, habe ich ihm also eine kräftige Prise von dem Zeug verpaßt. Er hat sich daraufhin aber noch lange nicht geschlagen gegeben, und deshalb habe ich ihm immer mehr Kakerlakentod auf die Fühler gestreut. So ging das fünf Minuten lang, bis mir der olle Kakerlak schließlich gewaltig auf den Senkel ging, weil ich die ganze Zeit über noch meinen Mantel anhatte und mir außerdem meine Handtasche und mein Gymnastikbeutel über die Schultern hingen. Und da der Typ, der meine Küche entworfen hat, sich anscheinend vorgestellt hat, daß ausschließlich Zwerge und kleine Kinder darin leben würden, war ich langsam, aber sicher am Verschmoren. Das war dann der Moment, in dem ich beschlossen habe, den Kakerlaken ebenfalls zum Schmoren zu bringen. Ich zündete mir also erst mal eine Zigarette an, und mit dem gleichen Streichholz brannte ich ihm die Fühler weg. Aber der Knaller hat doch glatt weiter versucht, sich in eine Ecke der Küchentheke davonzustehlen. Da bin ich dann echt ausgerastet, weil mein schöner Kakerlakentod ganz offensichtlich nicht funktioniert hat. Und so habe ich mich darangemacht, den Kakerlaken zack, zack mit Stumpf und Stiel zu verbrennen, zur Strafe dafür, daß er nicht so gestorben ist, wie es eigentlich gedacht war.

Du hast das alles furchtbar lustig gefunden und konntest dich gar nicht wieder einkriegen. Es hat mir gefallen, wie du gelacht hast, aber irgendwie wurde ich das Gefühl nicht los, du könntest aus der Geschichte vielleicht falsche Rückschlüsse auf meinen Charakter ziehen: von wegen Folter und Mord und all dem Zeug.

Wir gingen noch einige Häuserblocks weiter und machten die ganze Zeit über Small talk. Und der Hund rannte zu allen Baumstämmen hin, warf seine kleinen weißen Füßchen in die Luft und triefte schließlich nur noch so vor Nässe. Das war aber auch schon alles, was sich bis dahin ereignete.

Zu diesem Zeitpunkt schwitzte ich selber auch schon ganz schön, und ich stellte mir vor, dein Kopf sei zwischen meinen Brüsten vergraben. Ich habe es gern, wenn ein Mann seinen Kopf dorthin legt, und es ist mir schon lange nicht mehr passiert, daß mich irgendein Mann derart ins Träumen gebracht hat. Deshalb habe ich dich zuerst gar nicht gehört, als du mich gefragt hast, ob mir die Temptations gefielen und ob ich schon mal in einem Marionettentheater gewesen sei. Ich habe irgendwie den Zusammenhang nicht begriffen, der wurde mir erst später klar, als wir in deiner Wohnung waren.

Heute dagegen, als ich auf dich zukam, hast du mich angesehen, als ob wir eine Art Tauziehen mit unsichtbarem Seil spielten. Die Anziehungskraft war so stark, daß sie uns direkt aufeinander zutrieb. Als ich schließlich vor dir stand, konnte ich deinen Atem am anderen Ende des Seils riechen. Dir war nicht wohl in deiner Haut, und als ich an euch beiden vorbeizischen wollte, hast du dich irgendwie so halb zu mir hingedreht. Dann hast du mich unbestimmt angelächelt und dabei hinter deinen getönten Brillengläsern mit den Augen gezwinkert. Und ich hab euch beiden zugelächelt, denn mit diesem Mädchen hatte ich ja kein Hühnchen zu rupfen; *sie* war es ja nicht, mit der ich die Nacht verbracht habe.

»Wieso bist du denn schon so früh auf?« hast du gefragt. Ich fand eigentlich nicht, daß dich das was anging. Schließlich hast du ja gestern abend auch nicht bei mir angerufen, um festzustellen, wie spät ich da noch auf war. Im übrigen war es ohnehin schon fast zehn Uhr morgens.

»Ich hab bereits Kaffee getrunken und meine Wäsche gewaschen, und jetzt will ich in den Blumenladen und etwas Erde kaufen, damit ich meinen Farn und den Gummibaum umtopfen kann, bevor heute nachmittag die Blockparty losgeht.«

»Oh, entschuldige bitte, Marie, das ist Carolyn«, hast du gesagt und wie ein drittklassiger Magier mit deinen Händen zwischen uns herumgefuchtelt.

Und wir haben genickt, wie zwei Frauen von Welt das eben tun, schließlich haben wir genau mitgekriegt, wie unbehaglich dir zumute war.

»Warum bringst du denn deine Wäsche nicht zum Chinesen?« hast du gefragt.

»Weil ich sicher sein will, daß meine Sachen auch sauber sind. Es macht mir Spaß, sie hübsch und adrett zusammenzufalten, so wie ich es eben haben will. Und außerdem mag ich es, wenn alles dort ist, wo es auch hingehört.«

Darauf hast du nur stumm genickt wie ein Idiot. Einen Augenblick lang hast du richtig verwirrt dreingeschaut, als ob sie dich gerade mitten in der Wüste ausgesetzt hätten. Es hat dir anscheinend gar nichts ausgemacht, daß dieses Mädchen dastand und genau mitbekam, wie deine ganze schöne Haltung ins Wanken geriet. Und daß ich es mitbekam, hat dich offenbar auch nicht gestört. Aber plötzlich mußte ich ganz schnell weg von dir, weil ich jetzt echt den Duft deines Körpers riechen konnte. Und dieser Duft fing an, sich auf meiner Haut festzusetzen. Er strömte um mich herum, bis er mir schließlich in die Nasenlöcher stieg und dann sogar mein Hirn erwischte. Mein ganzer Kopf schwoll davon an, und so stand ich dann da, mitten auf dem Beton. Mir war das alles schrecklich peinlich, deshalb habe ich versucht, dem grausamen Spiel ein Ende zu machen, und mir meinen scharlachroten Schal tiefer ins Gesicht gezogen. Aber du hast auch so bereits gewußt, was mit mir los war.

Ich habe mich dann mit Gewalt von dir losgerissen und so getan, als ob ich den Bus kriegen wollte, den ich gerade entdeckt hatte. Ich hab die Hände an mein Gesicht gehoben und mir den rotbraunen Lippenstift von Mund und Wangen gewischt, und das bloß, weil ich dir erlaubt hatte, deinen Mund dorthin zu drücken. Hab mich verzweifelt bemüht, zu vergessen, wie gut du doch aussiehst. Ein piekfeiner Kerl. Viel zu fein. Ich wollte ja nicht auf meine Mama hören: »Mach einen Bogen um Männer, die hübscher sind als du, denn die lassen dich das früher oder später spüren.« Ich hab mich bemüht, nur an die Blumenerde zu denken. An die Blätter meiner Pflanzen. Aber ich bin doch noch nie auf hübsche Männer reingefallen, dachte ich dann und versuchte, den Unebenheiten im Bürgersteig auszuweichen, nachdem ich mir die Zehe angestoßen hatte. Du warst doch so ganz anders: ein Mann, der korrektes Englisch spricht. Der Marionetten baut und sie reden und tanzen läßt. Der seine Anträge auf Studienbeihilfe selbst schreibt. Der Kräutertee trinkt und keine Zigaretten raucht. Du hast beim Sprechen Arme und Beine verschränkt und dich mit deinen breiten Schultern in den Stuhl zurückfallen lassen, so daß dein Po auf die Kante gerutscht ist. Und ich hatte den Eindruck, daß du über deine Worte nachdenkst und nicht einfach so drauflosplapperst. Ich habe dich bewundert.

Als ich schon fast einen halben Block von dir entfernt war, hast du mir noch nachgebrüllt: »Verkaufst du irgendwas auf der Blockparty?«

Ich hatte dir neulich schon erzählt, daß ich Zucchinikuchen machen wollte, aber nun hast du es eben noch einmal zu hören bekommen: »Zucchinikuchen!« Dabei habe ich dir zum Abschied zugewunken und krampfhaft auf diese blöde Art weitergegrinst, obwohl ich genau wußte, daß du meinen Gesichtsausdruck auf die Entfernung gar nicht mehr erkennen konntest.

Es hat mich gefreut, daß du mir so viel Aufmerksamkeit geschenkt hast, trotz des Mädchens, das bei dir war. Ich hab gedacht, das hätte was zu bedeuten. Ich habe sogar gehofft, als ich gerade in den Blumenladen einlief und mich in einem Kaktus verfing, du würdest später bei mir anrufen und mir erklären, daß das doch nur eine Freundin deiner Cousine oder deiner Schwester war. Ich habe gehofft, du würdest mir sagen, daß dir dein Rücken weh täte oder etwas in der Art, so daß ich mit einem Mandelöl bei dir vorbeikommen und dich einreiben könnte. Damit ich deinen Rücken durchklopfen und meine Fingerspitzen in deinen Schulterblättern und den Rillen an deiner Wirbelsäule vergraben könnte, bis alles ganz weich und biegsam wäre. Oder vielleicht hättest du mir auch erzählt, deine Brille sei kaputt und du könntest gar nichts sehen. Ich wäre dann zu dir runtergekommen und hätte dir was vorgelesen: Comics oder die Bibel, ganz nach Belieben.

Und jetzt bin ich hier draußen auf dem Bürgersteig mit einer Tüte schwarzer Blumenerde in den Händen und marschiere in dieser Hitze an deinem Haus vorbei. Dabei zwinge ich mich dazu, nicht zu diesen schäbigen weißen Fensterläden hinaufzustarren, und drehe deshalb den Kopf genau in die entgegengesetzte Richtung. Das sieht natürlich bescheuert aus und fällt total auf. Und ich habe fest geglaubt, ich sei für dich die einzige weit und breit, weil ich mich wie eine Dame benommen habe und nicht wie eine läufige Hündin.

In Wahrheit hatte ich überhaupt nicht vor, heute irgendwas umzutopfen. Ich habe dir das nur gesagt, weil es so sauber klingt. Eigentlich hat es mich viel mehr beschäftigt, ob dich dieses Mädchen letzte Nacht so berührt hat, wie ich dich berührt habe. Wahrscheinlich nicht, denn nur ich kann dich auf diese Art berühren. Aber als du heute früh da auf dem Bürgersteig gestanden hast, habe ich blitzartig Momentaufnahmen von uns beiden gesehen: Wie wir uns in den Armen des anderen geschlängelt haben wie Würmer und Raupen, wie du mich geküßt hast, als wärst du all die Jahre über dafür bezahlt worden und würdest in dieser Nacht nun deinen letzten Gehaltsscheck abarbeiten, und wie sich mein Kopf in jeden Winkel deines Körpers verirrt hat. Und während ich da auf der Straße stand, klangen mir immer noch deine leisen Schreie in den Ohren. Ich sah, wie meine Zunge deine Brust befeuchtete und wie deine Hände jedes kleine Fleckchen meines Rückens zart gerieben haben, ganz so, als sei ich aus Seide. Und ich fühlte mich in dieser Nacht wirklich seidig, und du hast das gewußt. Du hast so verdammt gut gerochen. Und als ich dann mit dem Kopf über die Bettkante rutschte, hast du mich nicht zurückgehalten. Nein, du bist mir nachgekommen. Du hast kein Wort gesagt, als ich geschrien und laut deinen Namen gerufen habe. Du hast dir nur Zeit gelassen mit mir und mich wieder und wieder in deine Arme gezogen, in die Wölbung deines Brustkorbs, und mich überhaupt nicht mehr losgelassen. Und als ich aufgewacht bin, habe ich geglaubt, du wärst die Erfüllung meiner Träume.

Und nach all dem standest du da draußen in dieser Hitze auf dem Bürgersteig, und ein anderes Mädchen klebte an deinem Arm. Und so bist du lustig und fidel an meinem Haus vorbeigezogen. Also, diese Scheiße finde ich echt zum Kotzen.

Ich mein, schau. Ich hab dich doch nicht gezwungen, mich zu kitzeln und derart zum Lachen zu bringen. Du mußtest mir auch kein frisches Pflaster um meinen wehen Daumen machen oder an meinem Haar schnuppern und mir sagen, es rieche wie ein kühler Wald. Und du brauchtest mir auch nicht zu sagen, es spiele keine Rolle, daß ich so wenig Busen habe. Und ich war noch so erleichtert, das zu hören, weil mir meine Mama immer gesagt hat, ein Mann sollte sich mehr dafür interessieren, wie du sein Leben ausfüllst als deinen Büstenhalter.

Ich meine, wer hat dich geheißen, mir die Marionetten vorzuführen, die du von James Brown und Diana Ross und den Jackson Five gemacht hast? Wer hat dich geheißen, Jasminkerzen anzuzünden und mir sage und schreibe zwölf alte Temptations-Alben vorzuspielen, nachdem du mir erzählt hast, daß dir »Ain't Too Proud to Beg« das liebste von allen ist? Du mußtest auch nicht auf einen Barhocker klettern und dein altes Fotoalbum hervorzerren und mir die Ehre erweisen, vier Generationen deiner Familie betrachten zu dürfen. Du hast mir sogar ein Bild von dir als kleinem Schreihals in Windeln gezeigt. Wie bist du bloß auf die Idee gekommen, daß ich dich als kleines Kind sehen wollte, wo ich dich doch erst seit drei Wochen als Mann kannte? Doch nein, du hast mir ja volle zwei Monate lang dabei zugesehen, wie ich den Schlüssel in meiner Haustür umgedreht habe, wenn du gerade mit deinem kleinen Köter unterwegs warst, bevor du dich dazu aufraffen konntest, mehr als nur »hallo« rauszulassen.

Irgendwie bin ich nie so richtig dazu gekommen, dir ein bißchen mehr von mir und meinem Leben zu erzählen, nicht wahr? O. k., ich habe dir, glaube ich, gesagt, daß ich an einer Sonderschule unterrichtete. Ich glaube, ich habe auch erwähnt, daß ich ab und zu Gedichte schreibe. Hab sogar eines für dich geschrieben, aber ich bin froh, daß ich es dir nicht gegeben habe. Sonst wäre dir der Kamm vermutlich noch mehr geschwollen. Aber vielleicht hätte ich dir von den vielen Nächten erzählen sollen, in denen es in meinem Kopf drunter und drüber gegangen ist und ich davon geträumt habe, genauso geliebt zu werden, wie es dann in jener Nacht passiert ist. Wie sehr ich es mir immer gewünscht habe, einem Mann mehr zu geben als nur Einklang im Schlafzimmer. Aber es ist so schwer. Da haben wir doch den Salat.

Du hättest mich einfach nicht in deine Arme einhüllen sollen, als ob ich dein Erstgeborenes wäre. Du hättest nicht so zärtlich und leidenschaftlich sein sollen. War das wirklich nur Lust? Ich meine, ich habe nicht geschlafen, als du immer wieder mein Gesicht berührt und daran gerieben hast, als sei ich aus Kristall und du hättest Angst, ich könnte zerbrechen. Ich hab mich lediglich schlafend gestellt, weil ich unbedingt verhindern wollte, daß du den Kokon zerreißt, der mich zu diesem Zeitpunkt umgab. Deshalb habe ich nur so dagelegen und mich von dir berühren lassen; und ich wollte, daß du nie aufhören würdest, mich zu berühren.

Vor drei Stunden habe ich dann doch noch meine Pflanzen umgetopft. Außerdem habe ich drei Zucchinikuchen gebacken, die mich fast dreißig Dollar gekostet haben. Nach dem, was heute morgen geschehen ist, kann ich mir echt nicht vorstellen, dort draußen auf diesen Zementstufen in der Hitze zu sitzen und zu versuchen, wildfremden Leuten ein Stück Kuchen anzudrehen. Aber meine Nachbarin hat gemeint, sie würde das schon für mich übernehmen. Und ich werde den Teufel tun und den ganzen Tag in diesem Treibhaus herumhocken und Trübsal blasen.

»Gehst du mit mir zum Brunchen?« frage ich eine Freundin. Sie hat kein Geld. »Ich werde bezahlen. Hauptsache, du triffst dich mit mir, Mädchen, o. k.?« Sie versteht, daß ich eigentlich gar keinen Hunger habe, sondern nur irgend etwas in mich hineinstopfen will, um diese schreckliche Leere in meinem Inneren auszufüllen und von unserer Straße wegzukommen.

Mittlerweile schwirrten in unserem Block immer mehr Gelegenheitsverkäufer umher, die den Ramsch ausstellten, den sie aus irgendwelchen Mansarden, Kammern und Kellern herausgekramt hatten, um ihn nicht zur Heilsarmee schleppen zu müssen. Ich konnte schon das Barbecue und das Popcorn riechen und den DJ hören, der seine Boxen testete, um herauszufinden, wie stark er aufdrehen mußte, um draußen den allerfeinsten Sound zu kriegen. Es war sehr heiß, und die Sonne prügelte auf den Bürgersteig herunter, daß dir die Hitze durch die Schuhsohlen drang.

Ich trage meine hautengen Jeans und finde, daß ich ausgesprochen gut aussehe an diesem Nachmittag, auf dem Weg zur U-Bahn-Station. Ich strenge mich aber auch sehr an, gut auszusehen. Nein, nicht für dich oder für die Allgemeinheit, sondern für mich ganz allein. Da bist du ja schon wieder und stolzierst auf mich zu, und dieses alberne Schoßhündchen trappelt neben deinen großen Füßen her. Aber dieses Mal befindet sich nichts an deinem Arm, nichts als weiches schwarzes Haar und der aufgerollte Ärmel eines roten Karohemds. Ich kann ganze Wälder schwarzen Brusthaars erkennen, die durch das offene Hemd zu mir herausschauen, und weil meine Knie immer mehr zu Pudding werden, grabe ich meine Hacken tief in das Leder meiner Schuhe, um kerzengerade zu gehen wie eine Tänzerin. Du lächelst mich an, noch bevor wir uns richtig gegenüberstehen, und machst wieder eine deiner Halbdrehungen. Und dann gehst du einfach so mir nichts, dir nichts neben mir her, ohne daß dich irgend jemand dazu aufgefordert hätte.

»Hallo«, sage ich und passe auf, daß mir meine betont lässige Gangart nicht abhanden kommt.

»O mein Gott! Du siehst aber hübsch aus heute. Pink und Purpurrot sind eindeutig deine Farben.«

Ich muß lächeln, weil ich genau weiß, daß ich gut aussehe, und obwohl ich kaum noch Luft kriege, weil ich meinen Bauch so sehr einziehe, daß er flach ist wie ein Brett, will ich nicht, daß du irgendeine Stelle an meinem Körper zu genau anstarrst, weil du davon sowieso schon viel zuviel gesehen hast. Ich nehme das alles wieder zurück, mein Lieber. Ich möchte, daß du von diesem Anblick gebannt bist und dich für immer daran erinnerst, wie alles ausgesehen hat unter diesem Jeansstoff und wie es sich anfühlte, denn du wirst nie wieder auch nur halb so nahe an mich rankommen: weder bei Tag noch bei Nacht. Ich bewege mich näher auf den Randstein zu.

»Na, wo soll's denn heute hingehen?« fragst du und zeigst so was wie echtes Interesse. Und da ich dich glauben lassen will, daß ich eine vielbeschäftigte Frau bin und daß mich diese kleine Episode völlig kaltläßt, antworte ich dir knapp: »Ich bin zum Brunch verabredet.« Eigentlich hätte ich dir gerne gesagt, daß dich das einen feuchten Kehricht angeht, aber nein, ich bin ja nicht nur höflich, sondern auch noch ehrlich.

Wir sind also sechs heiße, schweißtreibende Blocks entlanggegangen, und als wir endlich die Treppe zur U-Bahn erreicht haben, hast du dich zu mir heruntergebeugt, als wolltest du mich jeden Moment küssen. Und ich habe deine weichen Lippen angestarrt, die du gespitzt hast, als hättest du eine schlimme Blase auf dem Mund, und den Kopf weggedreht. Du hast ja heute morgen dieses Mädchen geküßt.

»Kann ich dich später anrufen?« hast du zum Abschied gefragt.

»Falls dir grade danach sein sollte«, habe ich erwidert und bin im Untergrund verschwunden.

Als ich wieder nach Hause kam, war es fast zehn Uhr abends, und auf unserer Straße wimmelte es noch immer von Teenagern, die auf ihren Rollschuhen und Skateboards übers Pflaster sausten und zu der kreischenden Disco-Musik tanzten, die von beiden Enden des Blocks her dröhnte. Die Kids sprangen um den Hydranten herum, der sein Wasser volle Düse in die Gegend sprühte. Sie liefen mitten in die Fontäne hinein und stießen dabei schrille kleine Entzückensschreie aus. Die Erwachsenen saßen währenddessen auf den kleinen Veranden vor den Häusern und schlürften ihr Bier. Meine Nachbarin hockte auf unserer Veranda, und ich setzte mich zu ihr. Und obwohl das nicht ganz leicht war, habe ich doch glatt danach Ausschau gehalten, ob irgendwo deine himmellange Gestalt über all den kleineren Menschen aufragte. Zuerst konnte ich dich nirgends finden, was mich irritiert hat, weil ich doch sah, daß bei dir noch alle Lichter brannten, und mir ausrechnen konnte, daß du unmöglich dort oben in diesem muffigen Apartment sitzen würdest. Als ich dich dann endlich doch gesehen habe, wie du auf der gegenüberliegenden Straßenseite gegen einen schmiedeeisernen Zaun lehntest, hatte sich schon wieder ein anderes Mädchen an deine Seite geheftet. Du hast mich durch die dicke Meute flitzender Teenager entdeckt, und ich habe gehört, wie du laut meinen Namen gerufen hast. Aber du warst Luft für mich. Ich war doch viel zu stolz, um mir so doofe Gefühle wie Liebeskummer oder Eifersucht zu erlauben.

Meine Nachbarin hat mir erzählt, sie hätte von meinem Zucchinikuchen ganze drei Stücke verkauft, weil sich die Leute nicht trauten, ihn zu essen. Dachten wohl, er sei auch innen grün. Der finanzielle Verlust war mir schnurzpiepegal.

Ich fühlte mich auf einmal richtig lebendig und unternehmungslustig. Deshalb schleuderte ich meine pinkfarbenen Pumps beiseite, stapfte die Stufen hinunter und lief, zusammen mit den Kindern, geradewegs in die Fontäne des Hydranten hinein, die sich wie ein Fächer über uns ausbreitete. Der harte Sprühregen fühlte sich kühl und beruhigend an. Mein ganzer Körper prickelte und bebte wie nach einer Massage. Ich spürte, daß mir deine Augen folgten, aber ich habe nicht reagiert und mich natürlich nicht umgedreht. Irgendwann habe ich mich wieder auf die Stufen gesetzt und mich ganz entspannt zurückgelehnt. Dann habe ich mir das Wasser von der Stirn und den grell-rosa Lippenstift vom Mund gewischt und ein Stück von meinem köstlichen Zucchinikuchen gegessen und eine Flasche eiskaltes Bier geköpft. Der Schaum floß über den Hals der Flasche und rann mir über die Finger. Ich schüttelte ihn weg und lehnte mich wieder an den Zementstufen an, so daß ich mir den Rücken zerkratzte, als ich mich hin- und herwiegte und im Takt mit den Fingern schnippte.

Der eifersüchtige Türke und seine Frau aus Kairo

Vor vielen, vielen Jahren geschah es, daß sich ein Türke in Kairo niederlassen wollte. Er war durch viele Länder gereist, hatte zahlreiche Merkwürdigkeiten gesehen und besaß große Lebenskenntnis.

Da er seit langem der Ansicht war, daß man nicht glücklich werden kann, wenn man nicht verheiratet ist, entschied er sich, eine Frau zu suchen. Doch seine große Lebenserfahrung belehrte ihn, keine Frau zu nehmen, ohne alle Vorsichtsmaßnahmen ergriffen zu haben, denn nur so konnte man das Unglück verhindern, das eine Folge des leichten Lebenswandels vieler Frauen ist.

Nach reiflicher Überlegung ließ er eine Waschfrau kommen und sagte zu ihr: »Tante, ich möchte mich verheiraten. Ich habe große Lebenserfahrung und kenne die Frauen. An Euch liegt es, mir eine Frau zu finden, die zu mir paßt.« Und er begann seine Bedingungen aufzuzählen: »Sie muß jung und geschickt sein; sie darf ihr Haus und ihre Eltern bisher nicht verlassen haben, und sie muß damit einverstanden sein, bei mir in einem Haus zu leben, das aus einem einzigen Zimmer besteht, und vor allem darf sie niemals den Wunsch hegen, es zu verlassen. Das ist die wichtigste meiner Voraussetzungen. Was soll ich Euch noch groß sagen? Das genügt. Geht! Geht!«

Die alte Waschfrau machte sich also auf die Suche, und nach einigen Tagen schon hatte sie die gewünschte Frau für den Türken gefunden. Sie kam zu ihrem Auftraggeber und sagte zu ihm: »Ich habe da ein junges Mädchen, das überaus hübsch und geschickt ist; sie hat nie die Schwelle ihres Hauses übertreten; als ihre Mutter ihr Eure Bedingungen nannte, hat sie geantwortet: Hier oder bei dem Türken, ist es nicht dasselbe für mich?« Die Beschreibung ihrer Schönheit und die naive Antwort des jungen Mädchens gefielen dem Türken. Nachdem er die Eltern um die Hand ihrer Tochter gebeten hatte, wurde die Hochzeit gefeiert.

Der Türke hatte unterdessen auch ein Haus nach seinem Wunsch gefunden, und zwar nur aus einem großen Zimmer bestehend, in das man unmittelbar gelangte, wenn man eine kleine Treppe hinaufstieg, die zur Haustür führte. »Der Mann muß außergewöhnlich listig sein, der hier eindringt, ohne daß ich ihn sofort bemerke«, dachte der Türke beim Anblick dieser Wohnung und nahm sie.

Jeden Morgen, wenn er das Haus verließ, schloß er die Tür hinter sich ab, und wenn er zurückkehrte, genügte ein einziger Blick durch das Zimmer, um sich zu vergewissern, daß keiner außer seiner Frau in ihrem Hause war. So lebte er glücklich, aber in ständiger Unruhe.

Auf der anderen Seite der Straße, genau dem Zimmerfenster gegenüber, befand sich ein Metzgerladen. Die Frau des Türken sah täglich den Besitzer, einen jungen Mann von kräftiger großer Gestalt und mit einem fröhlichen Gesicht. Er sang immer vor sich hin, ob er alleine war oder seine Kunden bediente, und er war stets gut gelaunt. So kam es, daß die junge Frau sich in den Metzger verliebte.

Eines Tages kam ihr Mann, der Türke, früher als gewöhnlich nach Hause zurück. Als seine Frau den Schlüssel im Schloß hörte, stieß sie den jungen Metzger in eine Ecke des Zimmers, hinter die Leine, an der die Kleider ihres Mannes hingen, und warf über ihn ein großes Umschlagtuch, mit dem sich die Kairoer Frauen bekleiden, wenn sie ausgehen. Sie hüllte sich in ein anderes Tuch ein und ging ihrem Mann entgegen, der schon eingetreten war.

»Frau«, sagte der Türke sogleich, »was verbirgst du unter dem Tuch in der Ecke?«

»Komm, mein Herr, setz dich hierhin und hör mir zu«, sagte sie und begann zu erzählen: »Es war einmal ein Mann, der entsetzlich eifersüchtig war. Seine Frau hatte einen Geliebten, den sie in der Abwesenheit ihres Mannes bei sich zu Hause empfing. Eines Tages aber kam ihr Mann früher als gewohnt nach Hause. Die Frau war in größter Not und versteckte ihren Geliebten unter einem Tuch. Dann wartete sie, bis ihr Mann im Zimmer war, sich setzte und Atem schöpfte. Das andere Tuch, das sie um ihre

Schultern gelegt hatte, stülpte sie ihrem Mann ganz fest über den Kopf... so...« Und während sie dies erzählte, bedeckte sie den Kopf ihres Mannes mit dem Tuch, wie sie es vorher beschrieben hatte, und lachte laut. Der Türke wußte nicht, ob er lachen oder zürnen sollte; war dies ein Kinderscherz oder Ernst? Er schrie und schlug um sich, aber er konnte seinen Kopf nicht aus dem Tuch befreien.

Während er schrie und sie beschwor, ihn von dem Tuch zu befreien, setzte sie ihre Geschichte fort: »Als der eifersüchtige Gemahl so eingewickelt war, daß er weder sehen noch hören konnte, was in dem Zimmer vor sich ging, rief sie ihrem Geliebten zu: ›Rette dich und geh, von wo du gekommen bist. Beim Barte des Propheten, rette dich!‹«

Der Metzger verließ mehr tot als lebendig das Zimmer durchs Fenster, ohne daß der Türke seine Schritte hören konnte, da er schrie und zeterte und das Tuch vom Kopf zu reißen versuchte, das ihm die Sicht nahm.

Als die Frau sah, daß ihr Geliebter in Sicherheit war, legte sie sich rücklings auf den Diwan und begann, laut zu lachen. Ihr Mann befreite sich endlich von dem Tuch, und als er seine Frau so unschuldig und herzhaft lachen sah, wußte er noch weniger, wie er diese Fröhlichkeit deuten sollte. Während er darüber nachdachte, fragte seine Frau ihn mit unschuldiger Miene: »Wie gefällt dir meine Geschichte?«, und als er nicht antwortete, fuhr sie fort: »Geh, schau unter das Tuch! Niemand ist und war dort.«

Keiner weiß, warum sich der Türke von seiner Frau scheiden ließ. Hatte er einen Verdacht? Lachte sie zu fröhlich auf seine Kosten? Jedenfalls verließ er am nächsten Morgen das Land und verzichtete für immer darauf, eine Frau aus Kairo zu bändigen.

Dacia Maraini

Die Leinenlaken

Heute morgen habe ich ein Loch in den Leinenlaken gefunden, so groß. Ich bin sicher, das war Elena mit ihren verdammten Zigaretten. Sie weiß genau, wie ich an der Weißwäsche hänge; sie weiß genau, daß diese Leinenlaken zu meiner Aussteuer gehören; sie weiß, daß ich stolz auf sie bin und sie eifersüchtig hüte. Und genau, weil sie das weiß, tut sie mir das an.

Giorgio war gerade wach geworden und rief wie üblich nach dem Kaffee. Ich war schon in der Küche am Kochen. »Ich komme«, habe ich gerufen und schnell die Tassen aus der Anrichte genommen.

Ich habe Milch gekocht, vier Scheiben Brot abgeschnitten, alles auf das Tablett gestellt und bin zum Schlafzimmer gegangen. Ich habe die Tür mit dem Knie aufgestoßen. Giorgio und Elena sahen vom Bett aus zu, wie ich mit dem Tablett in den Händen ankam. Giorgio hatte sich schon aufgesetzt, sein Strubbelkopf lehnte am Kissen, die Schlafanzugjacke stand über der haarigen Brust offen. Elena lag noch flach. Ihr riesiger runder Kopf schaute unter der Bettdecke hervor, noch zerknautscht vom Schlaf. Ihre großen hellblauen Augen verfolgten träge meine Bewegungen.

»Wo soll ich es hinstellen?«

»Hier, Schatz.«

»Wo, hier?«

»Auf meine Knie.«

»Elena schläft noch«, habe ich gesagt, bloß um etwas zu sagen, obwohl ich genau sah, daß sie die Augen offen hatte.

»Nein, ich schlafe nicht. Hast du mir Milch mitgebracht?«

»Ja, sie steht auf dem Tablett. Ach, ich habe den Zucker vergessen.«

»Dann lauf ihn holen, Mäuschen.«

Ich habe ihm schon oft gesagt, er soll mich nicht Mäuschen

nennen. Aber er hört nie auf mich. Ich bin zurück in die Küche gegangen, habe die Zuckerdose geholt und sie ihnen aufs Tablett gestellt, neben das Milchkännchen.

»Was machst du uns heute zum Mittagessen, Mäuschen?«

»Bitte nenn mich nicht Mäuschen.«

»Ich bin dein Ehemann oder nicht?«

»Was hat denn das damit zu tun?«

»Ein Ehemann hat das Recht, seine Frau zu nennen, wie er will.«

Elena hat sich lässig hochgesetzt und gelacht. Sie hat eine Hand zum Tablett gestreckt, daß es auf Giorgios Knien zu wakkeln anfing. Dann hat sie sich eine Scheibe Brot geschnappt und in die Tasse voll Milch gestippt.

»Setz dich her, Mäuschen.«

»Ich habe schon gegessen.«

»Na, dann setz dich trotzdem und erzähl mir, was du heute Nacht geträumt hast.«

»Ich träume nie.«

»Das ist nicht möglich.«

»Nie, nie, nie.«

»Das ist ein schlechtes Zeichen.«

»Wieso?«

»Das heißt, du hast nichts in dir.«

Elena hat angefangen zu lachen. Ich verstand nicht, was sie so witzig fand an dem, was Giorgio gesagt hat. Aber sie lacht oft ohne Grund. Sie schüttelt den Kopf, so daß ihr die Haare über Augen und Wangen fallen. Giorgio mag es, wenn sie lacht. Er betrachtet sie, wie sie die Haare schüttelt, und lächelt befriedigt.

Seit unserer Hochzeit hat sich vieles verändert. Besonders in den letzten Monaten, seit Elena bei uns ist. Ich habe Giorgio nie so unbeholfen und duckmäuserisch gesehen. Nach außen scheint unser Leben das gleiche zu sein, aber in Wirklichkeit ist alles anders geworden.

Ich erinnere mich noch an den Tag, an dem er sie in die Wohnung brachte. Er machte die Tür auf und hielt sie an der Hand. Er war sehr fröhlich und aufgekratzt.

»Ada, ich habe dir eine Freundin mitgebracht«, sagte er.

»Freundin von wem?«

»Von dir und mir. Sie wohnt ab heute bei uns.«

»Aber ich kenne sie gar nicht.«

»Jetzt hast du Zeit, sie kennenzulernen.«

»Wo soll sie denn schlafen?«

»Im großen Bett, mit mir. Macht es dir was aus?«

»Im großen Bett? In meinen Leinenlaken?«

»Wenn es dir lieber ist, kaufe ich welche aus Baumwolle.«

»Nein, nein. Nimm ruhig meine.«

»Du kannst im Wohnzimmer schlafen, auf der Bettcouch.«

»Die ist aber sehr hart als Bett.«

»Elena hilft dir kochen und die Wohnung in Ordnung halten. Du wirst sehen, sie ist eine große Hilfe.«

»Kann sie kochen?«

»Ich weiß nicht. Weißt du, Elena ist ein bißchen verwöhnt. Aber ich bin sicher, sie wird sich an die neue Wohnung gewöhnen und dir bei der Hausarbeit helfen.«

»Verwöhnt – wie?«

»Tja, weißt du, zu Hause war sie gewöhnt, nichts zu tun und den ganzen Tag zu schlafen. Aber sie ist so gut und willig. Ich bin sicher, du wirst sie mögen.«

Bis dahin hatte ich sie noch nicht angesehen. Die Vorstellung, daß sie meine Leinenlaken benutzen sollte, ärgerte mich. Ich hoffte, wenn ich sie nicht ansah, verschwand sie wieder. Aber sie war da, lang und weiß, und nickte bei jedem Wort von Giorgio mit dem Kopf. Also habe ich hochgesehen und sie mir genau betrachtet. Als erstes traf ich auf ihre großen, ruhigen blauen Augen, die mich neugierig anstarrten. Bis auf diese etwas unproportionierten Augen hat ihr Gesicht nichts Besonderes: es ist rund und weiß und trägt regelmäßige Züge. Der Körper ist ähnlich: rundlich und sauber und normal groß.

An diesem Abend ist Giorgio zu Hause geblieben und hat uns geholfen, eine große Apfeltorte zu backen. Er hat sich die Schürze umgebunden, Äpfel geschält und dabei mit Elena geplaudert. Bei der Gelegenheit habe ich gemerkt, daß Elena keine Ahnung hat; statt mir zu helfen, stand sie mir nur im Wege. Und deshalb habe ich sie seitdem nicht mehr gebeten, in der Küche zu arbeiten. Ich mache lieber alles allein, dann geht es schneller.

Wir haben auch den Champagner aufgemacht an diesem Abend, um das Ereignis zu feiern. Elena hat zwei Gläser getrunken und hatte einen Rausch. Giorgio hat sie in den Arm genommen und auf das Bett getragen. Dann hat er mich gerufen, damit ich ihm helfe, sie auszuziehen. Und dabei konnte ich sie nackt sehen. Angezogen hätte ich sie auf achtundzwanzig geschätzt, aber ohne Kleider sieht sie zehn Jahre älter aus. Ich weiß nicht, warum, aber es hat mich gefreut, daß sie älter ist als ich. Ich habe noch einmal einen Blick auf meine feinen handbestickten Leinenlaken geworfen, dann bin ich hinausgegangen und habe sie allein gelassen.

Es stimmt, was Giorgio sagt, Elena ist gut und warmherzig. Nur daß sie sich oft langweilt und mich dann zum Zeitvertreib ärgert. Normalerweise liegt sie den ganzen Tag auf dem Bett und liest Comichefte oder malt sich die Fingernägel an oder bürstet sich die Haare. Ab und zu schläft sie ein, und dann höre ich nichts mehr von ihr bis sieben, wenn Giorgio nach Hause kommt. Kurz bevor er auftaucht, springt Elena hastig in ihre Kleider, schminkt sich, kämmt sich, schlüpft in die Stöckelschuhe, und kaum macht er die Tür auf, stürzt sie sich mit Freudeschreien auf ihn.

Manchmal unternehmen wir zu dritt etwas. Wir gehen ins Kino oder machen einen Bummel in der Stadt. Dann benimmt Giorgio sich immer sehr anständig, das muß ich zugeben. Er behandelt mich wie eine richtige Ehefrau: Er hakt mich ein, flüstert mir etwas Neckisches ins Ohr und läßt mir den Vortritt, wenn wir irgendwo einkehren. Und Elena geht hinter uns her, mit langsamen Schritten und ein bißchen schmollend. Wenn wir Freunde treffen, stellt Giorgio sie als eine Kusine seiner Frau vor, also meine.

»Sie hat ihren Mann verloren«, sagt er, »und jetzt wohnt sie bei uns. Sie hat sonst niemanden, die Ärmste.«

Elena redet nie. Sie lächelt. Sie bestellt Eis. Eis ist ihre große Leidenschaft. Manchmal erfüllt Giorgio ihr den Wunsch, manchmal schnauzt er sie an, daß einem von Eis im Winter schlecht wird, und nimmt es ihr weg.

Kaum sind wir wieder in der Wohnung, ändert sich alles

schlagartig. Giorgio guckt mich nicht mehr an und redet auch fast nicht mehr mit mir, außer um Elena zum Lachen zu bringen, wie wenn er mich Mäuschen nennt. Elena ist dann wieder ganz selbstsicher und fängt an, von langweiligen Dingen zu plappern; oder sie legt sich mit ihren Comicheften aufs Bett und verlangt, daß ich loslaufe und ihr ein Glas eiskalte Milch bringe, wenn sie Durst hat.

Nicht daß Elena mich aus der Wohnung haben will. Wie sollte sie denn auch klarkommen ohne mich? Ihre Kränkungen sind nur die Scherze von verwöhnten Leuten. Sie ist sich gar nicht im klaren darüber, daß ihre Scherze mit meinen Leinenlaken mir unerträglich sind.

»Wenn du weiter Löcher in meine Leinenlaken machst, verlasse ich die Wohnung«, habe ich in einem wütenden Augenblick zu ihr gesagt.

»Sag das nicht. Giorgio wäre ziemlich sauer.«

»Dann soll er sehen, wie er zurechtkommt.«

»Aber er ist dein Mann.«

»Was kann er mir schon tun?«

»Ich kann dich anzeigen, wegen böswilligem Verlassen der ehelichen Gemeinschaft.«

»Glaubst du, Giorgio täte das weh?«

»Ich weiß nicht. Aber wenn du gehst, kann ich nicht mehr mit ihm zusammenleben.«

»Wieso?«

»Wir sind ja nicht verheiratet.«

»Na und, was macht das schon?«

»Alle wüßten sofort, daß wir ein Verhältnis haben.«

»Na und?«

»Das ist nichts für mich. Was sollen denn die Nachbarn sagen?«

»Wen kümmern schon die Nachbarn?«

»Mich. Ich möchte nicht als unmoralisch dastehen.«

In Wirklichkeit habe ich gar nicht die Absicht wegzugehen. Ich würde mich langweilen, allein. Und außerdem, offen gesagt, Giorgio ist mein Ehemann, und ich finde, mein Platz ist an seiner Seite. Wenn ich sage, daß ich gehe, dann mache ich das, um Elena zu erschrecken. Es gefällt mir, wenn ich sehe, wie sie einmal zuhört und mich ernst nimmt, während ich mit ihr rede.

Gleich kommt Giorgio zurück. Heute abend habe ich eine wichtige Entscheidung getroffen. Ich werde ihm sagen, er soll eigene Baumwollbettwäsche kaufen für das Bett, in dem er mit Elena schläft. Ich kann es nicht aushalten, daß meine Leinenlaken in Fetzen gerissen werden.

Dorothy Parker

Der letzte Tee

Der junge Mann in dem schokoladenbraunen Anzug setzte sich an den Tisch, an dem das Mädchen mit der künstlichen Kamelie schon seit vierzig Minuten saß. »Ich bin wohl spät dran«, sagte er. »Tut mir leid, daß du warten mußtest.«

»Ach, du lieber Himmel«, sagte sie. »Ich bin ja selbst gerade erst gekommen, gerade vor einer Sekunde. Ich habe nur einfach schon mal bestellt, weil ich unbedingt eine Tasse Tee haben mußte. Ich war selbst spät dran. Ich bin nicht länger als eine Minute hier.«

»Das ist gut«, sagte er. »He, he, immer langsam mit dem Zukker – ein Würfel genügt völlig. Und nimm das Gebäck da weg. Schauderhaft! Mir geht's vielleicht schauderhaft!«

»Ach«, sagte sie, »tatsächlich? Ach. Was ist denn los?«

»Oh, ich bin fix und fertig«, sagte er. »Ich bin in schauderhafter Verfassung.«

»Ach, das arme Bübchen«, sagte sie. »Fühlt es sich elend? Ach, und da hat es den weiten Weg gemacht, nur um mich hier zu treffen! Das hättest du nicht tun sollen – ich hätte dafür Verständnis gehabt. Ach, man muß sich mal vorstellen, daß es den ganzen weiten Weg gemacht hat, wo ihm doch so schlecht ist!«

»Oh, das ist schon in Ordnung«, sagte er. »Ich kann ebensogut hier wie woanders sein. Ein Ort ist so gut wie jeder andere, so wie ich mich heut fühle. Oh, ich bin völlig erschossen.«

»Aber das ist ja furchtbar«, sagte sie. »Ja du armer kranker Kerl. Himmel, es wird doch nicht die Grippe sein. Es heißt, daß sie ziemlich umgeht.«

»Grippe!« sagte er. »Ich wollte, das wäre alles, was mir fehlt. Oh, ich bin vergiftet. Ich bin erledigt. Ich rühre das Zeug meiner Lebtag nicht mehr an. Weißt du, wann ich ins Bett gekommen bin? Zwanzig Minuten nach fünf heut früh. Was das für eine Nacht war! Was das für ein Abend war!«

»Ich dachte«, sagte sie, »daß du im Büro bleiben und länger arbeiten wolltest. Du hast gesagt, du würdest diese Woche jeden Abend arbeiten.«

»Tja, ich weiß«, sagte er. »Aber es machte mich ganz kribbelig, wenn ich daran dachte, dort hinzugehen und am Schreibtisch zu sitzen. Ich bin zu May gegangen – sie hat eine Party gegeben. Apropos, da war jemand da, der gesagt hat, daß er dich kennt.«

»Ehrlich?« sagte sie. »Mann oder Frau?«

»Biene«, sagte er. »Namens Carol McCall. Apropos, wieso habe ich eigentlich nicht schon früher von ihr erfahren? So ein tolles Mädchen. Das ist vielleicht ein Klasseweib!«

»Ach, wirklich?« sagte sie. »Das ist komisch – ich habe noch nie von jemand gehört, der das findet. Ich habe Leute sagen hören, daß sie eigentlich ganz nett aussähe, wenn sie sich nicht so aufdonnern würde. Aber ich habe noch nie von jemand gehört, der sie reizend findet.«

»Reizend ist das richtige Wort«, sagte er. »Die hat da vielleicht ein Paar Augen im Kopf!«

»Wirklich?« sagte sie. »Sie sind mir nie besonders aufgefallen. Aber ich habe sie ja auch lange nicht gesehen – manchmal verändern sich die Menschen irgendwie.«

»Sie sagt, sie sei früher mit dir zur Schule gegangen«, sagte er.

»Na ja, wir gingen in die gleiche Schule«, sagte sie. »Ich ging rein zufällig in eine öffentliche Schule, weil sie zufällig ganz in der Nähe von uns lag und meine Mutter es haßte, wenn ich Straßen überqueren mußte. Aber sie war drei oder vier Klassen über mir. Sie ist viel älter als ich.«

»Die ist drei oder vier Klassen über allen«, sagte er. »Tanzen! Und ob die schwofen kann! ›Leg noch 'nen Zahn drauf, Schätzchen‹, hab ich dauernd zu ihr gesagt. Ich muß ganz schön angesäuselt gewesen sein.«

»Ich war auch tanzen gestern abend«, sagte sie. »Mit Wally Dillon. Er liegt mir ja ständig in den Ohren, mit ihm auszugehen. Er ist ein phantastischer Tänzer. Himmel! Ich weiß überhaupt nicht, wann ich eigentlich nach Hause gekommen bin. Ich muß ja gräßlich aussehen. Stimmt's?«

»Du siehst schon ganz in Ordnung aus«, sagte er.

»Wally ist verrückt«, sagte sie. »Was der so alles sagt! Aus irgendeinem verrückten Grund hat er es sich in den Kopf gesetzt, daß ich wunderschöne Augen habe, und, na ja, da hat er eben davon geredet, bis ich nicht mehr wußte, wo ich hinschauen soll, so verlegen war ich. Ich wurde so rot, daß ich dachte, jeder im Lokal würde zu mir herschauen. Ich wurde so rot wie eine Tomate. Wunderschöne Augen! Ist der nicht verrückt?«

»Der ist schon in Ordnung«, sagte er. »Apropos, die kleine McCall, die hat alle möglichen Angebote, zum Film zu gehen. ›Nun geh schon zu und geh hin‹, hab ich ihr gesagt. Aber sie sagt, sie hätte keine Lust dazu.«

»Da war ein Mann droben am See im vorletzten Sommer«, sagte sie. »Er war Regisseur oder so etwas bei einem der großen Filmbosse – oh, er hatte jede Menge Einfluß! –, und er bestand dauernd darauf, daß ich in Filmen auftreten müsse. Sagte, ich müsse solche Rollen wie die Garbo spielen. Ich habe ihn nur ausgelacht. Stell dir das mal vor!«

»Sie hat Tausende von Angeboten bekommen«, sagte er. »Ich habe ihr gesagt, sie soll hingehen und zum Film gehen. Sie bekommt immer laufend solche Angebote.«

»Ach, wirklich?« sagte sie. »Ach, übrigens, ich wußte, daß ich dich noch etwas fragen wollte. Hast du mich gestern abend zufällig angerufen?«

»Ich?« sagte er. »Nein, ich hab dich nicht angerufen.«

»Während ich aus war, sagte Mutter, war dauernd diese Männerstimme dran«, sagte sie. »Ich dachte, vielleicht warst das zufällig du. Ich überlegte mir, wer das gewesen sein könnte. Oh – ich glaube, ich weiß, wer das war. Ja, der war es!«

»Nein, ich habe dich nicht angerufen«, sagte er. »Ich hätte das Telefon gestern abend gar nicht sehen können. Was ich heute morgen für einen Kopf aufhatte! Ich hab Carol angerufen, so gegen zehn, und die sagte, sie fühle sich großartig. Das Mädchen ist vielleicht trinkfest!«

»Ich bin da komisch«, sagte sie. »Mir wird einfach irgendwie schlecht, wenn ich eine Frau trinken sehe. Das ist nun mal so meine Art, nehme ich an. Bei einem Mann macht es mir nicht soviel aus, aber mir wird absolut übel, wenn ich sehe, wie sich eine Frau betrinkt. So bin ich halt nun einmal.«

»Und wie die den Alkohol verträgt!« sagte er. »Und fühlt sich dann am nächsten Tag großartig. Was für eine Frau! He, was machst du denn da? Ich will keinen Tee mehr, danke. Ich bin doch keiner von diesen Teeknaben. Und diese Teestuben machen mich ganz kribbelig. Schau dir bloß mal all die alten Tanten an. Da muß einem ja ganz kribbelig werden.«

»Ja, wenn du lieber woanders wärst, um zu trinken, mit ich weiß nicht was für Leuten«, sagte sie, »dann kann ich mir beim besten Willen nicht vorstellen, wie ich das verhindern soll. Himmel, es gibt genug Leute, die froh genug sind, mich zum Tee auszuführen. Ich weiß nicht, wie viele Leute mich dauernd anrufen und mir in den Ohren liegen, weil sie mich zum Tee ausführen wollen. Sehr viele Leute!«

»Schon gut, schon gut, ich bin ja da oder etwa nicht?« sagte er. »Reg dich schon ab.«

»Ich könnte den ganzen Tag lang aufzählen«, sagte sie.

»Schon gut«, sagte er. »Weshalb bist du denn sauer?«

»Himmel, es geht mich ja nichts an, was du tust«, sagte sie. »Aber ich hasse es, mit anzusehen, wie du deine Zeit mit Leuten verschwendest, die auch nicht annähernd gut genug für dich sind. Das ist alles.«

»Kein Grund, dir meinetwegen Sorgen zu machen«, sagte er. »Ich bin schon in Ordnung. Bestimmt. Du mußt dir keine Sorgen machen.«

»Es ist nur, daß ich es nicht gern sehe, wie du deine Zeit verschwendest«, sagte sie, »indem du die ganze Nacht aufbleibst und dich am nächsten Tag dann schauderhaft fühlst. Ach, ich habe ja ganz vergessen, daß ihm so schlecht ist. Ach, es war gemein von mir, ihn auszuschimpfen, wo ihm doch so elend ist. Armes Bübchen. Wie fühlt es sich denn jetzt?«

»Oh, ich bin ganz in Ordnung«, sagte er. »Mir geht's prima. Möchtest du noch etwas? Wie wär's dann mit der Rechnung? Ich muß noch vor sechs telefonieren.«

»Ach, wirklich?« sagte sie. »Carol anrufen?«

»Sie hat gesagt, um diese Zeit wäre sie vermutlich zu Hause.«

»Siehst du sie heute abend?« sagte sie.

»Sie gibt mir Bescheid, wenn ich anrufe«, sagte er. »Sie hat vermutlich rund eine Million Verabredungen. Warum?«

»Ich hab nur so gedacht«, sagte sie. »Himmel, ich muß mich sputen! Ich esse mit Wally zu Abend, und er ist so verrückt, daß er vermutlich schon da ist. Er hat mich heute rund hundertmal angerufen.«

»Warte, bis ich bezahlt habe«, sagte er, »dann bring ich dich zum Bus.«

»Ach, mach dir keine Umstände«, sagte sie. »Es ist ja gleich an der Ecke. Ich muß mich sputen. Ich nehme an, du willst hierbleiben und deine Freundin von hier aus anrufen?«

»Das ist eine Idee«, sagte er. »Bist du auch bestimmt in Ordnung?«

»Ganz bestimmt«, sagte sie. Eilig sammelte sie ihre Handschuhe und ihre Tasche ein und verließ ihren Stuhl. Er erhob sich, allerdings nicht ganz, als sie neben ihm stehenblieb.

»Wann seh ich dich wieder?« sagte sie.

»Ich ruf dich an«, sagte er. »Ich bin unheimlich beschäftigt, im Büro und so. Hör zu, ich mache folgendes. Ich ruf dich mal an.«

»Ehrlich, ich habe ja so viele Verabredungen!« sagte sie. »Es ist schrecklich. Ich weiß nicht, wann ich eine freie Minute habe. Aber du rufst an, ja?«

»Mach ich«, sagte er. »Paß auf dich auf.«

»Und paß du auf dich auf«, sagte sie. »Hoffentlich bist du bald wieder in Ordnung.«

»Oh, mir geht's prima«, sagte er. »Meine Lebensgeister fangen gerade an zurückzukehren.«

»Laß mich auf jeden Fall wissen, wie es dir geht«, sagte sie. »Ja? Ganz bestimmt? Also dann, auf Wiedersehen. Oh, und amüsier dich gut heute abend.«

»Danke«, sagte er. »Hoffentlich amüsierst du dich auch.«

»Oh, das werde ich bestimmt«, sagte sie. »Ich nehme es jedenfalls an. Ich muß mich tummeln! Oh, das hätte ich ja fast vergessen! Vielen Dank für den Tee. Es war sehr nett.«

»Red keinen Unsinn«, sagte er.

»Aber es war wirklich nett«, sagte sie. »Na denn. Also vergiß nicht, mich anzurufen, hörst du? Bestimmt nicht? Na denn, auf Wiedersehen.«

»Bis dann«, sagte er.

Sie ging durch die schmale Gasse zwischen den blaugestrichenen Tischen weiter.

Sylvia Plath

Tag des Erfolgs

Ellen war mit dem Stapel sauber gefalteter Windeln auf dem Weg ins Schlafzimmer, als das Telefon klingelte und die Ruhe des frischen Herbstmorgens störte. Wie erstarrt blieb sie einen Moment lang auf der Schwelle stehen und nahm das friedliche Bild in sich auf, als ob sie es nie wieder sehen sollte – die zarte, rosengemusterte Tapete, die waldgrünen Cordvorhänge, die sie mit der Hand gesäumt hatte, als sie auf die Ankunft des Babys gewartet hatte, das altmodische Bett mit den vier Pfosten, das ein Erbstück von einer liebenden, aber geldlosen Tante war, und in der Ecke die blaßrosa Wiege, in der die fest schlafende, sechs Monate alte Jill lag, der Mittelpunkt des Ganzen.

Mach bitte, daß sich nichts ändert, beschwor sie die Schicksalsgötter, ganz gleich, welcher ihr gerade zuhörte. *Laß uns drei für immer so glücklich bleiben wie jetzt.*

Die schrille, fordernde Klingel schreckte sie auf. Sie lud den Stapel Windeln auf dem großen Bett ab, ging zum Telefon und nahm widerwillig den Hörer, als wäre er ein kleines, schwarzes Instrument der Verdammnis.

»Ist Jacob Ross da?« erkundigte sich eine kühle, klare, weibliche Stimme. »Hier spricht Denise Kay.« Ellens Hoffnungen schwanden, als sie sich die elegant-gepflegte rothaarige Frau am anderen Ende der Leitung vorstellte. Erst vor einem Monat waren Jacob und sie mit der brillanten jungen Fernsehregisseurin beim Lunch gewesen, um den Fortgang von Jacobs Stück zu diskutieren – seinem ersten. Schon bei diesem Treffen hatte Ellen insgeheim gehofft, daß Denise vom Blitz getroffen oder nach Australien gehext würde, um nicht zu erleben, wie sie mit Jacob die arbeitsreichen, intimen Proben teilte, Autor und Regisseur in Zusammenarbeit an der Geburt von etwas Wundervollen, das ausschließlich ihnen gehörte.

»Nein, Jacob ist im Moment nicht zu Hause.« Ein wenig

schuldbewußt kam sich Ellen schon vor, denn es wäre ein leichtes gewesen, Jacob für eine so offensichtlich wichtige Nachricht aus Mrs. Frankforts Wohnung herunterzurufen. Sein fertiges Manuskript lag jetzt seit fast zwei Wochen in Denise Kays Büro, und sie wußte, wie begierig er war, das Urteil zu erfahren; wenn sie nur daran dachte, wie er jeden Morgen die drei Treppen hinunterrannte, wenn die Post kam. Dennoch, hatte sie nicht versprochen, sich wie eine mustergültige Sekretärin zu verhalten, damit seine Schreibstunden nicht unterbrochen würden? »Hier spricht seine Frau, Miss Kay«, fügte sie mit möglicherweise unnötiger Emphase hinzu. »Kann ich etwas ausrichten oder Jacob sagen, er soll Sie später anrufen?«

»Gute Nachrichten«, sagte Denise munter. »Mein Chef ist begeistert von dem Stück. Ein bißchen merkwürdig findet er es, aber wunderbar urwüchsig. Wir kaufen es also. Ich finde es geradezu hinreißend, daß ich die Regie übernehme.«

Das ist es also, dachte Ellen elend, unfähig, etwas anderes zu sehen als Denises glattschimmernden Kupferkopf, der sich zusammen mit Jacobs dunklem über ein dickes, vervielfältigtes Manuskript beugt. *Der Anfang vom Ende.*

»Das ist wunderbar, Miss Kay. Ich... ich bin sicher, Jacob wird begeistert sein.«

»Gut. Ich würde mich gern mit ihm zum Lunch treffen, wenn das geht, um über die Besetzung zu sprechen. Wir werden ein paar namhafte Schauspieler brauchen, denke ich. Wäre es Ihnen möglich, ihn zu bitten, daß er mich gegen zwölf in meinem Büro abholt?«

»Selbstverständlich...«

»In Ordnung. Also dann, auf Wiederhören!« Und mit einem geschäftsmäßigen Klick wurde aufgelegt.

Verwirrt von einem fremden, mächtigen Gefühl stand Ellen am Fenster; die selbstsichere, musikalische Stimme, die Erfolg so lässig anbot, als handelte es sich um Treibhaustrauben, hallte in ihren Ohren. Als ihr Blick unschlüssig auf dem grünen Platz verweilte, auf den Platanen mit fleckiger Rinde, die dem strahlendblauen Himmel über den schäbigen Hauswänden entgegenstrebten, löste sich ein Blatt, stumpf-golden wie ein Dreipennystück, und tanzte langsam auf das Pflaster. Später am Tag würde der Platz von Motorenlärm und Kinderrufen erfüllt sein. An einem Sommernachmittag hatte Ellen von ihrer Bank unter den Platanen fünfundzwanzig Jugendliche gezählt: unordentlich, wild, lachend – eine Miniaturausgabe der Vereinten Nationen, die über die geranienbepflanzte Rasenfläche und die engen, von Katzen bevölkerten Gassen tobte.

Wie oft hatten sie und Jacob sich das legendäre Häuschen am Meer versprochen, fern vom Benzingeruch der Stadt und den verrauchten Rangierbahnhöfen – einen Garten, einen Hügel, eine Höhle, die Jill erforschen konnte, ein gemächlicher, tief empfundener Friede!

»Nur ein verkauftes Stück, Liebling«, hatte Jacob ernsthaft gesagt. »Dann weiß ich, daß ich es kann, und wir werden das Risiko eingehen.« Das Risiko war natürlich, aus diesem geschäftigen Zentrum von Jobs wegzuziehen – Gelegenheitsjobs, Teilzeitjobs, Jobs, die Jacob mühelos nebenher bewältigen konnte, während er jede freie Minute zum Schreiben nutzte – und allein auf die unsicheren Einkünfte aus Geschichten, Stücken und Gedichten angewiesen zu sein. Gedichte! Ellen lächelte unwillkürlich. Sie dachte an den von verheerenden Schulden umdüsterten Tag vor Jills Geburt, kurz nach dem Umzug in die neue Wohnung.

Sie hatte auf den Knien gelegen und mühsam hellgraue Farbe auf dem deprimierend abgewetzten, hundert Jahre alten Holzboden verteilt, als der Postbote klingelte. »Ich gehe schon.« Jacob legte die Säge aus der Hand, mit der er Regalbretter zuschnitt. »Spar dir die Treppen, Liebes.« Seit Jacob angefangen hatte, Manuskripte an Zeitschriften zu schicken, war der Postbote in seiner blauen Uniform zu so etwas wie ein eventuell zaubernder Patenonkel geworden. Anstelle der entmutigend fetten Packpapierumschläge und der unpersönlich abgefaßten Absagezettel konnte jeden Tag ein vielversprechender Brief eines Verlegers dabei sein oder sogar...

»Ellen! Ellen!« Jacob nahm zwei Stufen auf einmal und schwenkte einen geöffneten Luftpostbrief. »Ich hab's geschafft! Ist das nicht wunderbar?« Er ließ den gelbgeränderten Scheck mit der erstaunlichen Dollarsumme in Schwarz und den Cents in Rot in ihren Schoß fallen. Die amerikanische Hochglanz-Wochenzeitschrift, der sie vor einem Monat einen Umschlag geschickt hatte, war von Jacobs Beitrag entzückt. Sie zahlten ein Pfund pro Zeile, und Jacobs Gedicht war lang genug – um was zu kaufen? Nachdem sie kichernd die Möglichkeiten von Theaterkarten, Essen in Soho und Champagner rosé durchgespielt hatten, begann die Wolke der Vernunft aufzuziehen.

»Du entscheidest.« Jacob verneigte sich und überreichte ihr den Scheck, der vergänglich und bunt wie ein seltener Schmetterling war. »Was begehrt dein Herz?«

Ellen mußte nicht lange nachdenken. »Ein Kinderwagen«, sagte sie sanft. »Einen großen, schönen Kinderwagen, in dem Platz genug für Zwillinge ist!«

Ellen spielte mit dem Gedanken, Denises Nachricht für sich zu behalten, bis Jacob zum Mittagessen heruntergelaufen kam – zu spät, um die attraktive Regisseurin im Büro anzutreffen –, schämte sich aber sofort zutiefst über sich selbst. Jede andere Ehefrau hätte aufgeregt ihren Mann ans Telefon gerufen, alle Regeln über Schreibstunden für diese außerordentlichen Nachrichten gebrochen oder wäre zumindest sofort nach Auflegen des Hörers zu ihm geeilt, voller Stolz, Überbringerin solch guter Botschaften zu sein. *Ich bin eifersüchtig,* sagte sich Ellen matt. *Ich bin das exakte Abbild einer rasend eifersüchtigen Ehefrau des zwanzigsten Jahrhunderts, kleingeistig und boshaft. Wie Nancy Regan.* Bei diesem Gedanken rief sie sich zur Ordnung und ging entschlossen in die Küche, um sich eine Tasse Kaffee aufzubrühen.

Ich zögere es nur hinaus, sagte sie sich bitter, als sie den Kessel auf den Herd stellte. Egal, solange Jacob nichts von Denise Kays Neuigkeiten wußte, hatte sie, halb abergläubisch, das Gefühl, sicher zu sein – sicher vor Nancy Regans Schicksal.

Jacob und Keith Regan waren zusammen zur Schule gegangen, hatten im Krieg zusammen in Afrika gedient, und als sie in das Nachkriegs-London zurückkamen, waren sie entschlossen, die tückischen Fallgruben der Ganztags-mit-Bowler-Jobs zu meiden, die von der einzig wichtigen Sache der Welt abhalten würde: dem Schreiben. Während Ellen darauf wartete, daß das Wasser kochte, waren ihre Gedanken bei diesen kargen, aber herausfordernden Monaten, in denen sie und Nancy Regan Sparrezepte getauscht und die geheimen Sorgen und Nöte all der Frauen geteilt hatten, deren Männer unbezahlte Idealisten sind, die mit Nachtwachen, Gartenarbeit und jedem Gelegenheitsjob, der sich auftat, Leib und Seele zusammenhielten.

Keith schaffte es als erster. Ein Stück, das in einem abgelegenen Theater aufgeführt wurde, war durch die Schleuder der Das-müssen-Sie-gesehen-haben-Kritiken ins West End katapultiert worden, von dort flog es wie eine prächtige, unter einem Glücksstern stehende Rakete weiter, um mitten auf dem Broadway zu landen. Mehr war nicht nötig. Wie von Zauberhand wurden die strahlenden Regans von einer Wohnung ohne Heizung und Warmwasser und einer Kost aus Spaghetti und Kartoffelsuppe auf die üppigen grünen Weiden von Kensington versetzt, vor eine Kulisse mit Prädikatsweinen, Sportwagen, eleganten Pelzen und, letztendlich, dem etwas trüberen Dekor der Scheidungsgerichte. Nancy konnte einfach nicht mithalten – in Aussehen, Geld, Talent, oh, einfach allem, was zählte – mit der charmanten blonden Hauptdarstellerin, die Keith' Stück bei seinem Debüt im West End so viel Glanz verliehen hatte. Keith' Ehefrau, die ihn in seinen mageren Jahren mit großen Augen angehimmelt hatte, war allmählich herabgesunken und zu einer ruhelosen, scharfzüngigen Lebedame geworden, die so hohe Unterhaltszahlungen haben konnte, wie sie wollte, aber wenig mehr. Keith hatte sich natürlich über ihre Kreise erhoben. Ob aus Mitleid oder so etwas wie einer wettererprobten Zuneigung, Ellen blieb mit Nancy in Kontakt, der ihre Treffen eine gewisse Freude zu bereiten schienen, als könnte sie durch die glückliche, kindgesegnete Ehe der Ross' auf irgendeine Weise die besten Tage ihrer eigenen Vergangenheit wieder einfangen.

Ellen stellte eine Tasse und Untertasse auf die Arbeitsplatte und wollte sich gerade eine große Portion brühheißen Kaffee eingießen, als sie reumütig lachend nach einer zweiten Tasse griff. *Noch bin ich keine verlassene Ehefrau!*

Sorgsam arrangierte sie auf dem billigen Blechtablett eine Stoffserviette, Zuckerdose, Sahnekännchen und einen Zweig vergoldeter Herbstblätter neben den dampfenden Tassen und stieg die steile Treppe zu Mrs. Frankforts Dachwohnung hinauf.

Gerührt über Jacobs Umsicht, mit der er ihre Kohleneimer geschleppt, ihre Mülleimer geleert und ihre Pflanzen gegossen hatte, wenn sie ihre Schwester besuchte, hatte die Witwe im mittleren Alter ihm angeboten, ihre Wohnung tagsüber zu benutzen, während sie arbeiten ging. »Ein Schriftsteller, seine Frau und ein strammes Baby können mit zwei Zimmern nicht auskommen! Lassen Sie mich mein Scherflein zur Zukunft der Weltliteratur beitragen.« So konnte Ellen Jill unten krabbeln und so laut krähen lassen, wie sie wollte, ohne fürchten zu müssen, daß Jacob gestört wurde.

Mrs. Frankforts Tür sprang auf, als Ellen sie nur mit den Fingerspitzen berührte, und gab den Blick frei auf Jacobs Rücken, seinen dunklen Kopf und die breiten Schultern in dem abgetragenen Seemannspullover, dessen Ellenbogen sie öfter gestopft hatte, als sie sich erinnern wollte. Er beugte sich über einen Tisch mit dürren Beinen, der mit bekritzeltem Papier übersät war. Ellen blieb ohne zu atmen abwartend stehen, als Jacob sich geistesabwesend durchs Haar fuhr und sich auf seinem knarrenden Stuhl herumdrehte. Seine Miene hellte sich auf, als er sie sah; und sie ging lächelnd auf ihn zu, um die guten Nachrichten weiterzugeben.

Nachdem sie Jacob frisch rasiert, gekämmt und stattlich in seinem gründlich gebürsteten Anzug – seinem einzigen – verabschiedet hatte, fühlte Ellen sich eigenartig im Stich gelassen. Jill erwachte mit glänzenden Augen aus ihrem Vormittagsschlaf und gurrte. »Dadada«, plapperte sie, während Ellen, in Gedanken weit entfernt, geschickt die feuchte Windel wechselte. Sie überging das übliche Guck-Guck-Spiel und setzte das Kind zum Spielen in den Laufstall.

Es wird nicht sofort passieren, überlegte sie, während sie gekochte Karotten für Jills Mittagessen zerdrückte. *Das ist bei Trennungen selten. Es wird sich langsam entfalten, ein kleines, verräterisches Symptom nach dem anderen, wie eine häßliche, teuflische Blüte.*

Als sie Jill für ihre Mittagsmahlzeit auf dem großen Bett mit Kissen stützte, fiel Ellens Blick auf das winzige Kristallfläschchen mit französischem Parfüm, das sich in der Wildnis von Babypuderdosen, Lebertranflaschen und Gläsern mit Wattebäuschchen auf der Kommode beinahe verlor. Die wenigen restlichen Tropfen der teuren Amberflüssigkeit schienen ihr höhnisch zuzuzwinkern – Jacobs einzige Extravaganz aus dem Gedichtgeld, das nach dem Kinderwagen übriggeblieben war. Warum hatte sie sich nie großzügig mit dem Parfüm verwöhnt, anstatt es vorsichtig zu rationieren, Tröpfchen für Tröpfchen, wie ein leicht vergängliches Lebenselixier? Eine Frau wie Denise Kay hatte sicher einen beträchtlichen Teil ihres Einkommens dafür vorgesehen: köstliche Düfte.

Ellen löffelte gedankenversunken Karottenbrei in Jills Mund, als es an der Tür klingelte. *Verflucht!* Sie ließ Jill unsanft ins Kinderbett fallen und stürzte zur Treppe. *Es hört nicht auf.*

Auf der Schwelle stand ein tadellos angezogener, unbekannter Mann neben der Batterie beschlagener Milchflaschen, die nicht abgeholt worden waren. »Ist Jacob Ross da? Mein Name ist Karl Goodman, Redakteur vom *Impact*.«

Ellen erinnerte sich ehrfurchtsvoll an den Namen der vornehmen Monatszeitschrift, die vor ein paar Tagen drei von Jacobs Gedichten angenommen hatte. Im Wissen um ihre karottenbespritzte Bluse und die verdreckte Schürze murmelte Ellen verlegen, daß Jack nicht zu Hause sei. »Sie haben ein paar von seinen Gedichten genommen«, sagte sie dann schüchtern. »Wir haben uns sehr gefreut.«

Karl Goodman lächelte. »Vielleicht sollte ich Ihnen sagen, weshalb ich hier bin. Ich wohne in der Nähe und war zufällig zum Lunch zu Hause, deshalb dachte ich, ich komme selbst vorbei...«

Denise Kay hatte am Morgen bei *Impact* angerufen, um nachzufragen, ob es möglich sei, daß sie Jacobs Stück oder Teile daraus abdruckten, wenn die Sendung herauskommt. »Ich wollte nur erst sichergehen, daß Ihr Mann keiner anderen Zeitschrift verpflichtet ist«, schloß Karl Goodman.

»Nein, ich glaube nicht.« Ellen versuchte, gelassen zu klingen.

»Das heißt, ich weiß, daß er es nicht ist. Ich bin sicher, er würde sich freuen, wenn Sie das Stück in Betracht ziehen. Oben liegt eine Kopie. Soll ich sie für Sie holen …?«

»Das wäre sehr nett.« Als Ellen in die Wohnung eilte, traf sie auf Jills aufgebrachtes Klagen. *Nur noch eine Minute, Liebes,* versprach sie. Sie griff nach dem beeindruckend dicken Manuskript, das sie hoffnungsvoll während so vieler Teestunden nach Jacobs Diktat getippt hatte, und eilte wieder nach unten.

»Vielen Dank, Mrs. Ross.« Beschämt spürte Ellen Goodmans scharfen, abschätzenden Blick, vom geflochtenen Haarkranz bis zu den, trotz Schuhcreme, abgestoßenen Spitzen ihrer flachen Laufschuhe.

»Wenn wir es nehmen, und dessen bin ich mir fast sicher, lasse ich Ihnen den Scheck im voraus zuschicken.«

Ellen wurde rot, während sie dachte: *So verzweifelt sind wir nicht. Nicht ganz.* »Das wäre schön«, sagte sie.

Begleitet von Jills schrillen Schreien schleppte sie sich langsam die Treppe hoch. *Ich passe schon jetzt nicht mehr. Ich bin hausbacken, unmodern wie die Rocklänge vom letzten Jahr. Wenn ich Nancy wäre, würde ich den Scheck in der Sekunde, wo er durch den Briefschlitz fällt, an mich reißen, wäre auf dem Weg zu einem Modefriseur und würde zum krönenden Abschluß der Schönheitskur in einem Taxi beutebeladen über die Regent Street kreuzen. Aber ich bin nicht Nancy,* ermahnte sie sich entschlossen, brachte ein mütterliches Lächeln zustande und ging in die Wohnung, um Jill weiterzufüttern. Während Ellen am Nachmittag im Wartezimmer des Arztes auf Jills regelmäßige Untersuchung wartete, blätterte sie die eleganten Modemagazine durch und sann dumpf über den Abgrund nach, der sie von den selbstsicheren pelz-, feder- und juwelengeschmückten Fotomodellen trennte, die sie mit erstaunlich großen klaren Augen anstarrten.

Stehen die jemals mit dem falschen Fuß auf? fragte sie sich. *Mit Kopfweh … oder Herzweh?* Und sie versuchte sich die Märchenwelt vorzustellen, in der diese Frauen mit taufrischen Augen und rosigen Wangen aufwachten, zierlich gähnend wie Katzen, und deren Haare selbst bei Tagesanbruch ein wunderbarerweise intakter Turm in Gold, Rostbraun, Blauschwarz oder vielleicht lavendelgetöntem Silber waren. Sie würden sich erheben, geschmeidig wie Ballerinen, um dem Mann ihres Herzens ein exotisches Frühstück zu bereiten – Champignons und sahniges Rührei oder Krabbentoast –, und in einem duftigen Negligé mit Satinbändern, die wie Siegesbanner hinter ihnen herwehten, durch eine blitzende amerikanische Küche schweben...

Nein, Ellen korrigierte ihr Bild. Sie bekämen ihr Frühstück natürlich ans Bett gebracht, wie ordentliche Prinzessinnen, auf einem kostbaren Tablett: knuspriger Toast, der milchige Schimmer von zartem Porzellan, das Wasser für den Orange Flower Tee frisch aufgebrüht... Und mitten in diese fabelhafte Pappmachéwelt schlich sich das beunruhigende Bild von Denise Kay ein. Wirklich, sie schien hier vollkommen zu Hause zu sein mit ihren dunkelbraunen, beinahe schwarzen Augen unter den hinreißenden Kaskaden von kupferfarbenem Haar.

Wenn sie wenigstens oberflächlich wäre, geistlos. Für einen Moment wurde Ellen von Spekulationen überwältigt, die einer findigen Ehefrau nicht würdig waren. *Wenn wenigstens...*

»Mrs. Ross?« Die Arzthelferin berührte ihre Schulter, und sie riß sich aus ihren Tagträumen. *Wenn wenigstens Jacob zu Hause ist, wenn ich wiederkomme* – hoffnungsvoll änderte sie ihren Kurs –, *seine Füße auf dem Sofa und auf den Tee wartend, wie immer...* Und mit Jill auf dem Arm folgte sie der tüchtigen weißuniformierten Frau ins Sprechzimmer des Arztes.

Mit entschlossener Heiterkeit öffnete Ellen die Tür. Doch schon als sie mit der schläfrigen Jill auf dem Arm über die Schwelle trat, fühlte sie eine Welle der Enttäuschung. *Er ist nicht da...*

Mechanisch brachte sie Jill für ihren Nachmittagsschlaf ins Bett und begann mutlos ein Babynachthemd zuzuschneiden, das sie abends auf der handbetriebenen Nähmaschine der Nachbarin zusammennähen wollte. Der klare blaue Morgen hat sein Versprechen gebrochen, stellte sie fest. Bedrohliche Wolken senkten ihre schmutzigen Fallschirmseiden tief über den Platz, und die Häuser und karg beblätterten Bäume wirkten eintöniger denn je.

Ich bin hier sehr gern. Ellen attackierte den warmen, roten Flanell mit trotzigen Schnitten. *Weg mit Mayfair, weg mit Knightsbridge, weg mit Hampstead…* machte sie die Hoffnung auf silberhelle Luxusorte zunichte wie die Federn vieler blasser Pusteblumen, als das Telefon klingelte. Roter Stoff, Stecknadeln, Schnittmusterteile und Schere flogen über- und untereinander auf den Teppich, als sie aufsprang. Jacob rief sie immer an, wenn er irgendwo aufgehalten wurde, damit sie sich keine Sorgen machte. Und in diesem speziellen Moment wäre ein Zeichen seiner Aufmerksamkeit, und sei es noch so klein, willkommener als kühles Wasser dem Irrenden in der Wüste.

»Hallo, Liebes!« Nancy Regans überhebliche, theatralische Stimme vibrierte durch die Leitung. »Wie geht's denn so?«

»Gut«, log Ellen. »Wirklich gut.« Sie setzte sich auf die Kante der chintzbezogenen Truhe, die Schrank und Telefontisch zugleich war, um Halt zu gewinnen. Es gab keinen Grund, die Neuigkeiten zurückzuhalten. »Jacobs erstes Stück ist gerade angenommen worden.«

»Ich weiß, ich weiß.«

»Aber woher…?« *Wie bringt sie es nur fertig, den letzten Funken Tratsch aufzuschnappen? Wie eine professionelle Elster, ein Vogel des Unglücks…*

»Das war leicht, Darling. Ich bin im Rainbow Room über Jacob beim Tête-à-tête mit Denise Kay gestolpert. Du kennst mich. Ich mußte wissen, was gefeiert wurde. Liebes, ich wußte ja gar nicht, daß Jacob für Martinis schwärmt. Von Rothaarigen ganz zu schweigen…«

Kribbelnd beschlich sie der Kummer wie eine Gänsehaut, und Ellen wurde es abwechselnd heiß und kalt. Angesichts von Nancys vielsagendem Tonfall schienen selbst ihre schlimmsten Befürchtungen noch naiv zu sein. »Oh, Jacob braucht ein bißchen Abwechslung nach der vielen Arbeit.« Sie versuchte, gleichgültig zu klingen. »Die meisten Männer nehmen sich wenigstens am Wochenende frei, aber Jacob…«

Nancy lachte schrill auf. »Erzähl mir nichts. Ich bin der Experte unter den Experten, wenn es um neu entdeckte Stückeschreiber geht. Werdet ihr eine Party geben?«

»Party?« Ellen erinnerte sich an das sensationelle Mastkalb, das die Regans aufgetischt hatten, um ihrem ersten großen Scheck ein Denkmal zu setzen – die engen, verräucherten Räume waren zum Bersten voll gewesen mit Freunden, Nachbarn und Fremden, die sangen, tranken und tanzten, bis die Nacht heller wurde und das Morgengrauen blaß wie nasse Seide über den schiefen Schornsteinen sichtbar wurde. Wenn man Erfolg an ehrfurchtgebietenden Flaschenetiketten und Dutzenden von Hühnerpasteten von Fortnum and Mason und importiertem Käse und einer Suppenschüssel voll Kaviar messen konnte, dann hatten die Regans einen Löwenanteil auf die Seite gebracht. »Nein, keine Party, Nancy. Wir werden schon glücklich sein, wenn wir die Strom- und Gasrechnung für eine Weile im voraus bezahlt haben, und das Baby wächst so schnell aus seinen Sachen heraus...«

»Ellen!« Nancy stöhnte. »Wo bleibt deine Phantasie?«

»Ich schätze«, gab Ellen zu, »ich habe einfach keine.«

»Vergib einer alten Nervensäge, aber du klingst ziemlich deprimiert, Ellen! Warum fragst du mich nicht, ob ich zum Tee komme? Dann halten wir ein Schwätzchen, und im Nu bist du wieder munter.«

Ellen lächelte schwach. Nancy war nicht kleinzukriegen, das mußte man ihr lassen. Niemand konnte *ihr* vorwerfen, sie würde Trübsal blasen und sich in Selbstmitleid verzehren. »Betrachte dich als eingeladen.«

»Gib mir zwanzig Minuten, Darling.«

»Also, was du wirklich tun solltest, Ellen...« Schick, wenn auch ein wenig mollig in dem eleganten Kostüm und Pelzkäppchen senkte Nancy ihre Stimme zu einem verschwörerischen Flüstern und langte nach dem dritten Teekuchen. »Mmm«, murmelte sie, »besser als die von Lyons. Was du wirklich tun solltest«, wiederholte sie, »nimm mir nicht übel, daß ich so offen bin, ist, dich durchzusetzen.« Und sie lehnte sich mit triumphierender Miene zurück.

»Ich verstehe nicht ganz, was du meinst.« Ellen beugte sich über Jill und bewunderte die klaren grauen Augen des Babys, das seinen Orangensaft trank. Es war beinahe fünf, und noch immer kein Wort von Jacob. »Was muß ich durchsetzen?«

»Die Frau in dir natürlich!« rief Nancy ungeduldig aus. »Betrachte dich einmal lange und gründlich im Spiegel. So, wie ich das hätte tun sollen, bevor es zu spät war«, fügte sie bitter hinzu. »Männer wollen, daß eine Frau *perfekt* aussieht, besser noch *verführerisch*, auch wenn sie es nicht zugeben. Der richtige Hut, die richtige Haarfarbe... Das ist deine Chance, Ellen, verpaß sie nicht!«

»Ich habe mir nie einen Friseur leisten können«, sagte Ellen lahm. *Jacob mag meine langen Haare,* protestierte eine dünne verborgene Stimme, *hat er gesagt, wann war das noch? Letzte Woche, letzten Monat...?*

»Natürlich nicht«, flötete Nancy. »Du hast all die teuren kleinen weiblichen Tricks für Jacobs Karriere geopfert. Aber jetzt ist er am Ziel. Du kannst dir alles erlauben, Darling, einfach alles.«

Kurzfristig ergötzte sich Ellen an der phantastischen Vorstellung, daß sie sich verführerisch aus dem Fenster eines Silver Wraith beugte, in Pelze gehüllt und mit unbezahlbaren, riesigen Juwelen übersät, den grünen Lidschatten dick genug, um Kleopatra in Erstaunen zu versetzen, einen der neuen blassen Lippenstifte, einen koketten Fransenschnitt komplett mit Herrenwinkern... Aber sie ließ sich nicht irreführen – jedenfalls nicht länger als ein paar Sekunden. »Ich bin nicht der Typ dafür.«

»So ein Unsinn!« Nancy wehrte mit einer Bewegung ihrer von Ringen blitzenden Hand ab, deren zinnoberrote Nägel Ellen an eine prächtige räuberische Klaue erinnerten. »Das ist dein Problem, Ellen. Du hast kein Selbstvertrauen.«

»Hier irrst du dich, Nancy«, erwiderte Ellen etwas lebhafter. »Ungefähr für zwei Schilling.«

Heftig schaufelte Nancy einen gehäuften Löffel Zucker in ihre nächste Tasse Tee. »Sollte ich besser lassen«, tadelte sie sich und redete weiter, ohne Ellen zu beachten, »es wundert mich nicht, daß du wegen Denise ein klein wenig besorgt bist. Sie ist eine Legende, eine von diesen professionellen Herzensbrecherinnen. Spezialisiert auf Familienväter.«

Ellen fühlte, wie sich ihr Magen verkrampfte, als wäre sie in einem Sturm auf See. »Ist sie verheiratet?« hörte sie sich sagen. Sie wollte es nicht wissen. Sie wollte nichts weiter, als sich die

Ohren zuhalten und in das tröstliche, rosengemusterte Schlafzimmer zu entfliehen, um den Tränen freien Lauf zu lassen, die sich in ihrer Kehle zu einem harten Kloß sammelten.

»Verheiratet?« Nancy lachte kurz und trocken auf. »Sie trägt einen Ring, und damit ist das meiste auch schon gesagt. Ihr Jetziger – ich glaube, ihr dritter – hat eine Frau und drei Kinder. Die Frau will von Scheidung nichts wissen. Oh, Denise ist ein richtiges Karrieremädchen – sie schafft es immer, die Komplikationen dem Mann zu überlassen, weshalb sie nie beim Geschirrspülen und Babynasenputzen endet...« Nancys munteres Geplapper wurde langsamer und versiegte schließlich, wie eine Schallplatte, in einem Abgrund der Stille. »Schätzchen!« rief sie, als ihr Blick auf Ellens Gesicht fiel. »Du bist ja weiß wie Papier! Ich wollte dich nicht aufregen – wirklich, Ellen. Ich dachte nur, du solltest wissen, woran du bist. Ich meine, ich war die letzte, die über Keith Bescheid wußte. Damals.« Nancys verzerrtes Lächeln konnte das Zittern in ihrer Stimme nicht ganz verbergen. »Ich dachte, jedermann hätte ein Herz aus Gold, alles sei offen und ehrlich.«

»Oh, Nan!« Ellen legte impulsiv die Hand auf den Arm ihrer Freundin. »Wir hatten doch auch gute Zeiten, denk daran!« Aber in ihrem Inneren erklang wieder und wieder ein neuer Refrain: *Jacob ist nicht Keith, Jacob ist nicht Keith...*

»›Die guten alten Zeiten...‹ Haha.« Mit einem leisen Seufzer verabschiedete sich Nancy von der Vergangenheit und begann, ihre bewunderungswürdigen, erstklassigen mauvefarbenen Handschuhe anzuziehen.

Mit dem Moment, als sich die Tür hinter Nancy geschlossen hatte, verfiel Ellen in ein sonderbares und für sie absolut untypisches Benehmen. Anstatt ihre Schürze umzubinden und geschäftig in der Küche hin und her zu eilen, um das Abendessen vorzubereiten, setzte sie Jill mit einem Zwieback und ihrem Lieblingsspielzeug im Kinderställchen ab und verschwand im Schlafzimmer, wo sie die Schubladen der Kommode durchwühlte und von Zeit zu Zeit vor sich hin murmelte, beinahe wie ein weiblicher Sherlock Holmes, der eine entscheidende Spur verfolgt.

Warum tue ich das nicht jeden Abend? fragte sie sich eine halbe Stunde später, als sie erregt und frisch gebadet in eine königsblaue Seidenjacke schlüpfte, die ihr mehrere Weihnachten zuvor von einer rastlosen, mittels einer dicken Erbschaft rund um den Erdball reisenden Schulfreundin geschickt worden war und die sie noch nie getragen hatte – ein erlesenes, knisterndes, saphirglänzendes Stück Eleganz, für das es in ihrer vernunftbeherrschten Welt scheinbar keine Verwendung gab. Dann löste sie ihren Zopfkranz und schlang ihre Haare zu einem sehr flotten improvisierten Knoten, den sie mit ein paar Haarnadeln gewagt befestigte. Mit ein paar zaghaften Walzerschritten gewöhnte sie sich an ihre Feiertagsschuhe mit den hohen, schwarzen Absätzen und betupfte sich zum Abschluß ausgiebig mit den letzten Tropfen des französischen Parfüms. Während dieser Zeremonie hielt sie entschlossen ihre Augen von dem runden Mondgesicht der Uhr fern, die ihren kurzen schwarzen Zeiger schon hinter die Sechs bewegt hatte. *Jetzt kann ich nur noch warten ...*

Als sie ins Wohnzimmer tänzelte, fühlte sie plötzlich einen Stich. *Ich habe Jill vergessen!* Das Baby lag ausgestreckt und tief schlafend in einer Ecke des Ställchens, den Daumen im Mund. Vorsichtig hob sie den kleinen, warmen Körper auf und trug ihn ins Schlafzimmer.

Die Zeit im Bad war wunderbar. Jill lachte und strampelte, bis alles unter Wasser stand, was Ellen gar nicht merkte, weil sie nur daran dachte, wie sehr Jill mit ihren dunklen Haaren und den klaren grauen Augen Jacob ähnelte. Selbst als das Baby ihr die Schale mit Haferbrei aus der Hand schlug und über ihren besten schwarzen Rock kippte, konnte sie nicht wirklich böse werden. Sie fütterte Jill mit Pflaumenkompott, als sie das Geräusch eines Schlüssels in der Wohnungstür hörte und erstarrte. Die Ängste und Enttäuschungen des Tages, die für einen Moment beiseite geschoben waren, stürmten wieder auf sie ein.

»Genau das ist es, was ich erwarte, wenn ich nach einem harten Tag nach Hause komme!« Jacob lehnte am Türrahmen, mit einem strahlenden, geheimnisvollen Gesichtsausdruck, der irgendwie nicht von Martinis oder Rotköpfen herzurühren schien. »Frau und Tochter warten am Feuer, um den Hausherrn zu begrüßen...« Tatsächlich schenkte Jill ihrem Vater ein sensationell breites Lächeln, das größtenteils aus Pflaumenkompott bestand. Ellen kicherte, und ihr verzweifeltes Stoßgebet vom Morgen schien seiner Erfüllung nahe zu sein, als Jacob mit zwei Schritten das Zimmer durchquerte und sie umschlang, klebriges Pflaumenkompott und alles übrige in einer herzhaften Umarmung.

»Mmm, Liebling, du riechst gut!« Ellen wartete sittsam auf eine Bemerkung über das französische Parfüm. »Eine wunderbare Hausmischung aus Farex und Lebertran. Und ein neues Bettjäckchen dazu!« Er hielt sie zärtlich auf Armlänge von sich. »Du siehst aus wie frisch aus der Wanne, wenn du dein Haar so hochsteckst.«

»Ach!« Ellen befreite sich. »Männer!« Doch ihr Ton verriet sie – offensichtlich sah Jacob in ihr die typische Ehefrau und Mutter, und nichts war ihr lieber.

»Ernsthaft, Liebes, ich habe eine Überraschung.«

»Ist das Stück nicht genug für einen Tag?« fragte Ellen verträumt und lehnte ihren Kopf an Jacobs Schulter, wobei sie sich wunderte, warum sie nicht die geringste Lust verspürte, wegen des Lunchs mit Denise und der unerklärten Abwesenheit über den ganzen öden, sorgenvollen Nachmittag hinweg eine Szene zu machen.

»Ich habe mit dem Makler telefoniert.«

»Makler?«

»Erinnerst du dich an das komische, kleine, abgelegene Büro, wo wir aus Jux während der Ferien in Cornwall angehalten haben, kurz bevor Jill ankam...?«

»Ja-a.« Ellen wagte es nicht, voreilige Schlüsse zu ziehen.

»Also, es steht immer noch zum Verkauf... das Häuschen mit Blick auf die Bucht, das wir gemietet hatten. Willst du's?«

»*Wollen!*« Ellen schrie fast.

»Ich habe es irgendwie gehofft, nachdem du im letzten Frühjahr so davon geschwärmt hast«, sagte Jacob bescheiden. »Deshalb habe ich ausgemacht, die Anzahlung mit dem Scheck zu machen, den mir Denise beim Lunch gegeben hat...«

Für eine Sekunde fühlte Ellen einen Stich in ihrem Herzen von dem einzigen Haken, den das Ganze haben konnte. »Wirst du nicht wegen deines Stücks in London bleiben müssen ...?«

Jacob lachte. »Auf keinen Fall! Diese Denise Kay ist eine Karrierefrau, die weiß, was sie will – ein richtiger Dieselmotor. Ich werde mich hüten, ihr in die Quere zu kommen! Die ist so dynamisch, daß sie mit dem Martini, den sie für mich bestellt hatte, nachgetankt hat, als ich ihr sagte, daß ich das Zeug an Werktagen nicht anrühre.«

Das Telefon, seltsam gedämpft, beinahe musikalisch, unterbrach ihn. Sie packte Jill für ihr Gutenachtlied und Ins-Bett-Bringen in Jacobs Arme und schwebte ins Wohnzimmer zum Telefon.

»Ellen, Darling.« Nancy Regans Stimme klang benommen und dünn wie Flitter vor einem rauhen Hintergrund voller Jazz und Gelächter. »Ich habe mir das Gehirn zermartert, was ich tun könnte, um dich aufzumöbeln, und habe für dich einen Termin bei Roderigo für Samstag um elf ausgemacht. Es ist erstaunlich, wie eine neue Frisur die Stimmung total heben kann ...«

»Tut mir leid, Nan«, sagte Ellen sanft, »aber ich glaube, du sagst meinen Termin besser wieder ab. Ich habe Neuigkeiten für dich.«

»Neuigkeiten?«

»Flechten kommen diese Saison wieder groß raus, Liebes – der letzte Schrei für die Frau vom Land!«

Autoren- und Quellenverzeichnis

Die mit * bezeichneten Überschriften stammen von der Herausgeberin.

Margaret Atwood (* 1939)
Vergewaltigungsphantasien
Aus: Unter Glas. Erzählungen. Aus dem Amerikanischen von Helga Pfetsch.
© Claassen Verlag GmbH, Düsseldorf 1986

Christine Brückner (* 1921)
Bist du sicher, Martinus? Die Tischreden der Katharina Luther, geborene von Bora
Aus: Wenn du geredet hättest, Desdemona. Ungehaltene Reden ungehaltener Frauen. Mit Zeichnungen von Horst Janssen.
© Hoffmann und Campe Verlag, Hamburg 1983

Irene Dische
Nanny Jackies Passion
Aus: Fromme Lügen. Sieben Erzählungen. Aus dem Amerikanischen von Otto Bayer und Monika Elwenspoek.
© Eichborn Verlag, Frankfurt am Main 1989

Doris Dörrie (* 1955)
»Wonderknife«
Aus: Bin ich schön? Erzählungen.
© Diogenes Verlag Ag, Zürich 1994

Ulla Fröhling (* 1945)
Leichenschmaus
Aus: Nur noch einmal. Erotische Geschichten.
© R. Piper GmbH & Co. KG, München 1994

Doris Lessing (* 1919)
Er
Aus: Die Frau auf dem Dach. Erzählungen Band 2. Aus dem Englischen übersetzt von Adelheid Dormagen.

Dacia Maraini (* 1936)
Die Leinenlaken
Aus: Winterschlaf. Zwölf Erzählungen. Übersetzt von Gudrun Jäger.

Angeles Mastretta (* 1949)
Unanständige Worte *
Aus: Frauen mit großen Augen. Aus dem Spanischen von Monika López.

Terry L. McMillan
Berührungen
Aus dem Amerikanischen von Ruth Fahrmair.

Der eifersüchtige Türke und seine Frau aus Kairo
Aus: Arabische Märchen aus dem Morgenland. Herausgegeben und übersetzt von Ursula Assaf-Nowak.

María Esther de Miguel (* 1929)
Eins rechts, zwei links
Aus: Fallen die Perlen vom Mond? Lateinamerikanische Liebesgeschichten. Herausgegeben von Mempo Giardinelli und Wolfgang Eitel. (SP 1426) »Eins rechts, zwei links« aus dem Spanischen übersetzt von Eva Schikorski.

Dorothy Parker (1893–1967)
Der letzte Tee
Aus: New Yorker Geschichten. Deutsch von Pieke Biermann und Ursula-Maria Mössner.
© National Associaton for the Advancement of Colored People
© Haffmans Verlag AG, Zürich 1985, 1994

Sylvia Plath (1932–1963)
Tag des Erfolgs
Aus: Zungen aus Stein. Erzählungen. Aus dem Amerikanischen von Julia Bachstein und Susanne Levin.
© Frankfurter Verlagsanstalt, Frankfurt am Main 1989

Helke Sander
Vier Frauen und ein Mann
Aus: Die Geschichten der drei Damen K.
© Weismann Verlag Frauenbuchverlag GmbH, München 1987

Renate Schostack (* 1938)
My honey my baby my love
Aus: Heiratsversuche oder Die Einschiffung nach Cythera. Szenen eines Lebens.
© R. Piper GmbH & Co. KG, München 1985

Franziska Stalmann (* 1951)
*Kalte Dusche**
Aus: Champagner und Kamillentee. Roman.
© R. Piper GmbH & Co. KG, München 1992

Keto von Waberer
Zaubern in Davos
Aus: Der Schattenfreund. Liebesgeschichten.
© Verlag Kiepenheuer & Witsch, Köln 1988

Alissa Walser (* 1961)
Seine Hochzeit
Aus: Dies ist nicht meine ganze Geschichte.
© Rowohlt Verlag, Reinbek bei Hamburg 1994

Fay Weldon (* 1933)
Nichts ist von Dauer
Aus: Der Mann ohne Augen. Stories. Deutsch von Sigrid Ruschmeier.
© Verlag Antje Kunstmann GmbH, München 1991

Carna Zacharias (* 1948)
Knautschzone
Aus: Sieben Rätsel für Enigma. Roman
© R. Piper GmbH & Co. KG, München 1994

SERIE PIPER

Franziska Stalmann

Champagner und Kamillentee

Roman. 230 Seiten. SP 1541

Nach dreizehnjähriger Ehe wird die 39jährige Ines von ihrem Mann in Rekordzeit »ausgemustert«. Er wird anderweitig Vater und will eine schnelle Scheidung. Ines steht fassungslos allein da, ohne Beruf, ohne Ausbildung, ohne Freunde.
Wie sie sich langsam fängt und sich mit neuem Outfit und neuen Aufgaben zum Schwan mausert, schildert die Autorin mit Charme, Sprachwitz und viel Situationskomik.
Eine Emanzipations-Komödie der allerfeinsten Art. Franziska Stalmanns spritziger Roman, erzählt in wunderbar leichtem Ton, ist längst zu einem Bestseller geworden, der sich bei Frauen wie ein Lauffeuer herumgesprochen hat.

Ein »Frauen-Power-Buch, süffig wie ein Glas Champagner.«
Brigitte

»Spaß vom Allerfeinsten.«
Die Welt

Gaby Hauptmann

Suche impotenten Mann fürs Leben

Roman. 315 Seiten. SP 2152

Wer seinen Augen nicht traut, hat richtig gelesen: Carmen Legg meint wörtlich, was sie in ihrer Annonce schreibt. Sie sucht den Traummann zum Kuscheln und Lieben – der (nicht nur) im Bett seine Hände da läßt, wo sie hingehören. Die Anzeige entpuppt sich als Knüller, und als sie schließlich in einem ihrer Bewerber tatsächlich den Mann ihres Lebens entdeckt, wünscht sie, das mit der Impotenz wäre wie mit einem Schnupfen, der von alleine vergeht.
Gaby Hauptmann ist das Kunststück gelungen, das Thema »Frau sucht Mann« von einer gänzlich anderen Seite aufzuziehen und daraus eine fetzige und frivole Frauenkomödie zu machen, die kinoreif ist.

»Mit Charme und Sprachwitz wird der Kampf der Geschlechter in eine sinnliche Komödie verwandelt.«
Schweizer Illustrierte

Gabriele Wohmann

Bitte nicht sterben
Roman. 362 Seiten. SP 2142

»Gabriele Wohmanns Roman thematisiert nichts Geringeres als eines der großen Tabus unserer sich immerzu jugendlich-frisch anpreisenden Zeit und ist bemüht, einen Dunkel-Bereich durchsichtiger zu machen. Die Rede ist vom Alter und vom Älter-Werden ... Es empfängt einen von Anfang an eine äußere Ruhe, stille Prosa, wie sie vielleicht heute ohne Beispiel ist.«
Westdeutsche Zeitung

»Ein Buch vom Loslassen, Erwachsenwerden und Abschiednehmen.«
Darmstädter Echo

Er saß in dem Bus, der seine Frau überfuhr
Erzählungen. 288 Seiten. SP 1772

Das Überraschende und das Alltägliche im Zusammenprall: das macht die Faszination dieser Geschichten aus.

Ernste Absicht
Roman. 281 Seiten. SP 1698

Frühherbst in Badenweiler
Roman. 176 Seiten. SP 2048

Habgier
Erzählungen. 91 Seiten. SP 1666

»Diese friedlosen Erzählungen, vorgetragen im idyllischen Ton von Familiengeschichten, sind ein bös funkelndes Lesevergnügen.«
Die Zeit

Ein Mann zu Besuch
Erzählungen. 280 Seiten. SP 1863

»Es sind ausnahmslos brillante Texte, und mehr als das: konzentriert und doch mit Nuancen und Zwischentönen versehen, straff gebaut, ohne daß die Konstruktion sichtbar würde, unterhaltend sogar, aber immer zwischen Ironie und Trauer.«
Neue Zürcher Zeitung

Plötzlich in Limburg
Komödie in vier Bildern. 114 Seiten. SP 1051

Das Salz, bitte!
Ehegeschichten. 296 Seiten. SP 1935

»Gabriele Wohmann gehört zu den besten Erzählern der in den dreißiger Jahren geborenen Generation.«
Marcel Reich-Ranicki

SERIE PIPER

SERIE PIPER

Iwan Bunin

»Bunin schreibt eine derartige Prosa, daß es nicht übertrieben ist, von ihm zu sagen, er ist der beste Stilist unserer Zeit.«

Maxim Gorki

Das Dorf

Roman. Aus dem Russischen von Arthur Luther.
159 Seiten. SP 797

Grammatik der Liebe

Erzählungen. Auswahl und Nachwort von Horst Bienek. Aus dem Russischen von Georg Schwarz und Ilona Koenig.
259 Seiten mit Zeittafel. SP 432

Der vorliegende Band vereint zehn Erzählungen, die alle um die zentralen Themen kreisen, die sich in immer wieder neuer Ausprägung durch Bunins Werk ziehen: Liebe, Tod, Einsamkeit, Verfall. Es ist das alte Rußland, das Bunin beschwört und dessen Zusammenbruch er vorausahnt.

Dunkle Alleen

Erzählungen. Auswahl und Nachwort von Horst Bienek. Aus dem Russischen von Ilona Koenig.
141 Seiten. SP 677

Bis auf eine sind alle Geschichten lange nach Bunins Emigration nach Paris im Jahr 1920 entstanden, doch sie beschwören noch das alte Rußland aus der Zeit vor der Revolution.

Ein letztes Wiedersehen

Erzählungen. Aus dem Russischen von Georg Schwarz.
156 Seiten. SP 960

Diese in den Jahren vor der Russischen Oktoberrevolution entstandenen Erzählungen sind verbunden durch die Themen: Stillstand, Verfall, geistige Armut, Tod in der Liebe und durch die Liebe. Alle Beziehungen bleiben sinnlos, die Fähigkeit zu lieben ist längst zum Opfer der sozialen Verhältnisse geworden.

Nächtliches Gespräch

Erzählungen. Aus dem Russischen von Larissa Robiné, Georg Schwarz und Erich Ahrndt.
132 Seiten. SP 1176

Auch in den zwischen 1911 und 1914 auf Capri – im Haus Gorkis – entstandenen Erzählungen »Nächtliches Gespräch«, »Alltag«, »Dürres Gras«, »Ein Märchen« und »Ein Frühlingsabend« bleibt Bunin seinem Thema treu: dem bäuerlichen Leben und seinem Verfall. So kraß er dieses Leben auch darstellt, Bunins Sympathie gehört den zum Sterben verurteilten Bauern. Mit ihrer Schicksalsergebenheit und Demut, ihrer Trauer über den Verlust der Vergangenheit standen sie ihm nahe.

Edith Wharton

Der flüchtige Schimmer des Mondes

Roman. Aus dem Amerikanischen von Inge Leipold. 368 Seiten. SP 2271

Scharfsinnig nimmt die »Grand Old Lady der Literatur« hier die amerikanische High Society in Europa aufs Korn. Susy und Nick Lansing, beide ebenso unternehmungslustig wie brillant auf gesellschaftlichem Parkett, haben leider ein großes Manko: Sie sind ohne einen Cent. Weil sie trotzdem das Leben im Luxus lieben, verlegen sie sich ungeniert aufs Schmarotzen.

»Die Menschen sind oberflächlich, je reicher desto mehr und nur ganz selten entstehen Augenblicke der wahren Empfindung. Wenn Edith Wharton diese raren Momente der Ungeschütztheit beschreibt, plötzlich inmitten der verlogenen und verschwätzten Sozialität, wird die ironische Gesellschaftskritikerin ganz ernst und melancholisch. Das sind – neben dem Vergnügen am (heute sehr vermißten) Esprit – die großen Momente dieses heiteren Romans.«

Süddeutsche Zeitung

Sommer

Roman. Aus dem Amerikanischen von Michaela Nissen. 260 Seiten. SP 1263

Eine beklemmend schöne Liebesgeschichte von unglaublicher Dichte und Intensität.

Zeit der Unschuld

Roman. Aus dem Amerikanischen von Richard Kraushaar und Benjamin Schwarz. 480 Seiten. SP 1264

In diesem 1921 mit dem Pulitzerpreis ausgezeichneten Roman erzählt Edith Wharton die Geschichte einer durch gesellschaftliche Konventionen verhinderten Liebe im New York der siebziger Jahre des vorigen Jahrhunderts. Newland Archer, ein junger Anwalt aus der High-Society, verlobt mit May Welland, verliebt sich in die unkonventionelle Ellen Olenska. Doch er gehorcht der Pflicht, unterwirft sich dem Kodex seiner Gesellschaftsschicht und sichert sich dadurch seine Karriere, aber er verspielt das Glück seines Lebens.

»Ein facettenreiches und überaus präzises Bild der exklusiven Gesellschaftsschicht.«

Süddeutsche Zeitung

Jorge Amado

Die Abenteuer des Kapitäns Vasco Moscoso
Roman. Aus dem brasilianischen Portugiesisch von Curt Meyer-Clason. 348 Seiten. SP 1187

Die Auswanderer vom São Francisco
Roman. Aus dem brasilianischen Portugiesisch von Andreas Klotsch. 330 Seiten. SP 1910

Dona Flor und ihre zwei Ehemänner
Eine Geschichte von Moral und Liebe. Roman. Aus dem brasilianischen Portugiesisch von Curt Meyer-Clason. 478 Seiten. SP 666

Die drei Tode des Jochen Wasserbrüller
Erzählung. Aus dem brasilianischen Portugiesisch von Curt Meyer-Clason. 77 Seiten. SP 1341

Die Geheimnisse des Mulatten Pedro
Roman. Aus dem brasilianischen Portugiesisch von Kristina Hering. 377 Seiten. SP 1504

Jubiabá
Roman. Aus dem brasilianischen Portugiesisch von Andreas Klotsch. 355 Seiten. SP 687

Leute aus Bahia
Zwei Romane. Aus dem brasilianischen Portugiesisch von Johannes Klare. 271 Seiten. SP 1596

Nächte in Bahia
Roman. Aus dem brasilianischen Portugiesisch von Curt Meyer-Clason. 443 Seiten. SP 411

»Ich habe Bahia durch Jorge Amado kennengelernt, aber auch Brasilien kenne ich durch ihn.«
Pablo Neruda

Tieta aus Agreste
Roman. Aus dem brasilianischen Portugiesisch von Ludwig Graf Schönfeldt. 581 Seiten. SP 926

Tote See
Roman. Aus dem brasilianischen Portugiesisch von Erhard Engler. 371 Seiten. SP 697

Das Verschwinden der heiligen Barbara
Roman. Aus dem brasilianischen Portugiesisch von Kristina Hering. 469 Seiten. SP 1568

Viva Teresa
Roman. Aus dem brasilianischen Portugiesisch von Ludwig Graf von Schönfeld. 452 Seiten. SP 2098

»Wahrscheinlich muß man in Lateinamerika leben, um so ungebrochene Lebensfreude, so hemmungslose Lust am Fabulieren zu produzieren, wie Jorge Amado.«
Mannheimer Morgen

Kenizé Mourad

Im Namen der toten Prinzessin

Roman eines Lebens.
Aus dem Französischen von Brigitte Weidmann.
613 Seiten. SP 1344

Kenizé Mourad, Tochter der letzten türkischen Sultanin, Selma, und des indischen Radschahs von Badalpur, der das Schicksal keine Zeit ließ, ihre Mutter kennenzulernen, hat ein Buch geschrieben, in dem sich Vorstellungskraft und Einfühlungsvermögen, historische Fakten und eine märchenhafte Lebensgeschichte zu einem mitreißenden Erzählstrom verdichten.

Wach und sensibel erlebt Selma den Zusammenbruch des Osmanischen Reiches 1920, die leidvollen Erfahrungen ihrer Familie, die der Verbannung 1922 vorausgehen, das Elend der Mutter, die, der Etikette, der Religion, dem Vaterland tiefer verpflichtet als ihrer Familie, zwar ihre Würde nicht verliert, wohl aber den eigentlichen Grund ihrer Existenz.

Für Selma bietet das Exil in Beirut, der damals schillerndsten Stadt des Vorderen Orient, mehr Abenteuer als Erniedrigung. Wenngleich eine »unterdrückte Prinzessin«, wächst sie hier – inmitten der großen Familien der französischen Mandatsstadt – heran, erlebt ihre erste Leidenschaft, bevor sie standesgemäß an einen indischen Radschah verheiratet wird. Und Indien, das feudale und zugleich erschütternd arme Indien – das ist für sie die qualvolle Verbannung. Erst in Paris, der glanzvollen Metropole der dreißiger Jahre, wird Selma, jenseits der Salons von Nina Ricci und Maxim's, zu sich selbst und der Liebe ihres Lebens finden.

»Eine wundersame Liebesgeschichte ergibt manchmal einen großen Roman. Wenn aber die Geschichte darüber hinaus wahr ist, ja ebenso wahr wie unwahrscheinlich, wenn sich in ihr der Untergang eines ganzen Weltreichs, einer bewegenden Epoche spiegelt, wenn die Heldin eine Sultanin ist, und Istanbul ihr Geburtsort, von wo der Zusammenbruch des Osmanischen Reiches sie ins libanesische Exil nach Beirut zwingt, die Heirat mit einem ihr unbekannten Radschah sie an einen indischen Königshof führt und die bevorstehende Geburt ihres Kindes ihr zum ersten Mal ein freies Leben in Paris ermöglicht – dann erwartet man ein außergewöhnliches Buch.«
L'Express

SERIE PIPER

Carlo Fruttero & Franco Lucentini

Das Geheimnis der Pineta

Roman. Aus dem Italienischen von Burkhart Kroeber. 448 Seiten. SP 2018

Eine amüsante Gesellschaftskomödie, gespickt mit hintersinnig-ironischen Zitaten.

»›Das Geheimnis der Pineta‹ wäre am besten zu charakterisieren als ein gescheites, geistreiches Puzzle.«

Die Zeit

Der Palio der toten Reiter

Roman. Aus dem Italienischen von Burkhart Kroeber. 220 Seiten. SP 2183

»Welches Geheimnis aber soll entschleiert, welches Gesicht entlarvt werden?... Ziel der spannenden, witzigen und keine Direktheiten scheuenden Attacke ist die Demaskierung des durch Fernsehen und Werbung geprägten modernen Durchschnittsmenschen.«

Neue Zürcher Zeitung

Wie weit ist die Nacht

Roman. Aus dem Italienischen von Herbert Schlüter und Inez de Florio Hansen. 571 Seiten. SP 5565

»Mit ihrem Roman haben Fruttero und Lucentini eine Comédie humaine en miniature geschaffen, in der die Nachtseiten der menschlichen Existenz mit Witz, Ironie und einer Spur Oberflächlichkeit erfolgreich in Schach gehalten werden.«

Tagesanzeiger

Du bist so blaß

Eine Sommergeschichte. Aus dem Italienischen von Dora Winkler. 68 Seiten. SP 694

Das italienische Autorenduo hat eine meisterliche kleine Etüde geschrieben, eine witzige und bösartige Kritik an der italienischen Sommerkultur.

Die Farbe des Schicksals

Eine Erzählung. Aus dem Italienischen von Burkhart Kroeber. 111 Seiten. SP 1496

Ein ironisches Kabinettstück über die Macht des Schicksals.

Kleines Ferienbrevier

Aus dem Italienischen von Burkhart Kroeber. 91 Seiten. SP 1995

Ein witzig-geistreiches Ferien-Geschichtsbuch ganz nach F&L-Art: Das Autorenduo beweist, daß der universelle, unwiderstehliche Drang, Ferien zu machen, schon seit Adam und Eva existiert.

SERIE PIPER

Dacia Maraini

Die stumme Herzogin

Roman. Aus dem Italienischen von Toni Kienlechner. 342 Seiten. SP 2196

Marianna Ucrìa, sizilianische Adelstochter im 18. Jahrhundert, ist stumm. Weil sie nur lesend und schreibend mit der Welt kommunizieren kann, verfügt sie über das, was anderen Frauen ihrer Zeit versagt ist: die Instrumente der Bildung. Damit gelingt es ihr, sich aus den Fesseln starrer Konventionen zu lösen…
Auch wenn sich die Lebensgeschichte der stummen Herzogin als Metapher für den langen Weg der weiblichen Emanzipation lesen läßt, so ist sie vor allem eines: das satte, farbenprächtige Gemälde einer Epoche.

»Ein vollkommen geglückter Roman, der ein faszinierendes Frauenleben einer längst untergegangenen Epoche ausbreitet, vor allem aber eine überaus kundige und bewegende Liebeserklärung an das alte Sizilien ist.«
Die Presse

»Ein grandios epischer, phantasievoller Familienroman aus Sizilien.«
Petra

Bagheria

Eine Kindheit auf Sizilien. Aus dem Italienischen von Sabina Kienlechner. 171 Seiten. SP 2160

Die berühmte Schriftstellerin kehrt zurück an den Ort ihrer adligen Herkunft. Mit kritischem Blick, dabei nicht ohne Nachsicht und Zärtlichkeit, taucht sie ein in die eigene Familiengeschichte und in die Geschichte einer Stadt, die heute zu den Hochburgen der sizilianischen Mafia zählt. Sie erzählt von ihrer Ankunft im heißen, staubigen Sizilien aus dem ewigen Winter im Norden Japans, wo sie ihre früheste Kindheit verbrachte; von der romantischen Liebesheirat ihrer Eltern in Florenz gegen den Willen der Familie; von der leidenschaftlichen Liebe zum unerreichbaren Vater; von ihrer chilenischen Großmutter Sonja, einer glutäugigen Schönheit und begnadeten Opernsängerin…
Erst heute weiß Dacia Maraini, wie nachdrücklich ihr ganzes Leben von der Sehnsucht nach jenen Jahren der Kindheit in Sizilien geprägt war.

Erinnerungen einer Diebin

Roman. Aus dem Italienischen von Maja Pflug. Mit einem Nachwort von Heinz Willi Wittschier. 383 Seiten. SP 1790

SERIE PIPER

Brigitte Riebe

Palast der blauen Delphine

Ein Roman aus dem alten Kreta. 494 Seiten. SP 2274

Der berühmte Mythos vom kretischen Labyrinth, die wohl spannendste und geheimnisvollste Sage des Abendlandes – erzählt aus der Perspektive der matriarchalisch orientierten kretischen Kultur. Der Held ist Asterios, Sohn der Königin Pasiphaë und eines Stiertänzers. Er wird der erste männliche Priester, der den Orakeln zufolge Kreta vor dem Untergang retten soll. Nach einer tragischen Liebesgeschichte mit seiner Halbschwester Ariadne und dem beinahe tödlich endenden Zweikampf mit dem attischen Thronfolger Theseus scheint Asterios jedoch an seiner Mission zu scheitern...

»Zu den schönsten historischen Romanen zählt für mich Brigitte Riebes Buch ›Palast der blauen Delphine‹. Sagen, Mythen und historische Fakten werden hier zu einer spannenden Handlung verflochten. Brigitte Riebe beschwört die alte Welt der Großen Göttin, die zu jener Zeit noch mächtiger war als alle männlichen Götter des griechischen Olymp und die damals über das minoische Kreta herrschte. Es war die Epoche des Matriarchats, die mit den Eroberungszügen der Stämme vom Festland endete.«

Norddeutscher Rundfunk

»Der Roman von Brigitte Riebe wirkt wie eine traumhafte Rückkehr in die Kindheit, als wir noch an Märchen glaubten oder zumindest nicht ausschließen wollten, daß sie wahr sind.«

Sender Freies Berlin

»Die Historikerin Brigitte Riebe, die sich mit von Frauen beherrschten Kulturen beschäftigt, erzählt die Sage aus dem Blickwinkel der matriarchalisch orientierten kretischen Mythen. Entstanden ist ein mitreißender historischer Roman über Liebe, Politik und den Untergang einer Kultur.

Gala

»Eine Geschichte – so spannend wie ein Krimi.«

Madame

Anne Morrow Lindbergh

Muscheln in meiner Hand

Eine Antwort auf die Konflikte unseres Daseins. Aus dem Amerikanischen von Maria Wolff. Übertragung der Gedichte von Peter Stadelmayer. 132 Seiten. SP 1425

Halte das Herz fest

Die Hochzeit. Aus dem Amerikanischen von Maria Wolff. 258 Seiten. SP 513

»Halte das Herz fest« ist ein mutiges Buch, in dem sich eine Frau mitteilt, die jede Verherrlichung scheut und den Fragen und Konflikten des Daseins ihre ganze reife Persönlichkeit entgegenstellt.

Verschlossene Räume, offene Türen

Jahre der Besinnung. Aus dem Amerikanischen von Elisabeth Piper. 331 Seiten. SP 1658

Diese Briefe und Tagebücher aus den Jahren 1933 bis 1935 sind die Zwischenbilanz eines erfüllten, aufregenden, aber oft auch unendlich schwierigen Lebens. Anne genießt das Glück, den kleinen Jon aufwachsen zu sehen. Sie schreibt in dem Buch über ihre große Flugreise nach Fernost: ein erster scheuer Versuch, neben der starken Persönlichkeit von Charles Lindbergh ein wenig Selbständigkeit zu gewinnen. Das Schreiben ist Anne auch Halt und Trost, als 1934 ihre so sehr bewunderte Schwester Elisabeth stirbt.

»Wer Charles Lindbergh als Jahrhundertmenschen sieht, liest die literarischen Notizen seiner Ehefrau nicht ohne Erregung.«

Frankfurter Allgemeine Zeitung

Blume und Nessel

Jahre in Europa. Aus dem Amerikanischen von Elisabeth Piper. 371 Seiten. SP 1934

»Blume und Nessel« erzählt in Briefen und Tagebuchaufzeichnungen von den Jahren 1936 bis 1939, in denen das Ehepaar Lindbergh in Europa lebte, es ist die persönliche Geschichte zweier junger Amerikaner inmitten der Schönheit und Vielfalt der europäischen Szenerie. »Blume und Nessel« ist Dokument und erzählender Bericht, ein Buch zum tieferen Verständnis der Vorkriegsjahre, ein lebendiges Zeugnis einer von Arbeit und Pflichten geprägten, glücklichen Ehe.